JN022411

ゼロからはじめる

建築の［歴史］入門

原口秀昭著

彰国社

装丁＝早瀬芳文
装画＝内山良治
本文フォーマットデザイン＝鈴木陽子

はじめに

「こんなに固有名詞を覚えなきゃいけないの？」 筆者が学生時代に建築史の本を読んだときに感じたことです。高校の世界史、日本史の教科書を見て、固有名詞の多さで絶望的な気分になったことを思い出させます。後に多くの建築を実際に見て古い建物の面白さがわかり、建築史は、建築を考える際の基盤になっています。

本書では、近世以前の建物名を思い切って減らして、後ろに行くほど固有名詞を増やすようにし、建築本体の様式、構造、空間構成などを軸として記述しました。テーマに沿って古代から近代までを繰り返し見ることで、建築史全体を概観できるようにしています。政治、経済、宗教、庶民の生活、都市、街並み、建築家、パトロンと、記述すべきは無限にありますが、本書では建築本体に集中しました。

現代建築につながる近代建築の構造・構成、小屋組、オーダーなどは、深掘りしています。現在でもよく用いる楕円、螺旋、黄金比、ルート比の描き方も入れました。時代の流れ、スパンを頭に入れてもらうために、古代、中世、近世、近代と大雑把な時代区分を用い、対象はヨーロッパと日本の代表的な建築に限定し、イラストを中心として構成しました。総じて「建築を考える基礎力を身につけ、足場を固める」ための建築史にしようと配慮しました。

「ゼロからシリーズ」のイラストを中心として建築を語る本は、故鈴木博之氏から励まされて書き続けてきたものです。ブログ（https://plaza.rakuten.co.jp/mikao/）や HP（https://mikao-investor.com/）で情報発信したことをまとめたものです。本書を出すにあたり、多くの書物や HP、専門家のアドバイスを参考にしました。また彰国社編集部の尾関恵さんには大変お世話になりました。この場を借りてお礼申し上げます。

2020 年 8 月　　　　　　　　　　　　　　　　　　　　　原口秀昭

建築史は
文系チックで
嫌いでね
ミキちゃん

！

アキラは
理系もダメ
でしょ?!

もくじ   CONTENTS

4　軸組構造

ゼロからはじめる

建築の[歴史]入門

Q 近代以前のヨーロッパ建築史を、大雑把に3つの時代に区分すると?

A 古代、中世、近世となります。

下図のように、古代 (Ancient ages)、中世 (Medieval ages)、近世 (Early modern ages) は、約2000年、1000年、500年と1/2倍ずつ短くなります。恐竜の長い首を古代、太い胴を中世、短い脚を近世、足先を近代 (Modern ages) に対応させてみました。古代、中世がかなり長いことがわかります。

近代以前の
ヨーロッパ建築史を
大雑把に3分割
すると……

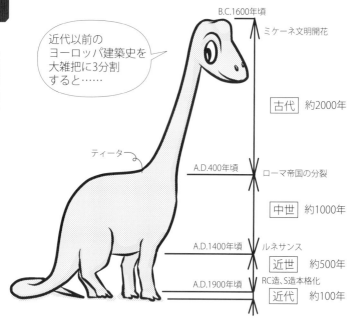

B.C.1600年頃 ミケーネ文明開花

ティータ

古代 約2000年

A.D.400年頃 ローマ帝国の分裂

中世 約1000年

A.D.1400年頃 ルネサンス

近世 約500年

A.D.1900年頃 RC造、S造本格化

近代 約100年

1 ヨーロッパ建築史概観

- 大まかに理解するために、年代は数字を強引に丸めてあります。大雑把なタイムスパンと境界の年代を覚えておくと、時代を概観するのに便利です。
- 時代のスパン2000年、1000年、500年に対応するような動物を探しましたが、キリン、ラクダ、アルパカなどの首の長い動物は脚も長いので、首の長い恐竜(ティタノサウルス)にご登場願いました。
- ルネサンスの時期に、古代、中世、近代という3分割がされましたが、フランス革命後あるいは産業革命後の世界を区別するために、それ以前を近世と呼ぶようになりました。ここではRC造、S造の近代建築が本格的に普及する20世紀以降を近代とし、それ以前を近世としています。

Q ヨーロッパ古代建築の代表的な2つの様式は？

A ギリシャ様式、ローマ様式です。

🔷 2000年という長期間のヨーロッパ古代における代表的な建築様式は、<u>ギリシャ様式</u>（**Greek style**）と<u>ローマ様式</u>（**Roman style**）です。どちらも地中海沿岸、アルプス以南の温暖なところで開花しました。

（吹き出し）ヨーロッパ古代の建築様式は大きく2つ

約2000年

古代

中世

近世

ギリシャ（Greek style）

パルテノン神殿（B.C.447〜432年、アテネ、ギリシャ）

ローマ（Roman style）

コロッセオ（A.D.72〜80年、ローマ、伊）

（吹き出し）アルプスより南がメインよ

ギリシャ、ローマは地中海沿岸

ローマ帝国

ギリシャ

アテネ

ローマ

地中海

（右側縦書き）
1
ヨーロッパ建築史概観〔古代〕

● エジプト、メソポタミアなどをヨーロッパ建築史に含めると、古代の約2000年は、約3000 〜 4000年にもなり、恐竜の首がずっと伸びてきます。ニコラス・ペヴスナー著『新版　ヨーロッパ建築序説』では、ギリシャからはじまっています。

＊参考文献　1）2）

Q 「高貴なる単純さと静かなる偉大さ」とは？

A ヴィンケルマンがギリシャ美術に対して述べた言葉です。

18世紀ドイツの美術史家J.J.ヴィンケルマンが『ギリシャ美術模倣論』(1755年) に書いた言葉で、ギリシャ建築の特徴を的確に表しています。貧弱な複雑さではなく「高貴なる単純さ」をもち、騒々しい凡庸さではなく「静かなる偉大さ」を有する芸術として、要は単純さと静かさによってギリシャ美術を高く評価しています。

ギリシャ

パルテノン神殿
(B.C.447〜432年、アテネ、ギリシャ)

高貴なる単純さと
静かなる偉大さ
ヴィンケルマンの
言葉だよ

• ヴィンケルマンの著作は、18世紀ドイツのネオクラシシズム（新古典主義）に多大な影響を与え、古代を範とする古典主義は、ローマからギリシャに比重を移しました。彼は「古代ギリシャは純白の文化」とも言いましたが、建築や彫刻では白大理石に彩色が施されている例も多く、考古学的には正確さに欠けました。ギリシャは近世では長くオスマン帝国支配下にあり、ヨーロッパからは遠い「東方（オリエント）」でした。そのため、ギリシャは神話的に扱われる傾向にありました。その感情は、ル・コルビュジエの『東方への旅』(1911年) にも表れています。

＊参考文献　2)

Q ローマ様式の特徴は？

A 重厚な壁面とアーチによる、ダイナミックで巨大な形態と内部空間です。

ローマでは闘技場、浴場、裁判所、水道橋などとビルディングタイプが増え、コンクリートとアーチの技術による大スパン、大空間が可能になります。円柱の様式であるオーダーは、付属的、装飾的な扱いとなります。総じてデザインは重厚でダイナミック、スケールは都市的、土木的となります。単純化すると、ギリシャは柱主体の建築、ローマは壁主体の建築です。

1

ヨーロッパ建築史概観〔古代〕

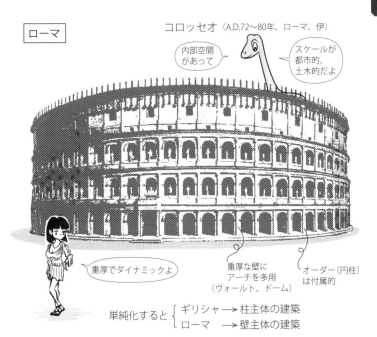

ローマ

コロッセオ（A.D.72〜80年、ローマ、伊）

内部空間があって

スケールが都市的、土木的だよ

重厚でダイナミックよ

重厚な壁にアーチを多用（ヴォールト、ドーム）

オーダー（円柱）は付属的

単純化すると　{ ギリシャ → 柱主体の建築
　　　　　　　　 ローマ　 → 壁主体の建築

● ローマはギリシャの模倣にすぎないといった主張がありますが、パンテオンのドームを見上げれば、なぜそのような議論が出るのかすら筆者には疑問です。ギリシャ建築には、ほとんど空間がありません。柱による彫刻といった感で、それも半分壊れた状態で見るので良いのではないかと思ってしまいます。18世紀イタリアの建築家、画家であるG.B.ピラネージは、ローマの遺構にとりつかれた人物で、彼の古代ローマの版画に見る稀有な壮大さは、見るものを圧倒します。筆者の仕事場にはピラネージの大判の版画集が置いてあり、それを開くたびにため息が出てしまいます。

Q ヨーロッパ中世建築の代表的な2つの様式は？

▼

A ロマネスク様式、ゴシック様式です。

1000年にわたるヨーロッパ中世における代表的な建築様式は、<u>ロマネスク様式</u>（Romanesque style）と<u>ゴシック様式</u>（Gothic style）です。どちらもアルプスの北、ヨーロッパ北西部を中心として発展しました。

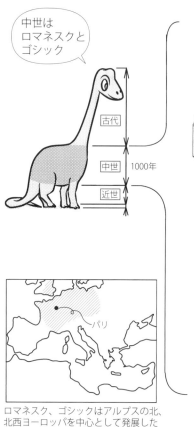

中世は
ロマネスクと
ゴシック

古代

中世　1000年

近世

ロマネスク、ゴシックはアルプスの北、
北西ヨーロッパを中心として発展した

ロマネスク （Romanesque style）

クリュニー修道院第2教会
（955～1010年頃、クリュニー、仏）

ゴシック （Gothic style）

ランス大聖堂
（1155～1230年、ランス、仏）

＊参考文献　2）

Q ロマネスクの語源は？
▼
A ローマ風という意味でした。

🔲 ロマネスクではローマと同様に壁が多く、半円アーチを使っていますが、オーダーは使われません。アーチの広がろうとする力（スラスト）を壁で抑えるため、壁が多く、堂内は薄暗い印象です。地方ごとに職人が工夫してつくったロマネスクの教会は、ローマほど洗練されていない反面、地方色が豊かで、単純で質素、素朴な建築となっています。

1

ヨーロッパ建築史概観 [中世]

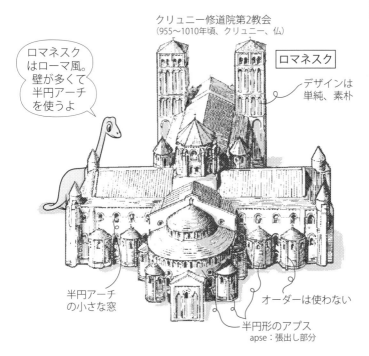

クリュニー修道院第2教会
（955～1010年頃、クリュニー、仏）

ロマネスク
はローマ風。
壁が多くて
半円アーチ
を使うよ

[ロマネスク]

デザインは
単純、素朴

半円アーチ
の小さな窓

オーダーは使わない

半円形のアプス
apse：張出し部分

● ヨーロッパの街に到着すると、ゴシックの大聖堂が目にとまります。大聖堂とは、英語の cathedral で、司教座聖堂、教区で最高位の司教（bishop：プロテスタントなどでは監督と訳される）がいる聖堂です。旧市街の中心部に空高くそびえ立っているので、地図がなくてもたどり着けます。一方、ロマネスクの教会は、片田舎にひっそりとたたずんでいるものが多く、たどり着くのに苦労します。しかし、ロマネスクの重厚で装飾の少ない壁、小さな窓から差し込むありがたみのある光は、ゴシックに食傷気味となっている目には新鮮に映ります。ル・トロネの修道院やマリアラーハ教会を訪れたときの感動は、忘れられません。

Q ゴシックの語源は？

A ゴート人のように野蛮な、という意味でした。

ルネサンス期のイタリア人が、北方の教会建築を指して、ゴート人のように野蛮な、と侮蔑して呼んだのがゴシックの語源です。ローマを古典とする彼らにとって、ゴシックの聖堂は野蛮に見えたようですが、石で天高く積み上げたその空間は、ローマをもしのぐ壮大さを獲得しています。ゴシックの大聖堂では壁が極端に少なくされて、細い線状の柱と、それにつながるアーチのリブ（肋骨）による背の高い空間、上部のステンドグラスから降り注ぐ色つきの光、総じて高さ、上昇感が強調されたデザインです。北方ヨーロッパの森をイメージしたものとする説もあります。

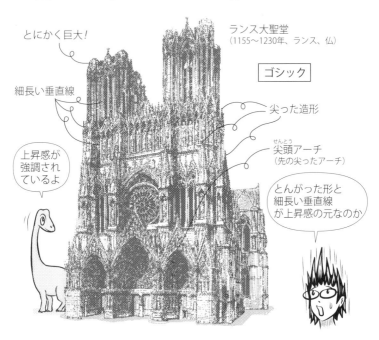

とにかく巨大！

細長い垂直線

上昇感が強調されているよ

ランス大聖堂
（1155～1230年、ランス、仏）

ゴシック

尖った造形

尖頭アーチ
（先の尖ったアーチ）

とんがった形と細長い垂直線が上昇感の元なのか

- ゴート人、ゴート族とは、ゲルマン系民族でヨーロッパ北部に住んでいました。ローマ人から見て、蛮族の一派と見られていました。
- ゴシック建築には怪物の彫像なども付けられ、宗教的な崇高さばかりでなく、グロテスクなおどろおどろしい魅力をも秘めています。特にイギリスのゴシックに、その傾向があるように思われます。ハリー・ポッターの通う学校やホーンテッドマンションは、ゴシックでなければいけません。

 　　　　　　　　　　　　　　　　　　　　　　＊参考文献　2）

Q ヨーロッパ近世建築の代表的な2つの様式は？

A ルネサンス様式、バロック様式です。

500年間の近世では、ルネサンス様式（Renaissance style）とバロック様式（Baroque style）が代表的な様式です。イタリアで発生し、ヨーロッパ全土に広がりました。

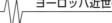

1

ヨーロッパ建築史概観〔近世〕

近世は
ルネサンスと
バロック

ルネサンス （Renaissance style）

古代

中世

近世　500年

サン・タンドレア教会
（L.B.アルベルティ、1472〜1512年、
マントヴァ、伊）

ルネサンス、バロックは、イタリアからヨーロッパ全土に広がった

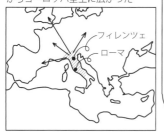

フィレンツェ
ローマ

バロック （Baroque style）

サン・ピエトロ大聖堂
（1546〜1657年、ミケランジェロ、C.マデルノ、
G.L.ベルニーニ、ローマ、伊）

● バロックの後に、ロココ、ネオクラシシズム（新古典主義）が続き、19世紀はさまざまな様式が混在します。【 算数　バカ　心は　ね暗 】
　　　　　　　　　　　　　　　　　　　　　ルネサンス　バロック　ロココ　ネオクラシシズム

Q ルネサンスの意味は？

A 復興、再生を意味し、建築では古代ローマ様式の復興の意味で使います。

■ 15世紀のイタリアで、すでにルネサンス、イタリア語でrinascimentoという言葉は使われていました。建築に限れば、ローマ様式を理想とし、アーチやオーダーなどを用いて、調和のある簡潔なデザインを志向します。ゴシックの垂直性に対して、水平性を強調し、ゴシックの誇大な表現に対して、静的な比例、均衡を重んじます。下図のサン・タンドレア教会は、ファサードが凱旋門と神殿を融合させたもので、内部の円筒ヴォールトは格天井（ごうてんじょう：格子状の天井）とされ、ローマ的な壮大な空間が実現されています。

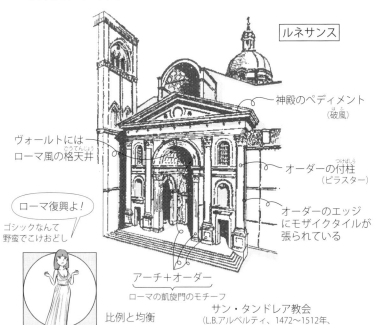

ルネサンス

神殿のペディメント
（破風）

ヴォールトには
ローマ風の格天井

オーダーの付柱
（ピラスター）

オーダーのエッジ
にモザイクタイルが
張られている

ローマ復興よ！

ゴシックなんて
野蛮でこけおどし

アーチ＋オーダー
ローマの凱旋門のモチーフ

比例と均衡

サン・タンドレア教会
（L.B.アルベルティ、1472〜1512年、
マントヴァ、伊）

- 聖者の名を冠する聖堂では、「聖なる」を意味するセイント Saint（英語）、サン Saint（仏語）、サント Santo（伊語）、ザンクト Sankt（独語）などが付きます。
- サン・タンドレア教会のオーダーは壁の角型凸部で表現された付柱（ピラスター）で平面的であるわりに、エッジが明瞭でアーチとのバランスが良く、内部のヴォールト空間の力強さもあり、筆者のなかではルネサンス一番のお気に入りです。

＊参考文献 2)

Q バロックの語源は？
▼
A 「ゆがんだ真珠」が原義です。

バロック baroque はポルトガル語で barroco、「ゆがんだ真珠」が語源で、ルネサンスの比例、均衡の静的な美に対して、ゆがみ、ひずみ、豊饒、巨大さを有する動的な美を追求します。サン・ピエトロ大聖堂は、コロッセオとほぼ同規模の巨大な楕円形の広場をもち、コロネード（列柱廊）で囲まれています。またサン・カルロ・アッレ・クアットロ・フォンターネ教会では、うねる壁面の上に楕円のドームが載っています。

1

ヨーロッパ建築史概観 [近世]

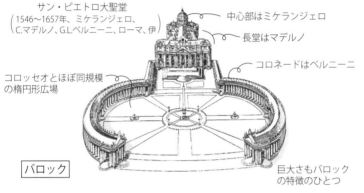

サン・ピエトロ大聖堂
（1546〜1657年、ミケランジェロ、C.マデルノ、G.L.ベルニーニ、ローマ、伊）

中心部はミケランジェロ

長堂はマデルノ

コロネードはベルニーニ

コロッセオとほぼ同規模の楕円形広場

バロック

巨大さもバロックの特徴のひとつ

サン・カルロ・アッレ・クアットロ・フォンターネ教会　ドーム見上げ
（F.ボロミーニ、1688年、ローマ、伊）

ルネサンス

バロックよ！

バロック

【ゆがんだ真珠のボロを見にいく　3回も】
　　　　　　　　　　　ボロミーニ　　サンカルロ

● サン・カルロは聖人の名、クアットロ・フォンターネは4つの泉、アッレは前置詞で、4つの噴水のところに建つサン・カルロ聖堂という意味。光が当たる浮彫のされた楕円形ドームは実に美しく、ローマを訪れたら忘れずに見てください。筆者の勝手なドーム世界ランキングでは、1位パンテオン、2位サン・カルロ・アッレ・クアットロ・フォンターネ、3位トリノのサン・ロレンツォです。

Q ロココの語源は？

A ロカイユという浮彫装飾が語源です。

岩、小石、貝殻、植物の葉などをモチーフとした装飾様式であるロカイユが、ロココの語源です。オーダーは使わず、繊細華麗で曲線的な装飾、細長く曲線的な額縁などが使われます。バロックでつくられた宮殿の一室や、下図のアマリエンブルク宮鏡の間のような庭園に建つ小さな離宮などでつくられました。バロックの次の様式というよりも、バロック末期の室内にのみ発生した様式です。

ロカイユ装飾 ⇨ ロココ様式

アマリエンブルク宮鏡の間
（F.キュビエ、1695～1768年、ミュンヘン、独）

繊細な装飾

ドーム形の天井は
薄いピンク色

装飾、額縁は金色

女のこころ
は口ココよ！
バロックは
飽きたわ

壁は薄い水色

細い曲線の額縁

オーダーは使わない

鏡
細かい装飾が
倍増して見える

- パリのスービーズ邸（G.ボフラン、1735～40年）は公開されていて、気軽に入れます。外側はオーダーをまとったおとなしめの古典主義ですが、内部のいくつかの部屋は繊細華麗なロココ様式です。ロココは女性的なインテリアといってもよく、宮殿の堂々としたバロックにうんざりした女性たちの憩いの場となっていたと思われます。

＊参考文献 3)

Q ネオクラシシズム（新古典主義）の特徴は？

A 厳格にギリシャ、ローマの古典に従う単純、明快なデザインです。

K.F.シンケルによるアルテス・ムゼウム（旧博物館）は、ギリシャのイオニア式オーダー（柱頭に渦巻き飾り）をずらっと並べてポルティコ（玄関柱廊）にした箱形の建築で、その奇をてらわない単純さ、純粋さ、生真面目さが際立っています。ネオクラシシズム（新古典主義）は、バロックの豪華、豊饒、誇大とは対照的な性格を有します。ドイツのネオクラシシズムでは、ギリシャへの傾倒が見られます。18世紀のギリシャに対する考古学的な研究成果が、ギリシャへの回帰を進めるひとつの原動力になりました。

アルテス・ムゼウム（K.F.シンケル、1823〜30年、ベルリン、独）

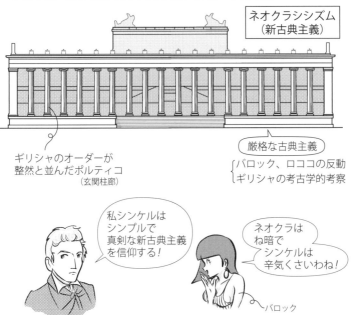

ネオクラシシズム
（新古典主義）

ギリシャのオーダーが
整然と並んだポルティコ
（玄関柱廊）

厳格な古典主義
｛バロック、ロココの反動
｛ギリシャの考古学的考察

私シンケルは
シンプルで
真剣な新古典主義
を信仰する！

ネオクラは
ね暗で
シンケルは
辛気くさいわね！

バロック

K.F.シンケル

＊参考文献 4）

1

ヨーロッパ建築史概観 ［近世］

Q ゴシックリバイバルの特徴は？

A 主に後期ゴシック（垂直式）に見るような垂直性が強く、装飾の豊富なデザインです。

リバイバル（revival）は復興という意味ですから、ゴシックリバイバルは中世のゴシックの復興です。ネオ（neo：新）をつけて、<u>ネオゴシック</u>と呼ばれることもあります。<u>19</u>世紀の様式は過去の様式が相対化されて着せ替え人形のような具合だったので、なんでもネオをつけて、ネオロマネスク、ネオルネサンス、ネオバロックなどの名称がつけられました。ゴシックはイギリスで人気が高く、復興というよりも継続的につくられていたといった方がよいかもしれません。19世紀にはそのゴシック好きが爆発した感があり、教会はもとより、駅、市庁舎、国会議事堂もゴシックでつくられ、<u>ヴィクトリアン・ゴシック</u>という一時代を築きます。【ゴシック が 勝利！】
_{ヴィクトリイ}

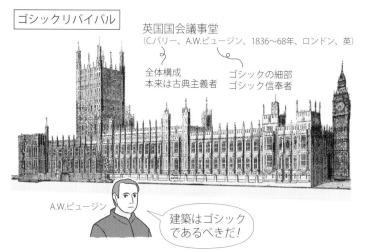

ゴシックリバイバル

英国国会議事堂
（C.バリー、A.W.ピュージン、1836〜68年、ロンドン、英）

全体構成
本来は古典主義者

ゴシックの細部
ゴシック信奉者

A.W.ピュージン

建築はゴシックであるべきだ！

● 英国国会議事堂の設計者のひとりピュージンは、狂気にとらわれたゴシック主義者、偏執狂的カトリック主義者（英国国教会からカトリックに改宗）といわれることもありました。しかし「ピュージンの偉大さは、彼がゴシックをキリスト教の伝統と不可分なものとしてとらえ、そのことによって建築に思想的な根拠を与えたことであった」（鈴木博之著『建築の世紀末』晶文社、1977年、p.102より引用）と評価されています。

Q ネオバロックの特徴は？

A 豪華、絢爛、動的、壮大といったバロックと同様の特徴をもちます。

ネオクラシシズムの均整のとれた静的な美に対して、ネオバロックは豊饒で動的な美を目指しました。パリのオペラ座（現在は、新オペラ座に対してオペラ・ガルニエと呼ばれている）は、豪華絢爛なネオバロックの代表作です。

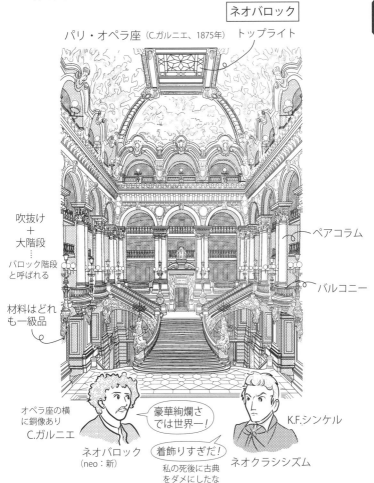

ネオバロック

パリ・オペラ座 (C.ガルニエ、1875年)　トップライト

吹抜け
＋
大階段
……
バロック階段
と呼ばれる

材料はどれ
も一級品

ペアコラム

バルコニー

オペラ座の横
に銅像あり
C.ガルニエ

ネオバロック
(neo：新)

豪華絢爛さ
では世界一！

着飾りすぎだ！
私の死後に古典
をダメにしたな

K.F.シンケル

ネオクラシシズム

＊参考文献　6)

Q ヨーロッパ近世建築のルーツは？

▼

A 主に古代ローマ建築です。

🔲 近世建築は、主に古代ローマ建築をルーツ（根、根源）として発展しました。古代ローマでは宮殿、神殿ばかりでなく、コロッセオなど大衆のための建築もつくられ、ビルディングタイプは豊富です。中世に入ると経済が停滞し、際立った建物は教会、修道院くらいとなります。ルネサンスでは豊かになったイタリアで、古代ローマを見習おうとする機運が高まります。バロック以後も様式に多くのバリエーションが発生し、ビルディングタイプも多種多様となります。時系列を逆にして、下を古代、上を近世として樹木にたとえた絵を描いてみました。中間の幹が停滞した中世を表しています。中世を意味するMedievalは、語源としては中間の時代という意味です。中間の時代が約1000年あったわけです。

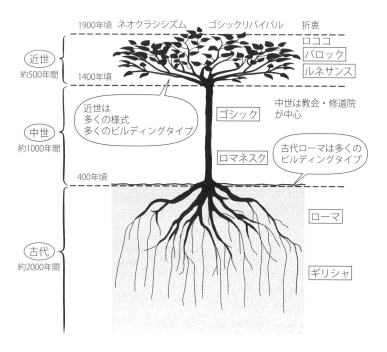

- ビルディングタイプ（building type）：機能的に分類された建築の形式、種別。N. ペヴスナーの著書に"A history of building types"（1976, Thames and Hudson）があります。

Q 古典主義、中世主義とは？

▼

A ギリシャ、ローマに規範を求めるのが古典主義、中世に規範を求めるのが
中世主義です。

 ギリシャ、ローマを古典と呼び、その建築などに規範を求めるのが<u>古典主義</u>（Classicism）、中世のロマネスクやゴシックに規範を求めるのが<u>中世主義</u>（Medievalism）といいます。前者はアルプス以南の強い太陽のもとに生まれた様式で、後者は曇りがちなアルプス以北で、ゲルマン人、キリスト教という環境のもとで生まれた様式です。古典主義はルネサンスから約500年間、中世主義は近世後期の約100年間続きました。

1

ヨーロッパ建築史概観 〔古典主義〕

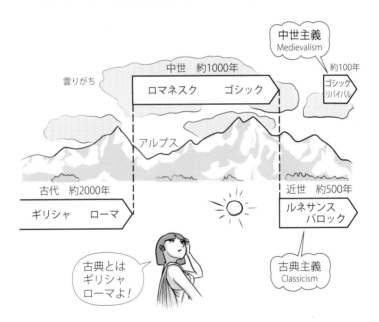

- 筆者はパリからリヨンなどを経由して夜にマルセイユに着き、ル・コルビュジエのユニテ・ダビタシオンに泊まったことがあります。朝、屋上に出たときに感じた太陽の明るさ、地中海のきらめきを忘れることができません。またウィーンからヴェネツィアに夜行列車で出たときも、太陽のまぶしさを実感しました。アルプスの北と南では、太陽の強さが大きく異なります。

Q 古典主義建築はどこでわかる？

A ギリシャ、ローマのオーダーが使われていることです。

🔷 オーダー（**order**）とは、ギリシャ、ローマ建築の円柱とその上の水平材に関する様式です。独立した円柱のほかに、壁に組み込まれたオーダーもあります。まずオーダーが使われているか否かで、古典主義かどうかがほとんどの場合わかります。中世主義建築の柱頭は、植物、動物、幾何学模様など、地域独自、建物独自のモチーフが使われています。

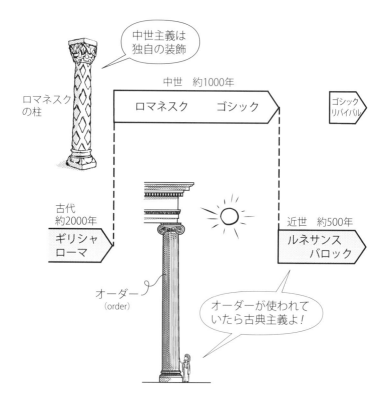

中世主義は
独自の装飾

ロマネスク
の柱

中世　約1000年

ロマネスク　　ゴシック

ゴシック
リバイバル

古代
約2000年

ギリシャ
ローマ

近世　約500年

ルネサンス
バロック

オーダー
（order）

オーダーが使われて
いたら古典主義よ！

● インテリアデザインで流行ったロココ様式（**Rococo style**）は、オーダーを使わないけれど古典主義建築グループです。古典主義建築の室内の一部に使われることの多い様式です。

Q 建築において、近世の後の近代が始まるのは?

A 1900年頃からです。

💠 20世紀に隆盛する近代建築(Modern architecture)は、国際様式(International style)と呼ばれています。近代建築は、イギリス、フランス、ドイツなどのヨーロッパ中部で生まれ、一気に世界に広まりました。

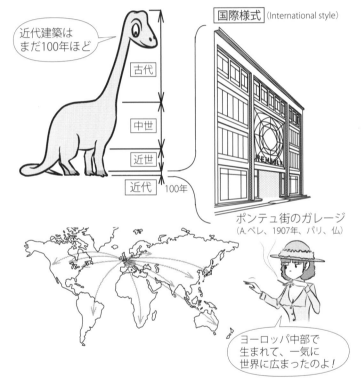

近代建築は
まだ100年ほど

古代

中世

近世

近代　100年

国際様式 (International style)

ポンテュ街のガレージ
(A.ペレ、1907年、パリ、仏)

ヨーロッパ中部で
生まれて、一気に
世界に広まったのよ!

1

ヨーロッパ建築史概観 [近代]

• 19世紀中頃から、温室や駅の屋根などで鉄とガラスの大空間がつくられ、RC造も考案されました。また19世紀後半にはシカゴにて、高層ビル群が建てられます。しかし、直方体の抽象的立体をRC造、S造のラーメン構造でつくる、大ガラス面や横長連続窓をもつ建築が広く普及しはじめるのは、20世紀になってからです。建築に限定すれば、19世紀は古い様式が混沌としている近世です。ポンテュ街のガレージは、RC造打放しで、中央吹抜け、吹抜けに鉄骨トラスのブリッジ、上部にトップライトと、近代建築の要素が満載な建物です。

*参考文献　7)

Q 近代建築のルーツは？

A 産業革命です。

18世紀から19世紀にかけて主にイギリスで起きた産業革命で工業化が進み、鉄、コンクリート、ガラスが量産されるようになりました。特に鉄の量産は建築に大きく影響し、古代から使われていたコンクリートに鉄筋が入れられ、鉄筋コンクリート造（RC造）が普及します。20世紀初頭のフランスにはじまるRCラーメン構造の建築は、Sラーメン構造とともに、建築様式を一変させます。近代建築の樹木は、ルーツ（根）が産業革命、幹が19世紀の旧様式の残る時代、枝が20世紀の世界に広がる時代です。

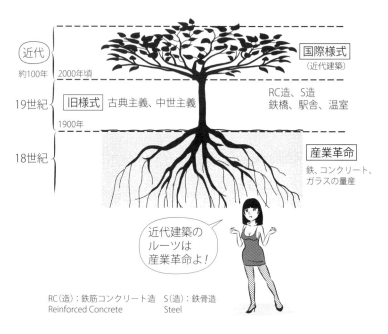

近代
約100年｜2000年頃

19世紀
1900年

18世紀

国際様式
（近代建築）

旧様式 古典主義、中世主義

RC造、S造
鉄橋、駅舎、温室

産業革命

鉄、コンクリート、ガラスの量産

近代建築の
ルーツは
産業革命よ！

RC（造）：鉄筋コンクリート造　S（造）：鉄骨造
Reinforced Concrete　　　　　Steel

● 多くの建築史家が、近世までの建築と近代建築を結び付ける説を展開しています。ここでは建築の様式と技術のみに注目し、近代建築のルーツを産業革命としました。

● 産業革命後も、19世紀は古典主義や中世主義の建築であふれていました。RCラーメン構造、Sラーメン構造のメリットを享受するようなデザインが登場するのは、1900年前後です。

近代建築をどこまでさかのぼるかに、以下のようなさまざまな説があります。

①バロック建築の空間の質までさかのぼる（ジークフリード・ギーディオン説）

②ニコラス・ルドゥーの計画案の近代的性格までさかのぼる（ハンス・ゼードルマイヤー説）

③産業革命によって鉄が構造材として適用されるようになり、同じ頃ルドゥーなどによって理性主義、合理主義的な思想を反映した空間構成のビジョンがあらわれた18世紀末までさかのぼる（レオナルド・ベネボロ、ブルーノ・ゼヴィ説）

④ウィリアム・モリスの赤い家までさかのぼる（ペヴスナー説）

①のバロックの空間にさかのぼるのは、いくらなんでもやりすぎです。②のルドゥーの計画案は、確かに球や円筒などの幾何学的形態を多用していますが、現存するショーの王立製塩所（1779年、アルク・エン・スナン、仏）やラ・ヴィレットの門（1789年、パリ、仏）を見ると、オーダーが使われていて、古典主義建築を単純化したデザインであり、ネオクラシシズム（新古典主義）に入れるのが一般的です。

オーダーの単純化

ラ・ヴィレットの門（N.ルドゥー、1789年、パリ、仏）

③の鉄の使用が最も妥当に思えますが、18世紀末は鉄橋などの構造物が鉄でつくられた段階で、近代建築にはまだほど遠い印象です。④のモリスの赤い家（1859年）は、赤レンガの壁と赤茶のスレートの屋根をもつ外観で、どちらかというと中世風です。モリスは中世主義者であり、近代建築のルーツになるような建築家、芸術家とは思えません。

やはり産業革命を技術的なルーツとして、19世紀は雌伏の期間、1900年前後のシカゴ派などによるSラーメン構造のオフィスビル、フランスの建築家によるRCラーメン構造の、伝統的装飾のない、近世建築を否定した建物を近代建築の開花とするのが、常識的な解釈だと思います。

● 上記4種の近代建築のルーツは、『20世紀建築の総括　われわれの時代の意味を考える』（1981）より引用

Q 近代建築の歴史はどれくらいの長さ？

A まだ100年ほどです。

🔲 古代から近世までの建築様式の樹と近代建築の樹を横に並べてみると、いかに近代建築の歴史が短いかがわかります。そしてルーツも近世までは今から1600年前の古代ローマ、ギリシャに対して、近代は200年前の産業革命と、まるで地盤の位置が違います。

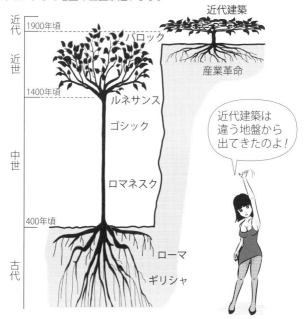

近代建築は違う地盤から出てきたのよ！

- 近代建築を近世からの連続ととらえようとする説も多いですが、建築物を見ると、逆に近世建築の否定から入っているものも多いです。建築史家はルーツを掘り下げて、過去にさかのぼろうとする傾向にあります。

- ヨーロッパで大航海時代、産業革命、帝国主義と進み、有色人種のアフリカ、アジア、南北アメリカの国々を次々に植民地化し、その富によってヨーロッパは大きく発展します。ローマ帝国が植民地の富によって発展したのと軌を一にします。建築は、富の集積の起こるところで発展するのは歴史の必然です。カトリックの総本山、サン・ピエトロ大聖堂があのような大伽藍となったのも、免罪符というおかしな紙をヨーロッパ中で売ることで得た資金によっています。

- ヨーロッパといっても一枚岩ではなく、16世紀のスペイン、ポルトガル、17世紀のオランダ、18世紀のイギリスと、覇権が1世紀ごとに移っていきます。そして20世紀にはアメリカが覇権をとります。

Q 近世以前と近代で、構造と窓にどのような大きな違いがある?

A 近世以前は組積造で窓は縦長が多く、近代はRCラーメン構造またはSラーメン構造で、窓は横長や全面ガラス面が多いところです。

▼

レンガや石を積み重ねる組積造の場合は壁で重さを支えるため、壁を残さねばならず、窓を大きくしようとすると縦長窓にせざるをえません。柱で支えるラーメン構造では、横長連続窓にも全面ガラスにもすることができます。

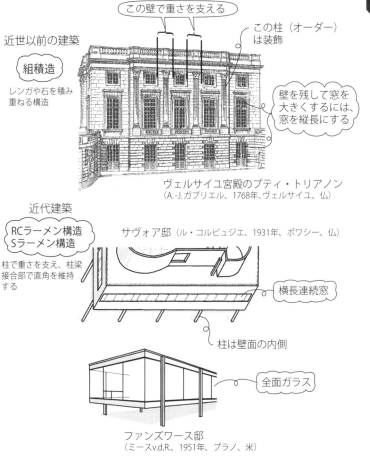

この壁で重さを支える

この柱(オーダー)は装飾

近世以前の建築

組積造

レンガや石を積み重ねる構造

壁を残して窓を大きくするには、窓を縦長にする

ヴェルサイユ宮殿のプティ・トリアノン
(A.-J.ガブリエル、1768年、ヴェルサイユ、仏)

近代建築

RCラーメン構造
Sラーメン構造

柱で重さを支え、柱梁接合部で直角を維持する

サヴォア邸 (ル・コルビュジエ、1931年、ポワシー、仏)

横長連続窓

柱は壁面の内側

全面ガラス

ファンズワース邸
(ミースv.d.R.、1951年、プラノ、米)

1

ヨーロッパ建築史概観 [近代]

Q 近代建築の装飾はいつ頃なくなる?

▼

A 1910年頃です。

1910年のアドルフ・ロースによるシュタイナー邸は、無装飾の白い壁面では早い例です。1910年代にいろんな作家によって、無装飾の壁面がつくられるようになりました。オーギュスト・ペレのそれ以前の作品では、無装飾ながらコーニスや簡略化されたオーダーのような柱型などがあり、抜け切った抽象性には至っていません。ル・コルビュジエがパリで白い住宅を次々につくりはじめるのは1920年代で、それまではスイスで山小屋風の住宅をつくっていました。

シュタイナー邸
(A.ロース、1910年、ウィーン、オーストリア)

1910年で無装飾の白い壁!

平面、立面は3分割を基本とした左右対称の古い構成

装飾は罪悪だよ君!

A.ロース

おヒゲも装飾よ!オジサマ

• ロースは『装飾と罪悪』(1908年) にて、「かくて私は、次のことを悟るにいたり、それを世の中に公表した。すなわち、文化の進歩は実用品から装飾を取り除くことと同じである、と。それによって私は、新たな喜びを世の中にもたらすことになるのだと信じていた」(ウルリヒ・コンラーツ編、阿部公正訳『世界建築宣言文集』彰国社、1970年、p.13から引用) として、装飾を批判しました。ただし実作においては、オーダーや格天井などの控えめな装飾が見られます。

＊参考文献 9)

Q 抽象的な白い箱、ガラスの箱の建築がつくられるのはいつ？　誰によって？

A 抽象的な白い箱は1920年代にル・コルビュジエによって、ガラスの箱は1950年代にミース・ファン・デル・ローエによってつくられました。

ロースの白い箱は、伝統的な部分をある程度引きずっていました。抜け切った抽象的な白い箱は、スイスからパリにやってきたル・コルビュジエによって1920年代に達成されます。また四周すべて全面ガラスの箱は、ドイツからアメリカにやってきたミースによって、1950年代に達成されます。彼らが伝統的な建築教育を受けていなかったことが、建築の革命を進める一助になりました。

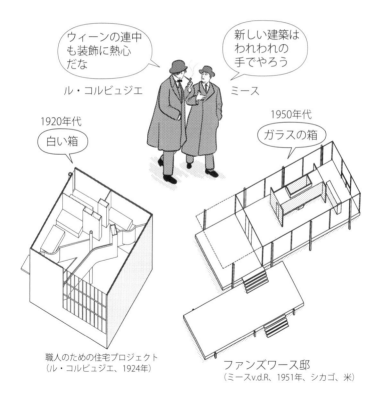

ウィーンの連中も装飾に熱心だな

ル・コルビュジエ

新しい建築はわれわれの手でやろう

ミース

1920年代
白い箱

1950年代
ガラスの箱

職人のための住宅プロジェクト
（ル・コルビュジエ、1924年）

ファンズワース邸
（ミースv.d.R、1951年、シカゴ、米）

＊参考文献　10）

Q インターナショナル・スタイルの3つの原理とは？

▼

A ①ヴォリュームとしての建築、②規則性、③装飾の忌避

P. ジョンソンとH. R. ヒッチコックによって、1932年にニューヨーク近代美術館で開催された「モダン・アーキテクチャー展」にて1920年代の近代建築を指して国際様式（インターナショナル・スタイル）という様式名がつけられました。伝統的建築の重々しい量塊に対して薄い面に包まれた<u>ヴォリュームとしての建築、対称性ではなくて規則性、装飾を取り除いた材料の気品の3点</u>を特徴とするとされています。

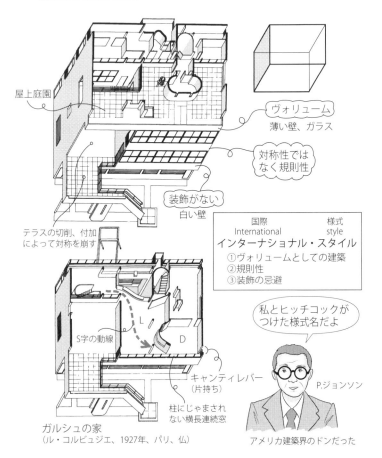

屋上庭園

ヴォリューム
薄い壁、ガラス

対称性では
なく規則性

装飾がない
白い壁

テラスの切削、付加
によって対称を崩す

| 国際 | 様式 |
| International | style |

インターナショナル・スタイル
①ヴォリュームとしての建築
②規則性
③装飾の忌避

S字の動線

キャンティレバー
（片持ち）

柱にじゃまされ
ない横長連続窓

私とヒッチコックが
つけた様式名だよ

P.ジョンソン

ガルシュの家
（ル・コルビュジエ、1927年、パリ、仏）

アメリカ建築界のドンだった

＊参考文献　10）11）

Q 近世と近代の手すりのデザインはどんなだった？

▼

A 近世の手すりの様式的な細部が施された線の多いデザインに対し、近代の手すりはスティールパイプ、スティールフラットバー（平鋼）、RCの腰壁など、きわめてシンプルなデザインです。

ヴィニョーラによる手すり（後期ルネサンス）は、壺状の手すり子に繰形（モールディング：断面をくり抜いて凹凸をつけた形）のついた手すりとなっていて、立面の線を多くするのに一役買っています。一方、ル・コルビュジエによるサヴォア邸の手すりは、スティールパイプを白く塗装した、至って単純なものです。船のデッキをイメージしたといっていますが、安物であることに間違いありません。素材の安さにこだわらずに、開き直って、逆手にとって抽象的な造形を追求したものと思われます。

1 ヨーロッパ建築史概観 ［近代］

ヴィラ・ファルネーゼの手すり
（G.B.ヴィニョーラ、1559〜75年、カプロラ、伊）

後期ルネサンスの手すり

サヴォア邸斜路の手すり
（ル・コルビュジエ、1927〜31年、ポワシー、仏）

水道管が手すり?!

船のデッキのイメージだよ

ル・コルビュジエ

45φ
30φ
35φ
30φ
30φ
mm　ファイ：直径

● スティールパイプの寸法は、筆者が現地で測ったものです。

＊参考文献　4）12）

Q 近世以前と近代で、空間構成にどのような大きな違いがある?

A 近世以前は内外部とも左右対称で中心を強調する構成、近代は非対称で
偏心性、遠心性をもつ周縁部を強調する構成です。

■ 左右対称の形で中心軸上に入口があるのが、近世以前では一般的でした。
近代になり、偏心的、遠心的な空間構成が登場します。下図のバウハウ
ス校舎は、アトリエ棟、教室棟、宿泊棟が卍形に配置され、中心よりも外
側に重きが置かれた、動的で遠心的な空間構成となっています。さらにコー
ナーを回る大ガラス面、横連続窓、横長窓、ブリッジなど、近代的デ
ザイン要素が多く登場しています。

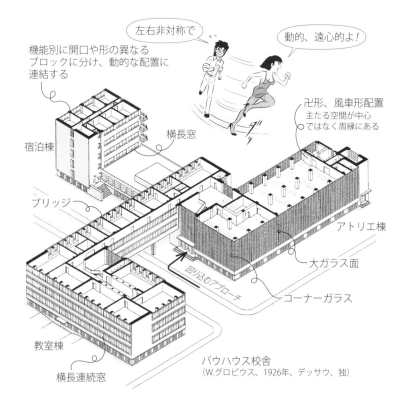

バウハウス校舎
（W.グロピウス、1926年、デッサウ、独）

• 中心の解体と偏心については、拙著『20世紀の住宅』（1994年）、『ルイス・カ
ーンの空間構成』（1998年）を参照してください。

　　　　　　　　　　　　　　　　＊参考文献　4）10）13）

Q 高層ビルはいつ、どこでできた？

A 19世紀後半のシカゴ、20世紀初頭のニューヨークなどで建てられました。

高層ビルはシカゴのミシガン湖畔からニューヨーク・マンハッタン島へ（どちらも地盤は固く、地震は少ない）、そして世界各地へと広がっていきます。高層ビルは経済の勃興によって建ち上がる傾向にあり、19世紀後半から20世紀、アメリカの経済が一気に突出する時期に次々に建てられました。それにシカゴ大火（1871年）後の復興が加わります。<u>シカゴ派</u>と呼ばれるビル群があらわれ最初は組積造でつくられていましたが、下図のリライアンスビルで鉄の骨組が試されます。<u>エレベーターの発明</u>（19世紀中頃）と進化（水圧リフトから電気リフトへ）も、ビルの高層化を助けます。高層ビルの構造は、柱梁を均等に架けるラーメン構造から、柱を外周部に集中させるチューブ構造へと変わっていきます。9.11の被害に遭ったワールドトレードセンターは、チューブ構造の超高層です。チューブ構造は、<u>外殻構造</u>、<u>ラーメン型外郭構造</u>などとも呼ばれます。

1

ヨーロッパ建築史概観　［近代］

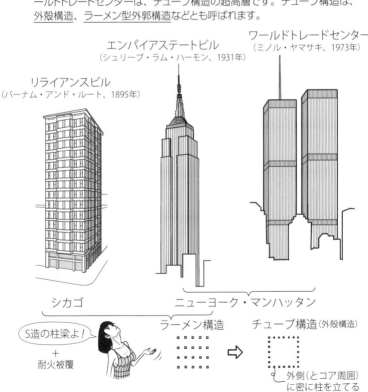

ワールドトレードセンター
（ミノル・ヤマサキ、1973年）

エンパイアステートビル
（シュリーブ・ラム・ハーモン、1931年）

リライアンスビル
（バーナム・アンド・ルート、1895年）

シカゴ　　　　　ニューヨーク・マンハッタン

ラーメン構造　　　チューブ構造（外殻構造）

S造の柱梁よ！
＋
耐火被覆

外側（とコア周囲）
に密に柱を立てる

Q 建築におけるモダニズムとは？

A 合理主義、機能主義に基づく、工業化社会に根差した建築を支持する考え方です。

1900年以降、近世建築とは明らかに違う近代主義（モダニズム、Modernism）による近代建築が、全世界に普及します。その広がりと速さは強烈で、一気に近世建築を傍流へと追いやってしまいました。

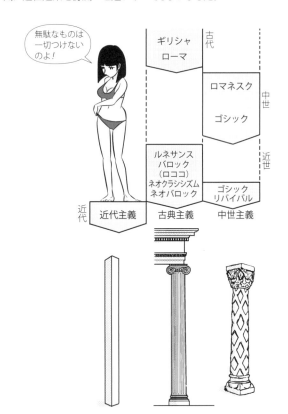

● 合理主義、機能主義を徹底すると、装飾のない単純なデザイン、工業製品をふんだんに使ったデザインとなり、低コストで大きな容積の建物が短期間につくれ、そのため資本主義の各国で受け入れられました。結集として世界中の都市が、似たような姿となってしまいました。

Q ポストモダニズムとは？

A 近代建築が失った複雑さ、多様性、ウィットなどを取り入れようとする考え方、近代主義以後のことです。

💠 <u>post とは以後</u>という意味で、直訳すると<u>ポストモダニズム（Postmodernism）はモダニズム以後、近代主義以後</u>です。チャールズ・ジェンクスは著書『ポストモダニズムの建築言語』（1977年）でポストモダニズムという言葉を挙げ、単純で画一的な近代建築を批判しました。

1

ヨーロッパ建築史概観〔近代〕

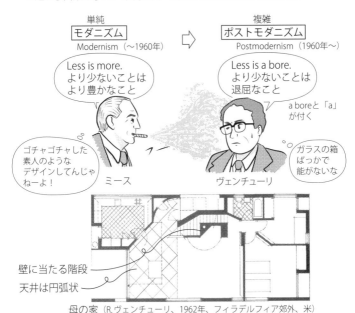

母の家（R.ヴェンチューリ、1962年、フィラデルフィア郊外、米）

- ミースが Less is more.（より少ないことはより豊かなこと）と言ったのに対し、ロバート・ヴェンチューリは著書『建築の多様性と対立性』（1966年）の中でLess is a bore.（より少ないことは退屈なこと）と言って反モダニズムの旗を揚げます。意図的に複雑にしたり、対立させたりする形態操作がされます。

- ポストモダニズムは実作を見る限り、近代建築に装飾が張られただけのモダニズムの1流派と、筆者には思えます。「母の家」を見にいったとき、どうということはないという感想でした。近くに建つルイス・カーンのエシュリック邸の方が素晴らしかった。ヴェンチューリの作品の中では、フィラデルフィア市内にあるフランクリンコート（1976年）が、ウィットとアイデアに富んだ作品として印象に残っています。

Q ハイテックとは？

A アクロバットな構造や、設備類などを露出して強調したデザインです。

🔲 構造体、エスカレーター、エレベーター、空調機器、配管類などを露出し、
色彩をつけるなどして強調したデザインです。画一的な近代建築に対抗す
るようなデザインで、ポンピドゥー・センター、HSBC本店などが代表例です。

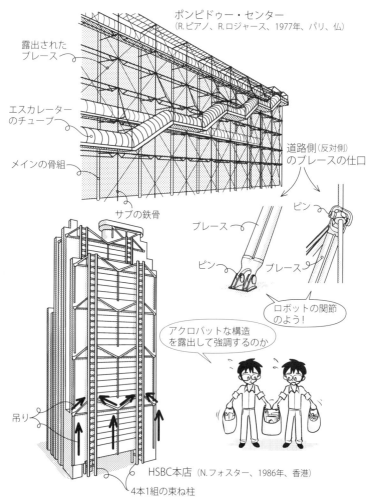

ポンピドゥー・センター
（R.ピアノ、R.ロジャース、1977年、パリ、仏）

露出された
ブレース

エスカレーター
のチューブ

メインの骨組

サブの鉄骨

道路側（反対側）
のブレースの仕口

ブレース

ピン

ピン

ブレース

ロボットの関節
のよう！

アクロバットな構造
を露出して強調するのか

吊り

HSBC本店（N.フォスター、1986年、香港）

4本1組の束ね柱

*参考文献　15）16）

Q デコンストラクティビズムとは？

A 乱雑に非構成的に構築する「脱構築」のことです。

ゲーリー自邸では、既存の腰折れ屋根の住宅の周囲に、トタン板、金網のフェンス、ツーバイフォーの骨組といった安くて俗っぽい材料を使って、乱雑に重なり合う、工事現場のような形をつくっています。ザハ・ハディドのホンコンピークは、香港の山頂を開発するコンペ案で、細長い直方体が空中でずれながら交差する、スピード感あふれるデザインとなっています。デコンストラクティビズム、略称デコンと呼ばれるポストモダニズムに含まれる思潮です。

1
ヨーロッパ建築史概観 〔近代〕

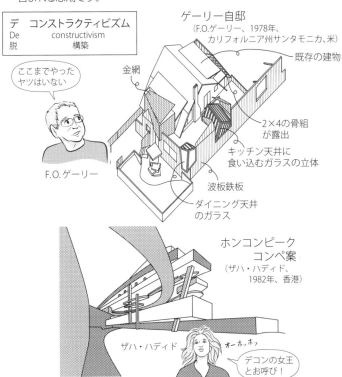

デコンストラクティビズム
De constructivism
脱 構築

ここまでやった
ヤツはいない

F.O.ゲーリー

ゲーリー自邸
（F.O.ゲーリー、1978年、
カリフォルニア州サンタモニカ、米）

既存の建物

金網

2×4の骨組
が露出

キッチン天井に
食い込むガラスの立体

波板鉄板

ダイニング天井
のガラス

ホンコンピーク
コンペ案
（ザハ・ハディド、
1982年、香港）

ザハ・ハディド

オーホッホッ

デコンの女王
とお呼び！

- 1988年、P.ジョンソンの指揮のもと、「デコンストラクティブ・アーキテクチュア」という展覧会が開かれ、ゲーリー、ザハのほかに、ダニエル・リベスキンド、レム・コールハース、ピーター・アイゼンマン、コープ・ヒンメルブラウ、ベルナール・チュミらが展示されました。

Q ヨーロッパ建築の各様式をデザインの主題にした紙幣は？

A ユーロ紙幣です。

下図のように5ユーロ紙幣はローマ、10ユーロ紙幣はロマネスク、20ユーロ紙幣はゴシック、50ユーロ紙幣はルネサンス、100ユーロ紙幣はバロックです。国が偏らないように、実在する建築物ではなく、建築様式を一般化した図柄となっています。ヨーロッパを旅行をしたら、紙幣の図柄も楽しんで見てみてください。

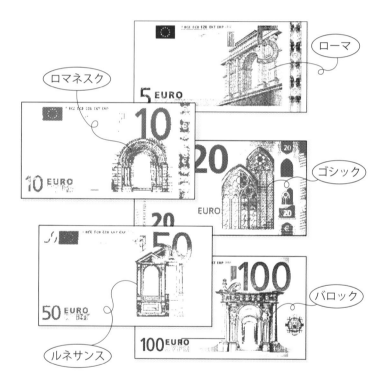

ローマ

ロマネスク

ゴシック

バロック

ルネサンス

- 200ユーロ紙幣は近代建築、500ユーロ紙幣は現代建築が描かれています。
- ポンド紙幣は女王陛下の肖像が一般的ですが、筆者が学生の頃にイギリスを訪れたときは、旧紙幣にはクリストファー・レンの肖像とセント・ポール大聖堂が描かれていて、うれしくなりました。スコットランド銀行が発行した20ポンド紙幣には、巨大なトラスのフォース橋が描かれています。

Q 各様式の特徴は、どのように変遷する？

A 単純・一様　→　複雑・多様　→　単純・一様　と繰り返します。

大雑把に様式の特徴を要約すると、下図のように「単純・一様　→　複雑・多様」を繰り返していると見ることができます。新しい様式が生まれ、それにさまざまな工夫を加えていき、ある時刷新して正反対の特徴をもつ様式があらわれるといった過程を見ることができます。

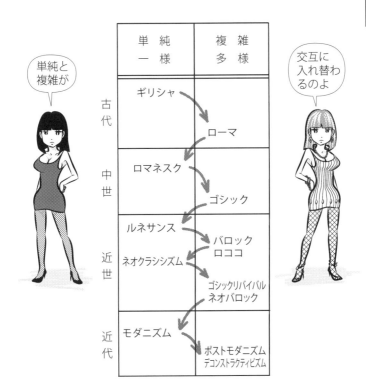

- ネオクラシシズム、ネオバロックは新古典主義、新バロックの意味。ゴシックリバイバルはゴシック復興の意味です。18、19世紀は様式が混沌とする時代です。
- ゴシック、バロックは初期よりも後期の方が複雑・多様になります。同じ様式内にあっても、「単純・一様→複雑・多様」といった変化が見られます。

＊参考文献　1）2）

1

ヨーロッパ建築史概観　［様式の変遷］

ヨーロッパの建築様式概観

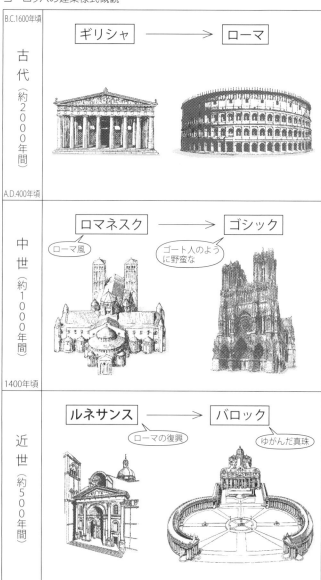

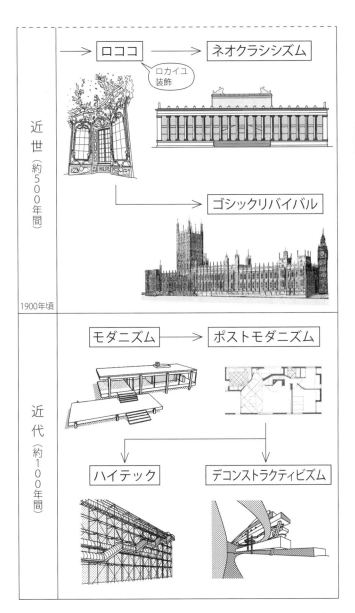

近世（約500年間）

ロココ → ネオクラシシズム

ロカイユ装飾

ゴシックリバイバル

1900年頃

近代（約100年間）

モダニズム → ポストモダニズム

ハイテック　デコンストラクティビズム

1

ヨーロッパ建築史概観【様式の変遷】

Q ヨーロッパと日本の古代、中世、近世は同じ頃？

A 異なる時代です。

古代ローマ帝国は日本の弥生時代にあたります。日本は極東の島国の上に、ほぼ単一民族のため、民族移動や民族間の戦争によって体制が大きく変わることもありませんでした。古代は豪族、貴族の時代、中世は武士が衝突する時代、近世は武士によって全国統一された時代です。

- 古代、中世、近世といった時代3分割は、ヨーロッパをまねた時代区分であり、ヨーロッパの政治体制と同じわけではありません。
- 時代の位置やスパンを大まかに理解するために、数字は強引に丸めています。
- 日本の時代区分を示すティタノサウルスはヨーロッパに比べて身長は半分以下、首がずっと短く、首、胴、脚が同じくらいの長さとなっています。古代ローマのパンテオンが弥生時代に建設されたことに、驚かされます。

＊参考文献　1）2）

Q 日本の古代、中世、近世は何時代？

A 古代が飛鳥、奈良、平安時代。中世が鎌倉、室町時代。近世が安土桃山、江戸時代です。

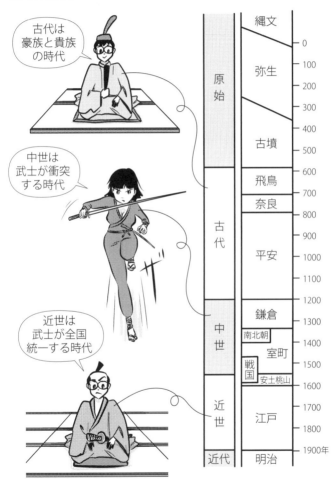

2

日本建築史概観

【明日 なら 平安 窯 むろ の安土 をとって江戸へ行け】
飛鳥　奈良　平安　鎌倉　室町　安土桃山　　江戸

【　】内スーパー記憶術

45

Q 仏教建築が伝来したのはいつ頃？

A 6世紀頃です。

6世紀頃に仏教とともに仏教建築が伝来し、日本建築に大きな影響を与えました。この6世紀頃の仏教建築の伝来と、1900年頃のヨーロッパ近世建築と近代建築の同時流入は、日本建築における2大インパクトです。

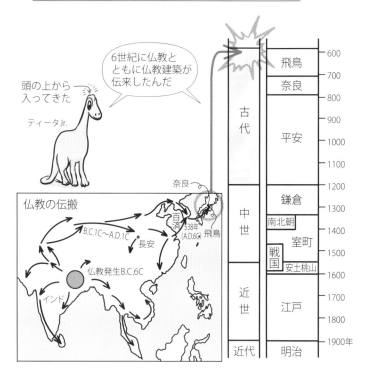

6世紀に仏教とともに仏教建築が伝来したんだ

頭の上から入ってきた

ティータ Jr.

仏教の伝搬

B.C.1C〜A.D.1C

長安

百済 538年

(A.D.6C) 飛鳥

奈良

仏教発生 B.C.6C

インド

		600
古代	飛鳥	
		700
	奈良	800
	平安	900
		1000
		1100
		1200
中世	鎌倉	1300
	南北朝	1400
	室町	
	戦国 安土桃山	1500
		1600
近世	江戸	1700
		1800
		1900年
近代	明治	

【 仏　教 】
6C（世紀）

● インドで紀元前6世紀に発生した仏教は、約1000年かけて中国、朝鮮半島経由で日本に入ってきました。それ以前の地面に柱を埋める掘立式（ほったてしき）から、礎石の上に立てる石場建て（いしばだて）に変わります。柱は自立できなくなるので、柱と梁をつなぐ軸組構造でもたせるようになります。また屋根には瓦が導入され、耐久性、不燃性が向上。屋根が重くなるので、軒先を支える構造も工夫されます。

Q 日本古代寺院の様式は？

A 和様です。

中世に導入された新しい様式に対して、古代以来の仏教寺院様式を和様と呼びます。唐招提寺金堂は、和様の代表的な建築物で、奈良時代の金堂として現存する唯一の建物です。

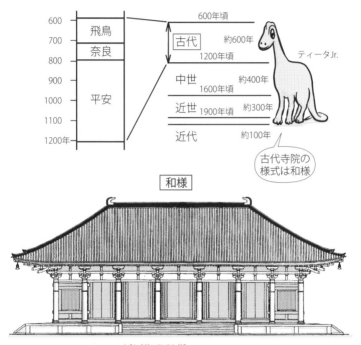

600	飛鳥	古代	600年頃
700			約600年
800	奈良		1200年頃
900		中世	約400年
1000	平安		1600年頃
1100		近世	約300年
1200年		近代	1900年頃 約100年

ティータ Jr.

古代寺院の様式は和様

和様

唐招提寺金堂（781年頃、奈良）
とうしょうだいじ こんどう

鑑真を唐から招いて提供された寺
かんじん

● 10円玉に彫られた平等院鳳凰堂（1053年、宇治、次頁参照）は和様に分類されますが、組物にはだいぶ変化が見られます。また両脇に羽のように伸びる高床の翼廊には人は通れず、見るための建物となっています。正倉院に代表される高床は、倉庫という機能上の理由がメインですが、鳳凰堂の高床は建物を軽快に見せるデザイン手法だったわけです。

*参考文献　19）20）

2

日本建築史概観　[寺院]

Q 和様の特徴は？

▼

A 柱頭のみに組物を置き、垂木（たるき）は平行で、装飾が少ない簡素で大らかなデザインです。

唐招提寺金堂において、和様三手先（みてさき）組物（3段に持ち出す組物）がほぼ完成しました。柱頭のみの組物、平行垂木、大きな寄棟屋根（よせむねやね）と、全体として装飾が少なく簡素で大らかなデザインでまとめられています。唐招提寺金堂は、和様の元祖です。

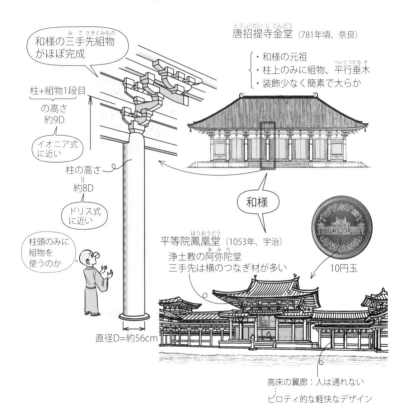

和様の三手先組物がほぼ完成

柱＋組物1段目の高さ約9D

イオニア式に近い

柱の高さ＝約8D

ドリス式に近い

柱頭のみに組物を使うのか

直径D＝約56cm

唐招提寺金堂（781年頃、奈良）

・和様の元祖
・柱上のみに組物、平行垂木
・装飾少なく簡素で大らか

和様

平等院鳳凰堂（1053年、宇治）
浄土教の阿弥陀堂
三手先は横のつなぎ材が多い

10円玉

高床の翼廊：人は通れない
ピロティ的な軽快なデザイン

● 柱の直径は筆者が現地で測ったもの、高さは立面図にスケールを当てたものです。

＊参考文献　21）

Q 法隆寺は和様？

▼

A 一般に和様とは区別されて、飛鳥様式、さらに限定的に法隆寺様式と呼ばれます。

他の古代の建物と比べて法隆寺は、組物をはじめ違いが際立ちます。そこで飛鳥様式とか法隆寺様式と呼ばれています。

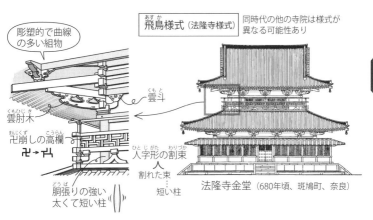

飛鳥様式（法隆寺様式）　同時代の他の寺院は様式が異なる可能性あり

彫塑的で曲線の多い組物

雲斗（くもと）

雲肘木（くもひじき）

卍崩しの高欄（まんじくず・こうらん）　卍 → 卍

人字形の割束（ひとじがた・わりづか）

割れた束

胴張りの強い太くて短い柱（どうはり）

短い柱

法隆寺金堂（680年頃、斑鳩町、奈良）

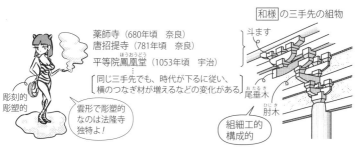

薬師寺（680年頃　奈良）
唐招提寺（781年頃　奈良）
平等院鳳凰堂（1053年頃　宇治）

同じ三手先でも、時代が下るに従い、横のつなぎ材が増えるなどの変化がある

彫刻的・彫塑的

雲形で彫塑的なのは法隆寺独特よ！

和様 の三手先の組物

斗ます

尾垂木（おだるき）

肘木（ひじき）

組細工的構成的

• 現在の法隆寺は再建されたもので、680年頃の建築。飛鳥時代の他の寺院は現存せず、同時代の寺院の発掘から、垂木の並べ方や垂木断面など法隆寺とは違う構造が示唆されています。法隆寺は中国六朝時代の様式、薬師寺以降は隋唐時代の様式からの影響といわれています。薬師寺東塔、唐招提寺などを見た後に法隆寺を見ると、その彫塑的な組物に驚かされます。

＊参考文献　22）23）

Q 日本の中世、鎌倉時代に中国、宋から伝わった寺院の新様式は？

A 大仏様と禅宗様です。

◆ 和様は古代に隋・唐から移入された様式で、大仏様、禅宗様は中世に宋から移入された様式です。和様の呼び名は、新しく入ってきた大仏様、禅宗様に対して元から日本にある、日本化された様式という意味でした。大仏様、禅宗様に対して、昔からある様式を和様と呼んだのです。

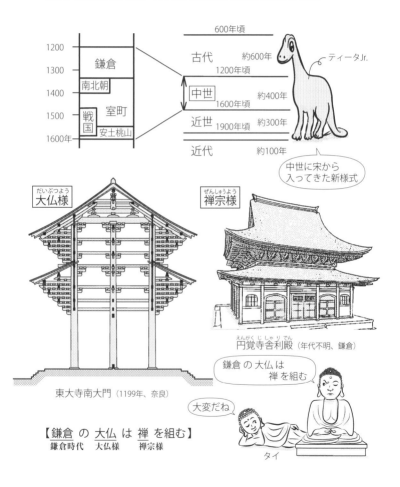

600年頃

1200			
1300	鎌倉	古代	約600年
	南北朝	1200年頃	
1400		中世	約400年
1500	室町	1600年頃	
	戦国 安土桃山	近世	約300年
1600年		1900年頃	
		近代	約100年

ティータ Jr.

中世に宋から入ってきた新様式

だいぶつよう
大仏様

東大寺南大門（1199年、奈良）

ぜんしゅうよう
禅宗様

えんがく じ しゃ り でん
円覚寺舎利殿（年代不明、鎌倉）

鎌倉 の 大仏 は 禅 を組む

大変だね

【鎌倉 の 大仏 は 禅 を組む】
鎌倉時代　大仏様　禅宗様

タイ

Q 大仏様の特徴は？

A 挿し肘木（ひじき）、通し肘木、貫などを使い、垂木は隅だけ扇状とし、構造を露出したダイナミックなデザインです。

東大寺南大門では、柱に肘木を直接差し込み（挿し肘木）、それを何段も組み上げて軒を支え、組物の間には通し肘木を通して横ブレを防ぎ、柱には貫を通して倒れないようにしています。どれも、<u>柱や組物に差し込み、または貫く構造方法</u>です。組物は左右に広がらないので、3角形の板に見えます。隅の垂木を扇状にして（隅扇：すみおうぎ）重さを支えやすくし、<u>全体として構造体を見せた力強いデザイン</u>となっています。

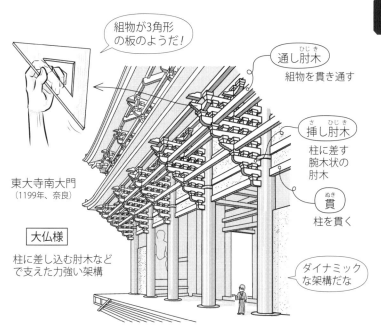

組物が3角形
の板のようだ！

通し肘木
組物を貫き通す

挿し肘木
柱に差す
腕木状の
肘木

貫
柱を貫く

東大寺南大門
（1199年、奈良）

大仏様
柱に差し込む肘木など
で支えた力強い架構

ダイナミック
な架構だな

- 通し柱の直径は根元で約**93cm**（筆者実測）、高さは約**19m**（断面図から）の1本物。そんな巨大な構造を成立させるために、新たに宋から建築技術を移入する必要がありました。
- 浄土寺浄土堂（1192年、小野市、兵庫）は大仏様の小規模な堂ですが、内部の力強い架構とシンプルな空間構成は必見です。

Q 禅宗様の特徴とは？

▼

A 組物が柱間にも付けられ、曲線が多く、垂木は扇状です。そのような線の多い架構が内外で露出された、にぎやかで華麗なデザインです。

軒下の組物を柱上だけでなく柱間にも置く詰組。また柱、窓、組物などで曲線が使われ、内部でも梁、束、放射状の垂木（扇垂木：おうぎだるき）が化粧として扱われ、全体として線が多く繊細で華やかな印象を与えます。

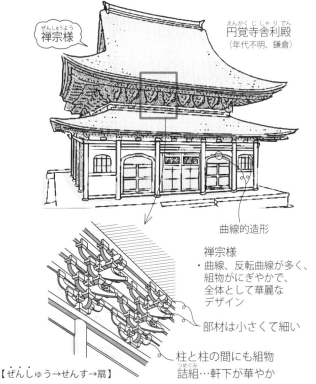

禅宗様

円覚寺舎利殿
（えんがくじしゃりでん）
（年代不明、鎌倉）

曲線的造形

禅宗様
・曲線、反転曲線が多く、組物がにぎやかで、全体として華麗なデザイン

部材は小さくて細い

柱と柱の間にも組物
詰組…軒下が華やか

【ぜんしゅう→せんす→扇】

● 大仏様は俊乗坊重源（しゅんじょうぼうちょうげん）が宋からもち込んだ様式で、彼のもとで働いた大工たちは興福寺復興などで活躍しました。興福寺の建築には大仏様の構造的、実用的工夫は残りますが、段状に積み上げる挿し肘木や宙を横断する通し肘木などは採用されず、貫も壁の中に隠す傾向にありました。一方禅宗様は、幕府の庇護を受けて禅宗とともに全国に普及します。大仏様がすたれたのは、粗野でダイナミックな架構が、日本人受けしなかったのも一因と筆者は考えています。

R045

日本中世の様式　4

Q 和様に大仏様、禅宗様が混ざった様式は？

A 新和様と折衷様です。

和様＋大仏様＝新和様、和様＋大仏様＋禅宗様＝折衷様です。和様、禅宗様、新和様、折衷様は、以後、大きな変化なく近世、近代まで続きます。

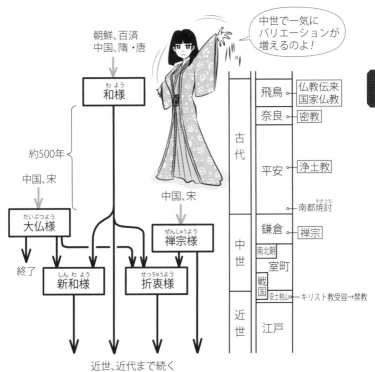

中世で一気にバリエーションが増えるのよ！

朝鮮、百済
中国、隋・唐
↓
和様

約500年

中国、宋
↓
大仏様
↓
終了

中国、宋
↓
禅宗様

新和様　　折衷様

↓↓↓↓
近世、近代まで続く

古代	飛鳥	仏教伝来 国家仏教
	奈良	密教
	平安	浄土教
		南都焼討
中世	鎌倉	禅宗
	南北朝	
	室町	
	戦国 安土桃山	キリスト教受容→禁教
近世	江戸	

密教：天台宗、真言宗
　　　　大日如来を本尊とし、加持祈祷を行う。山岳伽藍
浄土教：極楽浄土への往生を願い、阿弥陀如来を信じ、念仏する
禅宗：臨済宗、曹洞宗…

● 新和様、折衷様の言葉の使い方は、研究者によって若干異なります。

2
日本建築史概観　[寺院]

53

Q 古代から伝わるとされる、最も古い神社の形式は？

A 神明造、大社造、住吉造の3つです。

神明造は伊勢神宮正殿、大社造は出雲大社本殿、住吉造は住吉大社本殿が、代表的な神社です。伊勢神宮は20年ごとに建て替えられる式年造替（しきねんぞうたい）が現在でも実施されていて、出雲大社、住吉大社は江戸時代の建立なので、古代から残る遺構はありません。

古代から

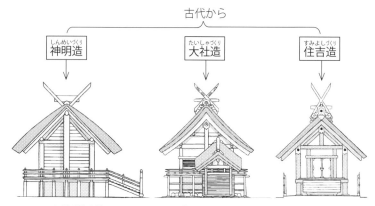

| しんめいづくり
神明造 | たいしゃづくり
大社造 | すみよしづくり
住吉造 |

い せ じんぐうしょうでん
伊勢神宮正殿
（伊勢市、三重）

いず も たいしゃほんでん
出雲大社本殿
（1774年、大社町、島根県）

すみよしたいしゃほんでん
住吉大社本殿
（1810年、大阪市）

神は 大社 で 住むがよし！

【 神は　大社で　住むがよし 】
　神明造　大社造　住吉造

- 神社建築は、寺院のようにさまざまな変遷をたどることなく、現在まで続きます。
- 「様式」は歴史的な背景、地域性などが加味された用語、「形式」は形の特徴に注目する用語です。様式の方が広い意味で使われ、「形式」は「様式」に含まれます。

＊参考文献　20）23）　【　】内スーパー記憶術

Q 神明造の特徴は？

A 日本古来の建築構造を、抽象化、象徴化した、気品のある簡素な白木によるデザインです。

伊勢神宮正殿は神明造の代表例で、高床式建物、校倉、合掌材、棟の茅押さえなどを抽象化、象徴化して、白木でつくられた、日本文化を凝縮したような建築です。曲線は最小限に抑えられ、金属の使用は材の小口（切断面）などの耐久性にかかわる部分にほぼ限定された、非常にシンプルで気品があり、洗練されたデザインです。

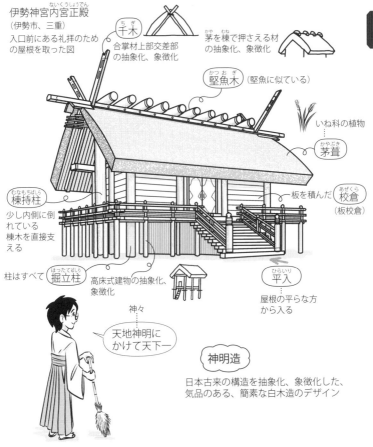

伊勢神宮内宮正殿
（伊勢市、三重）
入口前にある礼拝のための屋根を取った図

千木
合掌材上部交差部の抽象化、象徴化

茅を棟で押さえる材の抽象化、象徴化

堅魚木（堅魚に似ている）

いね科の植物

茅葺

棟持柱
少し内側に倒れている
棟木を直接支える

板を積んだ
校倉
（板校倉）

柱はすべて 掘立柱
高床式建物の抽象化、象徴化

平入
屋根の平らな方から入る

神々
天地神明にかけて天下一

神明造
日本古来の構造を抽象化、象徴化した、気品のある、簡素な白木造のデザイン

2
日本建築史概観【神社】

*参考文献 19)

Q 大社造の特徴は？

A 大きさ、高さを追求した力強いデザインです。

大社造は、その名のとおり、大きな社（やしろ）が最大の特徴です。出雲大社本殿は、平安時代の『口遊』（くちずさみ）という書には、「社殿高さ16丈と称し、大極殿、東大寺大仏殿と並び称され、すこぶる大きなものであった」（大極殿 だいごくでん：朝廷の正殿）と記されています。直径3mの柱も出土しており、驚くような復元案が提示されています。伊勢神宮正殿のような洗練された美しさではなく、高さ、大きさを追求した迫力ある造形です。

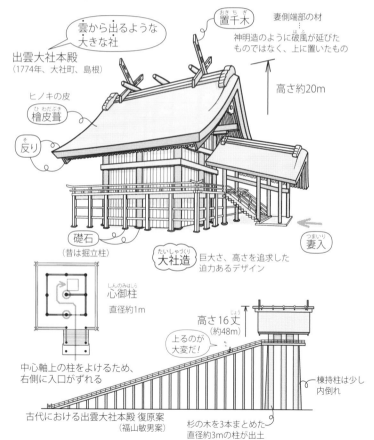

雲から出るような大きな社

置千木（おきちぎ）
妻側端部の材
神明造のように破風が延びたものではなく、上に置いたもの（はふ）

出雲大社本殿
（1774年、大社町、島根）

ヒノキの皮
檜皮葺（ひわだぶき）

反り（そり）

高さ約20m

礎石
（昔は掘立柱）

妻入（つまいり）

大社造（たいしゃづくり）巨大さ、高さを追求した迫力あるデザイン

心御柱（しんのみはしら）
直径約1m

中心軸上の柱をよけるため、右側に入口がずれる

古代における出雲大社本殿 復原案
（福山敏男案）

高さ16丈（じょう）（約48m）

上るのが大変だ！

杉の木を3本まとめた直径約3mの柱が出土

棟持柱は少し内倒れ

＊参考文献　19）20）

Q 大嘗祭の大嘗宮正殿と、平面、神事の方法が似ている神社の形式は？

A 住吉造です。

住吉造の平面と神事の方法は、<u>大嘗宮正殿</u>（天皇即位直後に行う大嘗祭で使われる仮設的な中心建物）と似ており、古式を伝えている証とされています。回縁がなく、直線的で簡素なデザインですが、軸に塗られた朱色と壁の白は、コントラストが鮮やかです。

置千木

住吉大社本殿
（1810年、大阪市）
入口前の屋根と周囲
の垣を取った図

堅魚木（かつおぎ）
断面が角

ヒノキの皮
檜皮葺（ひわだぶき）

柱、梁、垂木（たるき）などの軸組は、
朱色の丹塗（しゅいろ にぬり）

赤とオレンジ
の中間

金属系の顔料

回縁がない（まわりえん）

妻入

礎石

板壁に 白色の胡粉塗り（ごふん）

貝殻（炭酸カルシウム）を
主原料とする顔料

内陣（ないじん）

外陣（げじん）

住吉造（すみよしづくり）回縁がなく、直線的で簡素なデザイン
ながら、朱色と白のコントラストは鮮やか。

新天皇即位後に初めて行う新嘗祭（にいなめさい）
（初穂の神へのお供え）

大嘗祭の大嘗宮正殿（だいじょうさい だいじょうきゅうしょうでん）

と、平面、神事の方法
が似ている

2

日本建築史概観 [神社]

Q 神明造、大社造、住吉造の入り方は？
▼
A 平入、妻入、妻入です。

平入は妻入に比べて中心軸がわかりにくく、控えめな入り方ともいえます。ヨーロッパの記念碑的な建築では、妻入が普通です。伊勢神宮は、その点でも控えめな表現です。3社の比較を、要点のみ以下にまとめておきます。

	しんめいづくり 神明造	たいしゃづくり 大社造	すみよしづくり 住吉造
入り方	ひらいり 平入	つまいり 妻入 （偏心、内部は回り込み）	つまいり 妻入 （内部は2室）
彩色	なし（白木）	にぬ 丹塗りの記録あり	あり（朱色、白）
屋根	かや 茅葺 （むくり）	ひわだ 檜皮葺 （反り）	檜皮葺 （直線）
柱	掘立柱 むなもちばしら 棟持柱あり	いしばだ 石場建て（現況） 棟持柱なし （神社によって痕跡あり）	石場建て（現況） 棟持柱なし
まわりえん 回縁	あり	あり	なし
	質素、洗練	素朴で巨大	簡素で鮮やか

＊参考文献　19）　【　】内スーパー記憶術

Q 古代に成立した、礼拝のための庇（向拝）のついた神社の形式は？

A 春日造と流造です。

🔲 春日造は春日大社本殿、流造は賀茂別雷神社本殿が代表例です。春日造は切妻の妻面に礼拝のための庇、向拝を付けた形式、流造は切妻屋根の一方を流れるように前に出して向拝とした形式です。

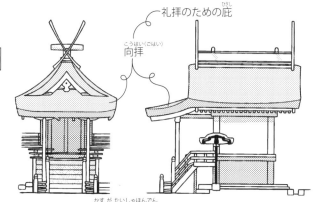

礼拝のための庇
向拝（ごはい）
かす が づくり
春日造

春日大社本殿（1863年、奈良）

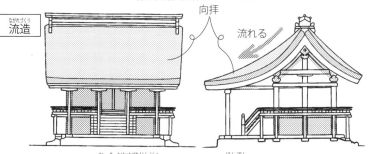

ながれづくり
流造
向拝
流れる

賀茂別雷神社（上賀茂神社）本殿（1863年、京都）

● 春日造は奈良時代中期、流造は平安時代初期に成立したとされています。

2
日本建築史概観 ［神社］

Q 春日造、流造の共通点は？

▼

A 棟数が多い、向拝をもつ、井桁状の土台がある、彩色が施されることが多い点などです。

国内の神社では流造が圧倒的に多く、次に春日造が多いという順です。屋根形式が簡略で工事がしやすく、中小規模の神社に向いているのが最大の要因です。礼拝のための向拝をつくるのに、片側の屋根を延ばす切妻屋根の妻側前面につける、という単純で合理的な方法によっています。井桁状の土台の上に柱を載せるのは、もともと移動を目的とする神輿（みこし）のような建物であったという説もあります。彩色が施されることが多いのは、成立や流布の過程で、仏教建築の影響が多々あったからと考えられます。

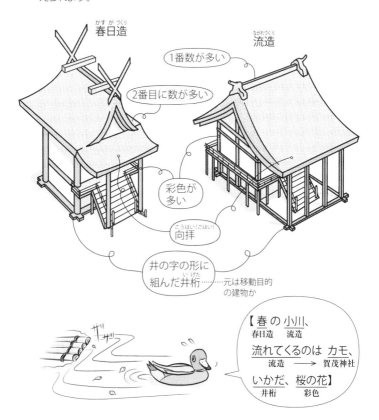

春日造（かすがづくり）　　　流造（ながれづくり）

1番数が多い

2番目に数が多い

彩色が多い

向拝（こうはい（ごはい））

井の字の形に組んだ井桁（いげた）……元は移動目的の建物か

【春の小川、
　　春日造　流造

流れてくるのは カモ、
　流造 ━━→ 賀茂神社

いかだ、桜の花】
　井桁　　彩色

Q 近世に成立した、本殿と拝殿を石の間でつなぐ神社や霊廟の形式は？

A 権現造です。

権現造（石の間造ともいいます）は彫刻、彩色に華麗に覆われていることに特色があり、日光東照宮が代表例です。徳川家康の神号（しんごう）である東照大権現（とうしょうだいごんげん）からとったもので、平面形式や装飾様式は江戸時代の神社建築で多用されました。

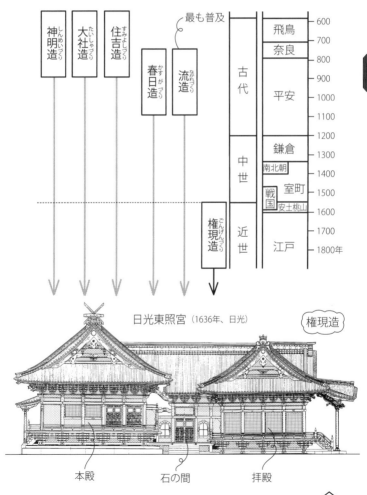

	時代		年代
神明造（しんめいづくり） 大社造（たいしゃづくり） 住吉造（すみよしづくり） 春日造（かすがづくり） 流造（ながれづくり）←最も普及	古代	飛鳥	600
		奈良	700 800
		平安	900 1000 1100
	中世	鎌倉	1200 1300
		南北朝	1400
		室町 戦国 安土桃山	1500
権現造（ごんげんづくり）	近世	江戸	1600 1700 1800年

2 日本建築史概観 ［神社］

日光東照宮（1636年、日光） 権現造

本殿　　石の間　　拝殿

Q 関東周辺の近世寺社の特徴は？

▼

A 装飾、彫刻、彩色が多いことです。

🧊 日光東照宮陽明門が、<u>近世寺社（近世社寺）</u>の代表例です。日光に影響されて、関東周辺では、装飾、彫刻、彩色が多い豪華絢爛な寺社が建てられました。

日光東照宮陽明門
（1636年、日光）

組物、彫刻が密集して、
逆ピラミッド形に見える

関東近辺の近世寺社（社寺）
- ・装飾が組物ばかりでなく、柱、梁にも及ぶ
- ・彩色が金、黒、白、赤、青など豊か
- ・中心軸上に唐破風を使うことが多い

（近世社寺）
きんしゃじは
後期バロックね！

（北ヨーロッパの）

後期バロック

Q ドイツ人建築家ブルーノ・タウトは、桂離宮と日光東照宮をどう評価した？

▼

A 桂は真の日本の美であり、日光は建築の堕落と評しました。

 桂離宮と日光東照宮は両者とも江戸初期につくられた建築ですが、一方は公家、一方は武家の建築。一方は京都、一方は江戸の近隣。<u>一方は簡素で洗練、一方は華美で絢爛</u>。対照的な建築として、現在なお意見や感想の分かれるところですが、建築デザインの極致としてどちらも日本美であることに違いありません。1933年に日本に亡命したタウトは、もともとモダニズムを標榜する建築家で、1930年代は近代建築隆盛の時代でもあり、簡素な美の方に心を奪われたものと思われます。

2

日本建築史概観［神社］

桂は真の日本美、
日光は建築の堕落！

バカね

どちらも真の
日本美よ！

ネオクラ vs ネオバロック
みたいなもの

ドイツ人　B.タウト

桂離宮（1615年、京都）

日光東照宮（1636年、日光）

• 「日光を見ずして結構と言うなかれ」といわれるように、日光は古くから、開かれた大衆的な観光地として人気がありました。一方、桂は今でもあらかじめ申し込まないと見られない、閉じたエリート好みの存在です。<u>エリート vs 大衆、簡素 vs 複雑、寡黙 vs 饒舌、洗練 vs 豊饒</u>。建築家は桂を高く評価し、日光がいいと言うとバカにされる傾向がいまだにあります。その傾向は<u>無装飾の近代建築は美しいとする建築家教育によっている</u>と思われます。

Q 同じ桁行（けたゆき：幅）の切妻平入の本殿と拝殿を、並列に軒先を接して並べる神社の形式は？

A 八幡造です。

権現造は本殿の方が桁行が長く、本殿と拝殿の間に石の間を入れて少し離します。一方八幡造は同じ桁行の本殿と拝殿を、軒先を接するように並べます。本殿と拝殿を別棟にして複合させる形式を、複合社殿といいます。権現造、八幡造は両者とも複合社殿です。八幡造は古代に成立したと考えられていますが、代表例の宇佐八幡神社は近世後期の成立です。

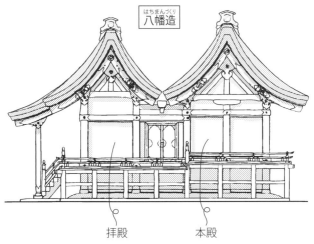

八幡造（はちまんづくり）

拝殿　　　　本殿

宇佐八幡神社（うさはちまんじんじゃ）（1861年、宇佐市、大分）

八を並べた八幡造

● 切妻の軒先を接する方法は雨仕舞の点で非常にまずいものですが、大きな樋を付けて対応しています。軒を離し直交する屋根を組み合わせる権現造は、雨仕舞の心配はありません。

Q 八幡造と似た仏教建築はある？

▼

A 双堂です。

同じ桁行の建物を軒を付けて平行に並べる形は、神社では八幡造ですが、寺院では双堂（ならびどう）と呼ばれます。八幡造は双堂の影響とする説もあります。前後の棟は、八幡造では拝殿、本殿といい、双堂では礼堂（らいどう）、正堂（しょうどう）と呼びます。東大寺法華堂（三月堂、749年）は当初は双堂でしたが、後に屋根が一体化されました。双堂の時に屋根の谷に付けられた樋が、現在でも残っています。双堂の多くは雨仕舞の点で問題があり、後の寺院では大きな屋根が架けられて外陣（げじん）、内陣（ないじん）に変わり、天井も平らになって2つの堂の痕跡もなくなるという変化をたどります。

2

日本建築史概観 ［神社］

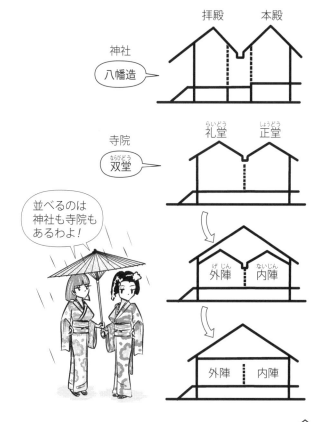

拝殿　本殿

神社

八幡造

寺院

礼堂（らいどう）　正堂（しょうどう）

双堂（ならびどう）

並べるのは
神社も寺院も
あるわよ！

外陣（げじん）　内陣（ないじん）

外陣　内陣

Q 平安貴族の邸宅の様式は？

A 寝殿造です。

平安貴族の邸宅の様式は寝殿造で、東三条殿が代表例です。寝殿造の現存する遺構はなく、立体的な絵は発掘や資料などから推定されたものです。

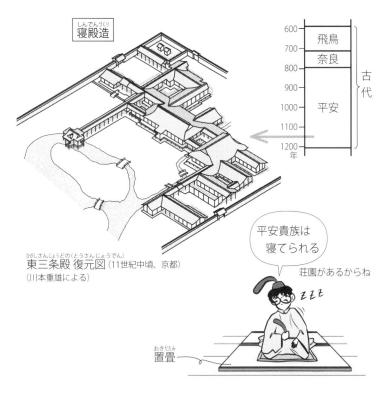

年		
600	飛鳥	
700	奈良	古代
800		
900	平安	
1000		
1100		
1200		

しんでんづくり
寝殿造

ひがしさんじょうどの（とうさんじょうでん）
東三条殿 復元図（11世紀中頃、京都）
（川本重雄による）

平安貴族は
寝てられる

荘園があるからね

おきだたみ
置畳

ＺＺＺ

【平安貴族 は 寝てられる】
　　　　　　　　　寝殿造

＊参考文献　24）　【　】内スーパー記憶術

Q 寝殿造の空間の使い方は？

A 置畳（おきだたみ）、屏風、几帳（きちょう）などによる舗設（しつらえ）によってさまざまな場をつくります。

寝殿造の建物本体は、板敷きの床に天井を張らない屋根といった、がらんどうの空間です。部屋も分かれていません。そこに下図のようなさまざまな家具、調度類を置いて（舗設）、場をつくります。ユニバーサル・スペースの古代版といえます。

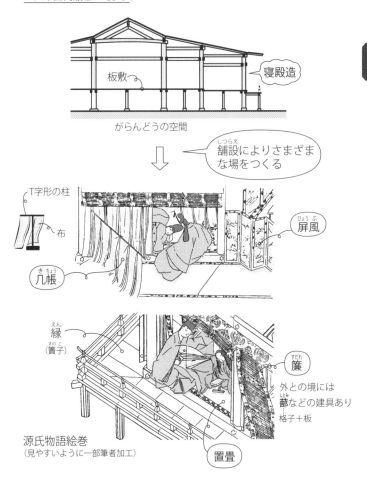

板敷

寝殿造

がらんどうの空間

舗設（しつらえ）によりさまざまな場をつくる

T字形の柱

布

几帳（きちょう）

屏風（びょうぶ）

縁（えん）
（簀子（すのこ））

簾（すだれ）

外との境には
蔀（しとみ）などの建具あり
格子＋板

置畳

源氏物語絵巻
（見やすいように一部筆者加工）

2

日本建築史概観［住宅］

Q 城郭の立地はどのような変化をたどる？

A 山（山城）　→　平地の中の丘陵（平山城）、平地（平城）と変化しました。

中世の戦国武将は攻めにくい山の上に砦や城郭（<u>山城</u>）をつくりましたが、近世になると近隣を治めるという政治的意図もあって、平地の丘陵部（<u>平山城</u>）や平地（<u>平城</u>）に城郭をつくるようになります。斎藤道三の岐阜城（1201年）は山城、信長の安土城（1576年）は平山城、秀吉の大坂城（1583年）、家康の江戸城（1590年）は平城です。城郭は領国支配の拠点となり、周囲には<u>城下町</u>が形成されます。城郭内の建物は櫓（やぐら、矢倉）と呼ばれますが、最も高い中心的櫓を<u>天守閣</u>と呼びます。

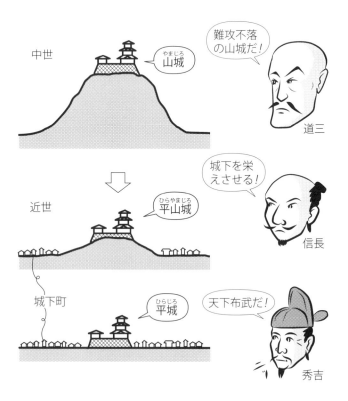

中世　　　　　　　　　　　　やまじろ
　　　　　　　　　　　　　　山城

難攻不落
の山城だ！

道三

近世　　　　　　　　　　　ひらやまじろ
　　　　　　　　　　　　　平山城

城下を栄
えさせる！

信長

城下町　　　　　　　　　　ひらじろ
　　　　　　　　　　　　　平城

天下布武だ！

秀吉

Q 城郭の天守閣における屋根の特徴は？

A 屋根を多層に組み、千鳥破風、唐破風で中心軸を強調します。

屋根の流れ面に付けられる切妻破風のことを、千鳥破風（ちどりはふ）と
いいます。千鳥破風と唐破風が、最上部の入母屋破風（いりもやはふ）
とともに中心軸を強調するように付けられています。日本建築には珍しく、
<u>三角形が外装に多く取りついた、対称性、象徴性の強い立面を形成して
います</u>。壁は耐火性を有するように土壁にしっくい塗りが多く、壁は白、
屋根は銀色の明るい外観を形成します。

入母屋屋根

破風が多いな

<ruby>唐<rt>から</rt>破<rt>は</rt>風<rt>ふ</rt></ruby>

入母屋破風

<ruby>入<rt>いり</rt>母<rt>も</rt>屋<rt>や</rt>破<rt>は</rt>風<rt>ふ</rt></ruby>

<ruby>千<rt>ちどり</rt>鳥破<rt>は</rt>風<rt>ふ</rt></ruby>

唐破風

姫路城（1609年、姫路）

中心軸が強調
されている

● 千鳥とは多くの小鳥を指しますが、その並びからジグザグ状をなすものを指すよ
うになりました。千鳥破風の場合はジグザグ形は関係なく、屋根面に並んで付
けられた小さな破風なので、このように呼ばれるようになったと思われます。

＊参考文献　27）

Q 近世に成立した武士の住宅の様式は？

A 書院造です。

古代の寝殿造が中世で変化して、近世に書院造となります。書院造の前段階として、主殿造と呼んで区別する説もあります。書院造では、畳を敷き詰め、天井を張り、接客が重んじられます。二条城二の丸御殿が、書院造の代表例です。

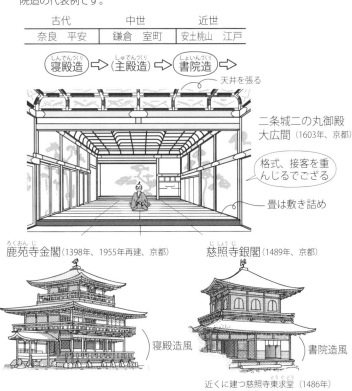

古代	中世	近世
奈良　平安	鎌倉　室町	安土桃山　江戸

寝殿造（しんでんづくり）⇒（主殿造（しゅでんづくり））⇒書院造（しょいんづくり）⇒

天井を張る

二条城二の丸御殿
大広間（1603年、京都）

格式、接客を重んじるでござる

畳は敷き詰め

鹿苑寺金閣（ろくおんじ）（1398年、1955年再建、京都）

寝殿造風

慈照寺銀閣（じしょうじ）（1489年、京都）

書院造風

近くに建つ慈照寺東求堂（とうぐどう）（1486年）は書院造の源流のひとつ

● 平安時代末から中世を通して、寝殿造は固定的な間仕切りをもつ小規模で実用的な住宅に変化していき、室町中期になって書院造という住宅形式に結実します。貴族たちも広々とした儀式の場としての寝殿造にこだわらず、それとは別に住むための実用的な住宅を用意しました。有名な金閣寺、銀閣寺は中世末に建てられた仏堂ですが、その初層は寝殿造風、書院造風のデザインとされています。

＊参考文献　20）

Q 寝殿造と書院造の柱の置き方は？

A 寝殿造は太い丸柱を空間に整然と並べ、書院造は角柱を部屋の壁に置きます。

寝殿造は約3mスパンに直径約30cmの丸柱を整然と並べて大きい空間をつくり、その後に家具、調度類で空間を仕切ります。一方書院造は部屋割りをした後に、部屋の壁に太さ20cm程度の角柱を約2m間隔で置きます。当初寺院から派生した架構法が、木材の節約、部屋を組み合わせる平面計画によって変化したものと思われます。

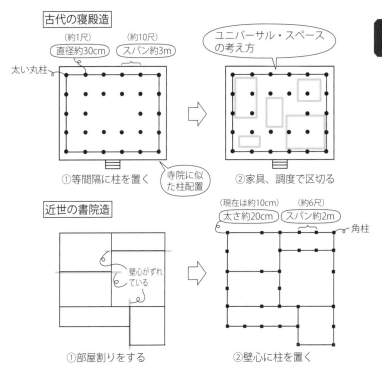

古代の寝殿造

（約1尺）
直径約30cm

（約10尺）
スパン約3m

太い丸柱

ユニバーサル・スペースの考え方

①等間隔に柱を置く

寺院に似た柱配置

②家具、調度で区切る

近世の書院造

壁心がずれている

①部屋割りをする

（現在は約10cm）
太さ約20cm

（約6尺）
スパン約2m

角柱

②壁心に柱を置く

2

日本建築史概観　[住宅]

● 二条城二の丸御殿の柱は、大広間で約26cm角、黒書院で約23cm角、白書院で約19cm角（筆者実測）です。寝殿造の直径30cmよりもだいぶ細いですが、現在の木造の柱の約10cm角に比べてしっかりしています。ちなみにコルビュジエによるサヴォア邸のピロティの丸柱は、直径約28cm（筆者実測）、スパンは約5mなので、古代の寝殿造や寺院に近い柱径とスパン割です。

Q 書院造の棟全体の構成は、左右対称、左右非対称？

A 左右非対称です。

小規模なものでL形、大規模なものでは雁行形となる傾向にあります。寝殿造の各棟では対称性が強いですが、複数棟が複合された全体配置では左右対称はすでに崩されています。書院造ではその傾向が強まります。日本人の意識の中に、雁行しながら表から奥へ、公的なハレの場から私的なケの場へと到達する空間構成があるようです。

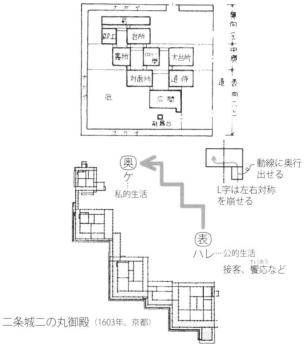

武家屋敷殿舎の構成・理念図
（内藤昌『江戸と江戸城』鹿島出版会、1966年より）

動線に奥行
出せる
L字は左右対称
を崩せる

奥
ケ
私的生活

表
ハレ…公的生活
接客、饗応など

二条城二の丸御殿（1603年、京都）

- 寝殿造はいくつかの棟を左右対称に近い形で連結していたものが、時代を下るに従い非対称の雁行形になり、書院造では雁行形が常態化します。平野の狭い、山の迫り出す地形の多い日本では、中国のような左右対称ではなく、谷筋の地形に沿うような雁行配置が好まれたからと考えられます。
- ミースが初期に組積造の建物で雁行配置を多用しますが、それは中心を解体し、静的な構成から動的な構成へと移行させる、意図的な形態操作でした。

＊参考文献　28）29）

Q 雁行配置する場合の屋根は、棟の方向をどうする?

A 棟の方向を互い違いにするのが一般的です。

屋根に谷をつくらないため、外観を単調にしないために、棟の向きを**x**方向、**y**方向に順次入れ替えて複合させます。下図の二条城二の丸御殿や桂離宮は、<u>屋根の向きを交互に変化させながら雁行させる配置</u>の代表例です。増築する場合(桂離宮は増築の結果)も、この手法がよくとられます。

二条城二の丸御殿

屋根の向きを
互い違いに架ける

棟が南北方向

棟が東西方向

谷ができない

妻面をひとつ
おきに見せる

N

屋根の向きを交互
に変えた方が変化
があっていいのよ!

＊参考文献　20)

Q 雁行配置のメリットは？

A 出隅、入隅で庭との接点が多くなる、奥へとジグザグに歩くことによる景色の変化、奥行の形成などです。

下図の桂離宮の縁側では、奥へと続くジグザグの縁側を歩くことにより、庭の景色の変化を楽しむことができます。出隅は現代建築風にいえばコーナーガラスで、庭の景色を引き立てます。縁側やベランダは高床の端部であり、東南アジア全体に見られますが、ここまで縁側と庭を洗練させているのは他国に類を見ません。

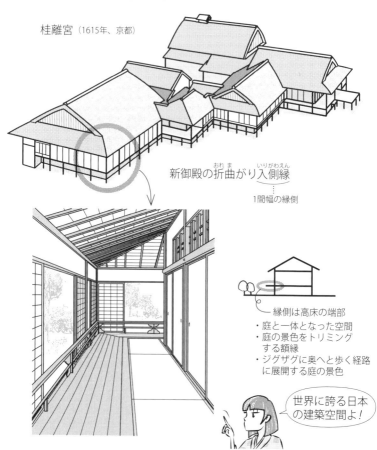

桂離宮（1615年、京都）

新御殿の折曲がり入側縁
（おれま）（いりがわえん）

1間幅の縁側

縁側は高床の端部

・庭と一体となった空間
・庭の景色をトリミングする額縁
・ジグザグに奥へと歩く経路に展開する庭の景色

世界に誇る日本の建築空間よ！

＊参考文献 30）

Q 室町、安土桃山、江戸と進むと柱の面の大きさはどうなる?

A 小さくなる傾向にあります。

柱などの角を45°や円弧状に削ることを面取り面取りによってできた部分を面といいます。江戸幕府大棟梁平内(へいのうち)家に伝えられた平内政信による『匠明(しょうめい)』には、下図のような7面取り、10面取り、14面取りが描かれており、書院造の柱では時代が下るほど面が小さくなります。面が大きいと粗野で力強く見え、面が小さいとシャープで繊細な印象となります。庶民の民家の柱は、面が大きい傾向にあります。

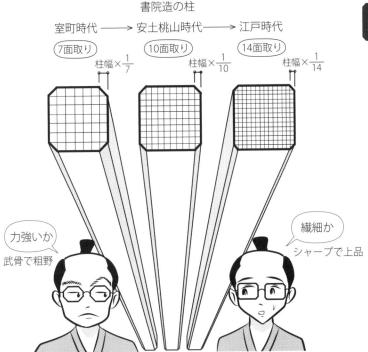

書院造の柱

室町時代 ── 安土桃山時代 ── 江戸時代

〔7面取り〕　　　〔10面取り〕　　　〔14面取り〕

柱幅×$\frac{1}{7}$　　　柱幅×$\frac{1}{10}$　　　柱幅×$\frac{1}{14}$

力強いか
武骨で粗野

繊細か
シャープで上品

＊参考文献　31)

Q 木割とは？

A 書院造における、各部の比例と大きさを決定する寸法システム、デザインシステムです。

木を各部に割り付ける意味で木割（きわり）です。江戸後期以前は木砕（きくだき）といわれていました。柱の太さを1とすると、鴨居を0.4、回縁を0.5、さお縁を0.3、床框を1、落とし掛けを0.4などとされます。木割を書いた書が木割書で、江戸幕府の大棟梁平内家に伝わる安土桃山時代の『匠明』が有名です。匠明の頃は秘伝書でしたが、江戸末期には多くの木割書が出されました。ヨーロッパ古代のオーダーも柱の太さを基準とした寸法、意匠システムなので、建築に普遍的に通用するシステムといえます。

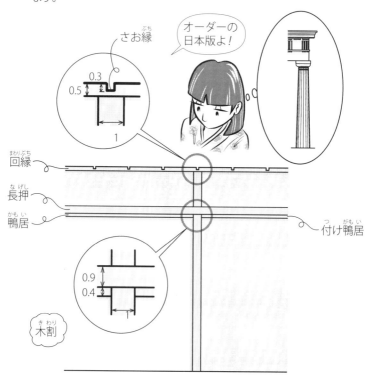

【匠明 は 匠 の証明】

＊参考文献　31）　【 】内スーパー記憶術

Q 侘茶の思想を実現した建築は？

▼

A 草庵茶室です。

🧊 中世中頃に発生した茶の湯は、中世末に茶室建築を生み出し、近世初頭に千利休によって草庵茶室（草庵風茶室）が確立されました。千利休による妙喜庵待庵は、草庵茶室の代表例です。

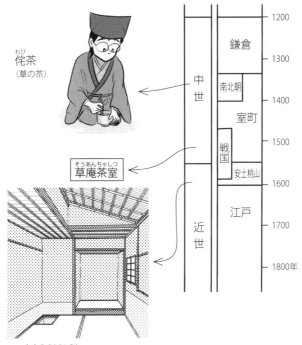

侘茶（わび）
（草の茶）

草庵茶室（そうあんちゃしつ）

1200
鎌倉
1300
南北朝
1400
室町
1500
戦国
安土桃山
1600
江戸
1700
1800年

中世

近世

妙喜庵待庵（みょうきあんたいあん）（千利休（せんのりきゅう）、1582年頃、大山崎町、京都）

【 千年　待つ　のも妙だ 】
　千利休　待庵　　妙喜庵

- 豪華で格式を重んじる書院造に飽きた趣味人がつくった建築です。底辺層が仕方なくつくる草庵ではなく、遊びの要素を含んだ、各部分にまで神経の行き届いた建築です。豊かな家に生まれた鴨長明が、方丈庵という粗末な家で『方丈記』（1212年）を書いたことに通じます。またマリー・アントワネットがヴェルサイユ宮殿に飽きて、農家風のプチ・トリアノンを建てて遊んだことにも似ています。悪く言えば豊かな者の貧乏ごっこともいえます。

2

日本建築史概観［住宅］

Q 草庵茶室の特徴は？

A 狭小さ、閉鎖性、暗さ、自然に近い材料などです。

<u>狭さと閉鎖性がポイント</u>です。2畳、1坪の広さは、人間が横になって手を広げた正方形とほぼ同じです。『方丈記』の方丈庵のように、<u>世捨て人の庵（いおり）はそれまでは4畳半でした。千利休が待庵で一気に2畳にまで縮め</u>、それを普及させました。そして窓が極端に少なく、内部は薄暗い空間となります。そこに大人が2人（たとえば利休と秀吉）入り、何時間か過ごすわけです。オープンカフェの好きな筆者には、とても耐えられない、想像を絶する世界です。後に<u>小堀遠州（こぼりえんしゅう）が書院風茶室</u>を創設し、広々として明るい茶室もつくられるようになります。

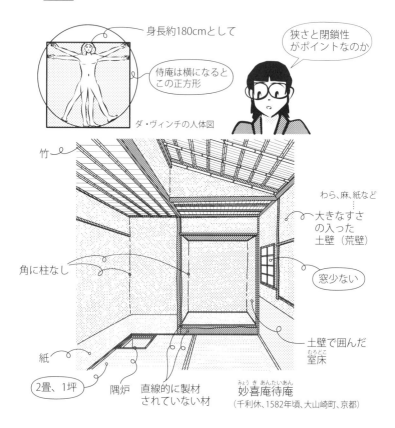

身長約180cmとして

侍庵は横になると
この正方形

ダ・ヴィンチの人体図

狭さと閉鎖性
がポイントなのか

竹

わら、麻、紙など
大きなすさ
の入った
土壁（荒壁）

角に柱なし

窓少ない

土壁で囲んだ
室床（むろどこ）

紙

2畳、1坪　　隅炉　　直線的に製材
されていない材

妙喜庵待庵（みょうきあんたいあん）
（千利休、1582年頃、大山崎町、京都）

＊参考文献　20)

Q 書院造に草庵風茶室の自由な造形を取り入れた様式は？

A 数寄屋風書院造です。

格式を重んじる豪華な書院造に対して、質素で軽快なデザインの数寄屋風書院造が公家の離宮などでつくられます。桂離宮は、数寄屋風書院造の代表例です。屋根は瓦ではなく柿（こけら：薄い板）で葺かれ、簡素でありながら洗練された優美なデザインです。

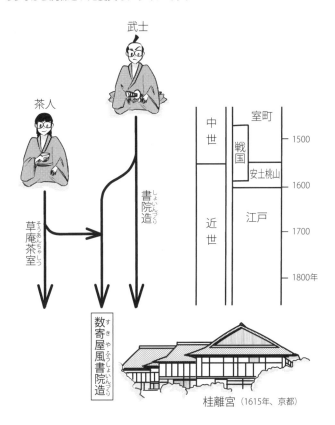

桂離宮（1615年、京都）

• 数寄とは好きの変化形で、茶の湯や生け花などの風流を好むことを指し、茶道を指すこともあります。数寄屋は茶室を意味しますが、数寄屋造は数寄屋風書院造の方を指します。数寄者とは茶の湯や生け花、和歌に熱心な風流人のことですが、さらに極端な数寄者はかぶき者（傾奇者、歌舞伎者）と呼ばれました。

2

日本建築史概観［住宅］

Q 数寄屋風書院造の装飾の特徴は?

A 簡素で繊細、趣のある装飾です。

🔷 格式の高い書院造の装飾は、金色を多用した豪華絢爛なものにする傾向がありますが、数寄屋風書院造では風流を楽しむような、簡素で繊細な装飾が多いです。桂離宮は月見を意識した設計のため、月の字を崩した装飾も多く使われています。武士は威厳を保つため、公家は風流を楽しむために装飾を用いたと思われます。

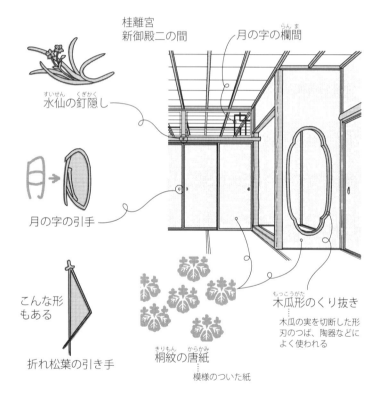

桂離宮
新御殿二の間

月の字の欄間

水仙の釘隠し

月の字の引手

こんな形
もある

折れ松葉の引き手

桐紋の唐紙
模様のついた紙

木瓜形のくり抜き
木瓜の実を切断した形
刃のつば、陶器などに
よく使われる

• 柱には皮付きの丸太や面皮柱（めんかわばしら）が使われ、障壁画はなく、床の間、違棚などに書院造のような定型はありません。釘隠し、襖の引き手のような金属も多彩で繊細なデザインが施されています。武士とは対照的な趣味人のための建築です。

＊参考文献　30）

Q 書院造、数寄屋風書院造のうち、板目の柱を使うのは？

▼

A 数寄屋風書院造です。

丸太を年輪を横切る方向に切ると軸に平行な模様の<u>柾目</u>（まさめ）となり、接線方向に切ると曲線状模様の<u>板目</u>（いため）となります。4面とも柾目なのが<u>四方柾</u>（しほうまさ）で、最も格上とされています。<u>一般に柱には柾目を使います</u>が、数寄屋風書院造では板目の柱も使うことがあります。また角に皮をはいだままの木の肌を残した<u>面皮柱</u>は面（角の削った部分）の大きさが一定とはならず、板目とともに偶然のつくる模様の面白さがあり、茶室（数寄屋）や数寄屋風書院造に使われます。

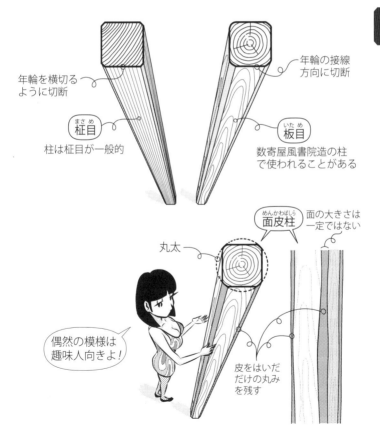

年輪を横切る
ように切断

柾目（まさめ）

柱は柾目が一般的

年輪の接線
方向に切断

板目（いため）

数寄屋風書院造の柱
で使われることがある

面皮柱（めんかわばしら）

面の大きさは
一定ではない

丸太

偶然の模様は
趣味人向きよ！

皮をはいだ
だけの丸み
を残す

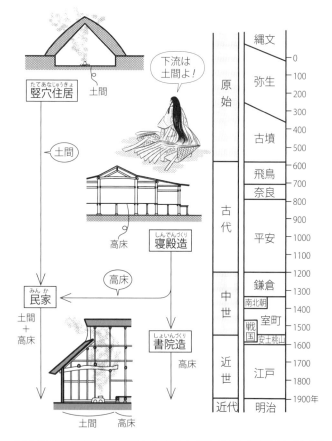

Q 住居の床の2系統は？

A 土間と高床です。

竪穴住居の土間は、寝殿造では高床になり、書院造まで引き継がれます。被支配層の住居は基本的に土間でしたが、近世の民家（農民、商人らの住居）では、土間と高床の両方が使われるようになります。

たてあなじゅうきょ
竪穴住居　土間

下流は土間よ！

土間

土間

しんでんづくり
寝殿造

高床

みん　か
民家

高床

土間
＋
高床

しょいんづくり
書院造

高床

土間　高床

原始	縄文	0
	弥生	100
		200
		300
	古墳	400
		500
古代	飛鳥	600
		700
	奈良	800
	平安	900
		1000
		1100
中世	鎌倉	1200
		1300
	南北朝	
	室町	1400
	戦国 安土桃山	1500
近世		1600
	江戸	1700
		1800
近代	明治	1900年

● 現存する民家は近世末や近代のものがほとんどで、それも富裕層のものに限られます。貧農の家はおそらく床がなく、すべて土間だったと思われます。カマドの煙は屋根に上がり、虫よけにもなります。床よりも土間の方が火や水を使いやすい、土足で入れるなど、便利なことが多々あります。

＊参考文献　25)

Q 民家の特徴は？

A 炊事と農作業のための土間をもち、天井は張らないことが多く、茅葺の寄棟屋根を載せた、素朴で実用的なデザインです。

民家には地方によってさまざまな平面形、屋根形がありますが、<u>多くは単純な茅葺寄棟屋根の長方形平面で、窓が少なく閉鎖的です。東側の広い土間で炊事と農作業をし、西側の床の上で食事、団らん、その奥が接客と寝室に使用されます。</u>火や水を使う場合は土間が都合よく、書院造では炊事場は土間をもつ別棟に配されていますが、民家では一体化しており機能的です。

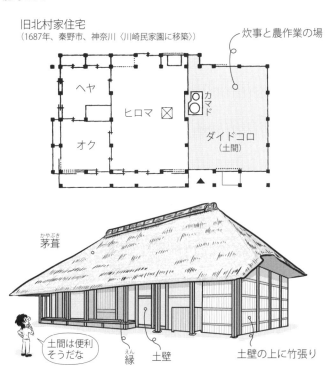

旧北村家住宅
(1687年、秦野市、神奈川〈川崎民家園に移築〉)

炊事と農作業の場

ヘヤ

ヒロマ ⊠

オク

カマド

ダイドコロ
(土間)

かやぶき
茅葺

土間は便利
そうだな

えん
縁　土壁

土壁の上に竹張り

2

日本建築史概観〔住宅〕

• <u>近世の住宅は、大きくは支配層の書院造と被支配層の民家の2つの様式に分類されます。</u>書院造は瓦葺屋根の下に畳の床と天井があって、という現代の和風住宅の原型となります。民家は地域によって非常に多くのバリエーションがあり、その<u>土間は戦後の農家にも残っていました。</u>

＊参考文献　32)

Q 近世中期から近代にかけて最も普及した民家の平面形は？

A 田の字形（整形4間取り）です。

各地方のさまざまな平面が、最終的にみな田の字形平面に変化します。座敷、居間、台所、納戸の4部屋と土間を単純化した、普遍的な平面形です。旧住宅公団の2DK平面が、サラリーマン家庭にとって普遍的だったのに似ています。その2DK平面は、水回りと椅子座を平面の片側に寄せていて、昔でいえばそこが土間なわけです。

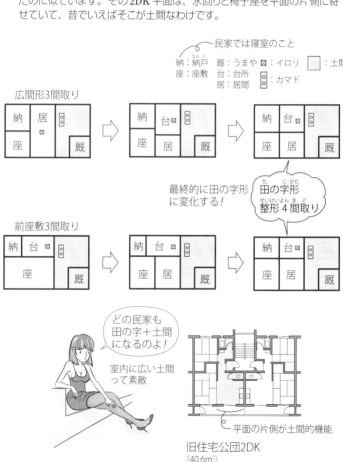

旧住宅公団2DK
(40.6m²)

平面の片側が土間的機能

どの民家も田の字＋土間になるのよ！

室内に広い土間って素敵

＊参考文献　32）34）

Q 近代の農家に土間はあった？

A 近世民家を引き継いだ農家では、戦後も土間が多く残っていました。

筆者の亡き父の遺品を調べていたら、下のような生家（今は解体）のスケッチ（父は建築には素人）が出てきて、見るとなかなか興味深いのでここに載せることにしました。稲作、養鶏（ようけい）、養蚕（ようさん）の農家でした。慶応年間（1865〜68年）に建築され、スケッチは昭和10（1935）年当時の様子と書かれています。牛や豚の小屋が家の周囲にあり、庭には井戸。土間にカマド、6畳間にはイロリがあります。小学2年の時からイロリでわら、小枝を燃やして、めし炊きをしたと書かれています。筆者は小さい頃にこの家を訪ねた記憶があり、2階に上がると竹の床で、下が透けて見えて怖かった思い出があります。たぶん昔は2階で養蚕をしていたものと思われます。

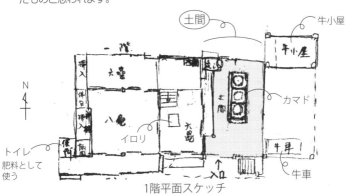

1階平面スケッチ

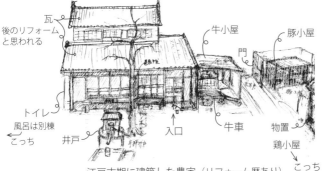

江戸末期に建築した農家（リフォーム歴あり）
（1935年当時のスケッチ、鴻巣市、埼玉）

2
日本建築史概観【住宅】

Q 近代、現代和風住宅のルーツは？

A 近世の書院造です。

武士の書院造は、質素で飾り気がない、質実剛健なデザインでした。公家の寝殿造や数寄屋風書院造の上品で繊細なデザインとは対極に位置しています。上級武士が謁見する場では豪華な装飾が施されますが、基本的には装飾が限定された建築でした。

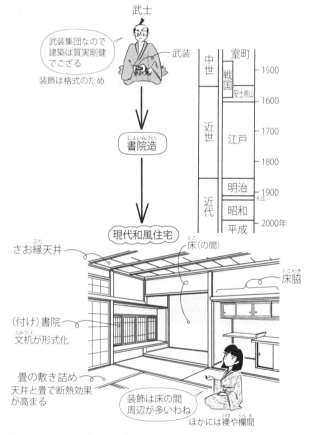

武士

武装集団なので
建築は質実剛健
でござる
装飾は格式のため

武装

中世	室町	
	戦国	1500
	安土桃山	1600
近世	江戸	1700
		1800
近代	明治	1900
	大正	
	昭和	2000年
	平成	

書院造（しょいんづくり）

現代和風住宅

さお縁（ぶち）天井

床（とこ）（の間）

床脇（とこわき）

（付け）書院
文机（ふみづくえ）が形式化

畳の敷き詰め
天井と畳で断熱効果
が高まる

装飾は床の間
周辺が多いわね

ほかには襖（ふすま）や欄間（らんま）

- 寝殿造では畳は部分敷きで天井はないが、書院造では畳は敷き詰め、天井が張られ、断熱性は上がります。現代和風住宅は、このような書院造の伝統を引き継いでいます。

Q ヨーロッパ建築の日本への移入はいつ？

A 1900年前後に、ヨーロッパ近世建築、近代建築がほぼ同時に移入されます。

🔷 日本の近代化は、ほぼ西洋化と等しいといえます。明治維新後にヨーロッパの近世建築、近代建築がほぼ同時に流入します。仏教建築とヨーロッパ建築の伝来が、日本建築に対する2大インパクトでした。

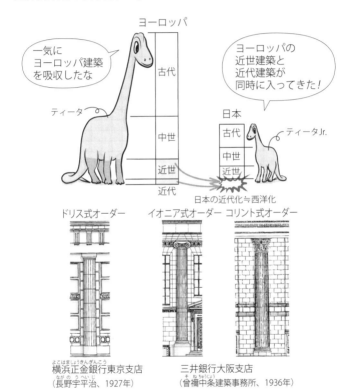

ヨーロッパ

一気にヨーロッパ建築を吸収したな

ティータ

ヨーロッパの近世建築と近代建築が同時に入ってきた！

日本

ティータJr.

日本の近代化≒西洋化

ドリス式オーダー　イオニア式オーダー　コリント式オーダー

横浜正金銀行東京支店
（長野宇平治、1927年）

三井銀行大阪支店
（曾禰中条建築事務所、1936年）

2　日本建築史概観〔近代〕

- ヨーロッパから東へ西へと進んだ有色人種の国の植民地化が、最後に到達したのが日本でした。その波を押し返さんとして、急速な西洋化が進められました。明治維新前にもヨーロッパ建築が少数ですが入っており、建築の西洋化も細かく見ればいくつかの段階を踏んでいます。
- 学生時代に鈴木博之研究室（東京大学）で三井本館の実測調査をしたとき、役員室などで、装飾の細かさのために測量が異常に大変でした。近代建築との違いを身をもって実感しました。

Q 明治時代の日本に最も影響を与えた外国人建築家は？

A ジョサイア・コンドルです。

明治維新後に多くのお雇い外国人が招かれましたが、なかでもコンドルの影響は絶大でした。コンドルは工部大学校造家学科（現東京大学建築学科）の専任講師となって設計、計画、構造、歴史などのヨーロッパの建築知識を普及させた、日本近代建築界の父と呼べるような人です。彼のもとから辰野金吾らの著名建築家が巣立ちます。

大英断だったよ

J.コンドルの銅像
東京大学工学部1号館（土木、建築）
の前に設置されている

旧帝室博物館（1882年、上野）
鹿鳴館（1883年、千代田区）
ニコライ堂（1891年、千代田区）

フヮ　フヮ

コンドルが1877年に
ロンドンから飛んできた！

25歳で来日、日本にて68歳で他界

台座は伊東忠太

「造家」を「建築」
に変えた人！

設計、計画、構造、材料、施工、歴史
をひとりで教える！

東京大学建築学科卒業生（木葉会）名簿

明治12年（1879）卒業〔第1回〕
逝去会員　　片山東熊、佐立七次郎、曽禰達蔵、辰野金吾

明治13年（1880）卒業〔第2回〕

（たつのきんご）
日本銀行（1896年）、東京駅（1914年）

（かたやまとうくま）
奈良、京都の国立博物館（1894.95年）、赤坂離宮（1909年）

- 木曜会名簿（東京大学工学部建築学科卒業生名簿）を見ると、最初の頃は卒業生が数名しかいないのに驚かされます。当時はまだ建築を大学で学ぶ者が非常に少なかったのがわかります。第12回卒業生（1892年）の伊東忠太（いとうちゅうた）は日本建築の初めての研究者ですが、「造家（ぞうけ）」という言葉を使うのをやめて「建築」とした人物でもあります。

Q 昭和の日本に最も影響を与えた外国人建築家は？

A ル・コルビュジエです。

フランク・ロイド・ライトが来日して帝国ホテルなどを設計し、ライトとともに来たA.レーモンドが事務所を開いていましたが、なんといってもコルビュジエの影響が圧倒的です。前川、坂倉、吉阪の3人はコルビュジエ事務所で働いた後に帰国し、設計活動や大学での教育活動で活躍します。前川事務所で働いた丹下は戦後日本建築をリードし、その弟子が磯崎、黒川、槇です。東京オリンピック、大阪万博と活躍した建築家の源流をたどると、コルビュジエに行き着くわけです。

2

日本建築史概観〔近代〕

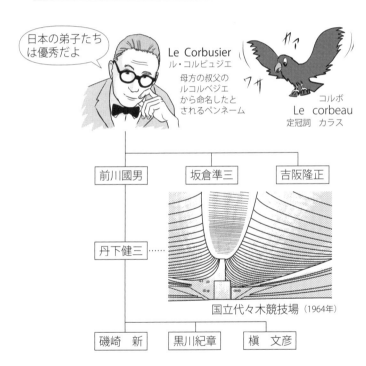

日本の弟子たち
は優秀だよ

Le Corbusier
ル・コルビュジエ

母方の叔父の
ルコルベジエ
から命名したと
されるペンネーム

コルボ
Le corbeau
定冠詞 カラス

前川國男 ｜ 坂倉準三 ｜ 吉阪隆正

丹下健三 ……

国立代々木競技場（1964年）

磯崎 新 ｜ 黒川紀章 ｜ 槇 文彦

• フランスの美術批評家と話したときに、日本人はコルビュジエを評価しすぎると言われたことが印象に残っています。ラ・ロッシュ・ジャンヌレ邸を指して、こんなの大した建築じゃないよ！だって。コルビュジエの師弟関係からすると、神格化せざるをえない宿命が、日本の建築関係者にはあるように思えます。ちなみに筆者の大学時代、設計の先生は槇文彦、よく行くバイト先は丹下事務所でした。

日本建築の様式　まとめ

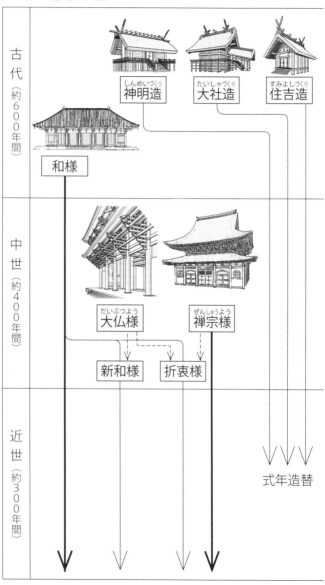

| | 神明造
しんめいづくり | 大社造
たいしゃづくり | 住吉造
すみよしづくり |

古代（約600年間）

和様

中世（約400年間）

大仏様
だいぶつよう　禅宗様
ぜんしゅうよう

新和様　折衷様

近世（約300年間）

式年造替

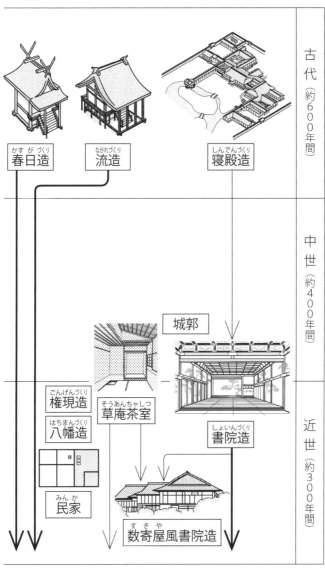

古代 (約600年間)

中世 (約400年間)

近世 (約300年間)

かすがづくり	ながれづくり	しんでんづくり
春日造	流造	寝殿造

城郭

ごんげんづくり	そうあんちゃしつ	しょいんづくり
権現造	草庵茶室	書院造

はちまんづくり
八幡造

みんか
民家

すきや
数寄屋風書院造

近代は欧米とほぼ同じ

Q 近世以前の日本建築とヨーロッパ建築における屋根の大きな違いは？

A 日本建築は軒を大きく出すのに対し、ヨーロッパ建築は軒をほとんど出しません。

近世以前の日本建築は、柱は木、壁は板や土、窓は板や障子でできており、雨が当たればすぐに腐ったり崩れたりしてしまいます。一方ヨーロッパでは雨が少なく、壁や柱はレンガや石でできているものが多いため、軒を出さなくても大丈夫です。屋根の付いているものでも、コーニス分しか出ていないものがほとんどです。近代建築はパラペットを立ち上げて、建物全体を直方体と見せ、もともと屋根は架けないものです。このような日本建築とヨーロッパ建築の違いから、日本では「屋根の建築」、ヨーロッパでは「壁の建築」というような決定的な差があらわれます。日本は屋根をいかに支えるかで様式が分かれ、ヨーロッパでは壁をいかに装飾するかで様式が分かれます。

ヨーロッパ建築
「壁の建築」

近世以前の日本建築
「屋根の建築」

近世以前

コーニス
（蛇腹）

レンガ、石

近代

パラペット

コンクリート

深い軒

木、土、紙

日本は雨が
多いのよ！

• 京都、東京の年間降水量はパリの2倍以上、アテネの3倍以上です。さらに雨季は6月で長く、窓をあけないと生活できません。近代以降、日本はヨーロッパの「壁の建築」を大々的に取り入れたので、雨の多い高温多湿の日本では、耐久性や雨仕舞に問題がある建築が多く生産されました。

Q 組積造の壁に孔をあける一番簡単な方法は?

▼

A 石や硬い木のマグサを入れます。

組積造の壁に孔をあけたら、孔の上の石やレンガが落ちてしまいます。そこで孔の上に水平材を入れる工夫が古くからされるようになりました。その水平材が<u>マグサ</u>です。上の荷重が重い場合、マグサが湾曲して下側に引張りが働き、引張り強度の小さい材は割れてしまいます。その場合は、背の高い材を使わねばなりません。<u>石の引張り強度はコンクリートと同様に、圧縮強度の1/10程度しかありません</u>。これを解決するのは、<u>引張りにも強い鉄を使う19世紀まで待たねばなりません</u>。

凹側の縁が一番縮む

圧縮

中立軸（変形なし）

引張り

凸側の縁が一番伸びる

ピシッ

引張りに弱いと割れる!

マグサは孔の上の梁よ

獅子の浮彫

マグサ

厚さ1m、長さ4.6m
奥行2m、重さ約20t

ミュケナイの獅子門 (B.C.1350年頃、ミュケナイ、ギリシャ)

- ミュケナイの獅子門では、巨大なマグサが開口の上に使われています。<u>マグサ中央部が最も曲げモーメントが強いので、中央が厚い石を使っているのは構造的に理にかなっています</u>。

3

組積造 [アーチ]

Q 小さな石やレンガで組積造の壁に孔をあける方法は？

A アーチを架けます。

マグサは大きな石がないと架けられませんが、<u>アーチは小さな石やレンガで架けることができます</u>。まず木で枠をつくり、その上に石を積んでいき、積み終わったら木の枠を外します。<u>アーチの石がそれぞれくさび状、台形状になっているのがミソです</u>。アーチを構成する台形状の石を<u>迫石</u>（せりいし）、頂上部の迫石を<u>キーストーン</u>（要石：かなめいし）といいます。各迫石にかかる上からの重力に対して、左右の圧縮力の合力がちょうど上向きの力となってつり合います。石のどの部分にも引張り力は働きません。左右からかかる圧縮力だけで重さを支えているわけです。そのため、小さな石を積み重ねるだけの組積造でアーチが可能になります。

ひとつの石にかかる力を考える

せりいし
迫石

重力

つり合う

左右の圧縮力の合力

右の圧縮力より角度が下向きで大きい

くさび形（台形）がポイント

キーストーン
要石（かなめいし）

アーチ

マグサ

曲げようとする力はなくなったな

折れ曲がりそう！

体の下側が引張られる

Q 平らなアーチはできる？

▼

A できますが、支えられる重さは小さくなります。

迫石をくさび状、台形状にすれば、左右の圧縮力の合力で重力とつり合わすことができます。しかし左右の切断面の角度の差が小さいので、重力を大きくするとつり合わなくなり、落下します。アーチを円弧状にするのは、くさび形の左右の角度の違いを大きくする意味があります。マグサを複数の石でつくる形となる平らなアーチは、<u>扁平アーチ</u>、<u>フラットアーチ</u>（**flat arch**）、<u>陸迫持ち</u>（ろくせりもち）などと呼びます。似ている用語の<u>扁円アーチ</u>（**segmental arch**）は、薄い円弧のアーチですが、扁平アーチと混同して使われることもあります。

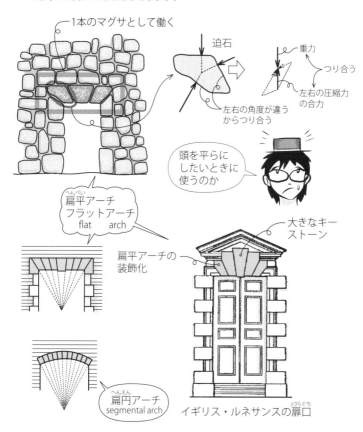

1本のマグサとして働く

迫石

重力

つり合う

左右の圧縮力
の合力

左右の角度が違う
からつり合う

頭を平らに
したいときに
使うのか

3 組積造 ［アーチ］

扁平アーチ
フラットアーチ
flat　arch

扁平アーチの
装飾化

大きなキー
ストーン

扁円アーチ
segmental arch

イギリス・ルネサンスの扉口（とびらぐち）

Q アーチを一方向に連続させた構造物、アーチを中心軸のまわりに回転させた構造物は？

A ヴォールト、ドームです。

ヴォールト（vault）、ドーム（dome）は天井や屋根として、組積造のヨーロッパ建築に古くから普及しました。ヴォールトもドームもアーチの一種で、湾曲させて曲げモーメントの発生を抑え、圧縮力だけでもたせようとする構造物です。

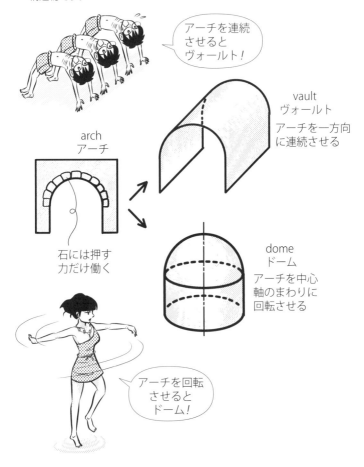

アーチを連続させるとヴォールト！

vault
ヴォールト
アーチを一方向に連続させる

arch
アーチ

石には押す力だけ働く

dome
ドーム
アーチを中心軸のまわりに回転させる

アーチを回転させるとドーム！

Q アーチはいつ頃からつくられた？

　▼

A B.C.2000年頃に、エジプトやメソポタミアでつくられました。

　20世紀後半に発見された、カイロ近郊ギザにある第3ピラミッド、ミケリヌス王墓のヴォールト天井は、人類最古のアーチといわれています。また同時期のメソポタミアでも、アーチが使われていたことがわかっています。ギリシャでは、疑似的なアーチが部分的に使われただけでした。アーチを本格的に体系化するのは、エトルリア人です。そして圧倒的な技術力で、アーチを縦横無尽に使ったのがエトルリアを征服したローマです。橋、水道橋、コロッセオ、神殿、大浴場といった巨大建築物も、安定したアーチで次々とつくられていきます。ローマ分裂後は東ローマ（ビザンチン帝国）で、巨大なドームの技術として開花します。ロマネスク、ゴシックのアーチも、ローマのアーチ技術を引き継いだものです。

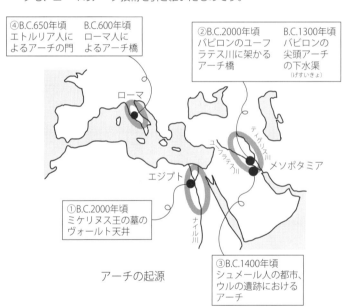

④B.C.650年頃
エトルリア人に
よるアーチの門

B.C.600年頃
ローマ人に
よるアーチ橋

②B.C.2000年頃
バビロンのユーフ
ラテス川に架かる
アーチ橋

B.C.1300年頃
バビロンの
尖頭アーチ
の下水渠
（げすいきょ）

ローマ

ティグリス川
ユーフラテス川
メソポタミア

エジプト

ナイル川

①B.C.2000年頃
ミケリヌス王の墓の
ヴォールト天井

③B.C.1400年頃
シュメール人の都市、
ウルの遺跡における
アーチ

3

組積造〔アーチ〕

アーチの起源

- 尖頭（せんとう）アーチ（pointed arch）とは、先の尖ったアーチで、イスラムやゴシックでよく使われましたが、B.C.1300年のものが発見されています。下水渠（げすいきょ）とは下水を流す溝で、バビロニアでは下水溝が壁から抜ける部分に尖頭アーチが使われていました。

- 上記のアーチの年代などは、齋藤公男著『架構技術の遺産と創造　アーチのある風景』（1978年）より引用したものです。

Q アーチの技術が日本に伝来するのはいつ？

A 15世紀に初めて中国から伝わりました。

ローマがペルシャと戦争をして敗退したとき、ペルシャは多くのローマ人捕虜を使って石造のアーチ橋をつくらせたといわれています。ローマからペルシャに伝わったアーチ技術は、シルクロードを介して中国の漢に伝わります。隋、唐時代のアーチ橋は、一部現存しています。
中国のアーチ技術は15世紀に、当時、中国の属国的立場にあった沖縄に伝わります。冊封使（さくほうし：中国王朝が属国に爵号を授けるために派遣する使節）を送迎するために、首里から那覇の間に多数の石造のアーチ橋を架けました。沖縄のアーチは17世紀には、鹿児島に伝わります。
1549年のフランシスコ・ザビエルの来日とともに、スペイン、ポルトガルの技術が、海路で長崎に流入します。長崎では、1600年代の多くの石造アーチ橋が現存しています。このように陸路と海路から、1000年以上の時間をかけて、古代ローマから中世、近世の日本へと伝来したわけです。

はるばる
ローマから陸路
でやってきたのよ！

日本
（室町、江戸時代）

②1634年
長崎眼鏡橋

③1640年
鹿児島
吉野太鼓橋

①1452年
沖縄伝来
多数のアーチ橋

ローマ

ペルシャ

中国

シルクロード

海路：スペイン、ポルトガル→長崎

- 上記のアーチの年代などは前項と同様に、齋藤公男著『架構技術の遺産と創造 アーチのある風景』（1978年）より引用したものです。

＊参考文献 37)

Q 木の仮枠を使わずにアーチを積むには？

A 水平の組積材を徐々に持ち送りして疑似アーチにするか、組積材の側面をもたせかけて斜めに積んでモルタルで接着しながらアーチにする方法などがあります。

レンガや石を徐々に持ち送り、張り出して持送りアーチ（疑似アーチ）をつくる方法は、原始的なアーチとして古くから使われています。また、もたせかけてレンガを斜めに傾け、モルタルで接着してアーチ、ヴォールトをつくるのは、メソポタミアなどで実例があります。

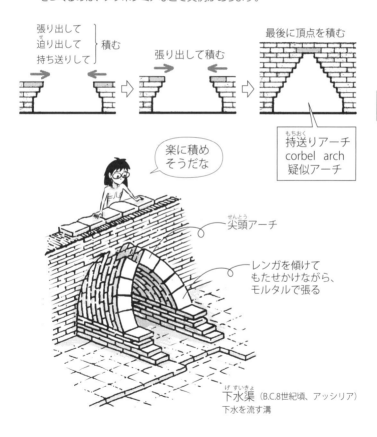

張り出して
迫り出して } 積む
持ち送りして

張り出して積む

最後に頂点を積む

持送りアーチ
corbel arch
疑似アーチ

楽に積めそうだな

尖頭アーチ

レンガを傾けてもたせかけながら、モルタルで張る

下水渠 （B.C.8世紀頃、アッシリア）
下水を流す溝

3

組積造 [アーチ]

*参考文献　2) 38)

Q 木の仮枠を使わずにドームを積むには?

A 水平の組積材を持送りにして1周積み、次にその円形の上に組積材を持送りにして積み、それを繰り返して持送りドームを完成させます。

ドームの場合は、1段積むごとに円形として閉じるので、台形の組積材が内側に落ちにくくなります。この持送りドームは、木材の少ないオリエント(エジプト、メソポタミア)では、住宅、サイロ、畜舎などに古くから使われています。ミュケナイにおけるアトレウスの宝庫(墳墓)は、丘の中腹をくり抜いてつくられた、約3000年間落下していない持送りドームです。

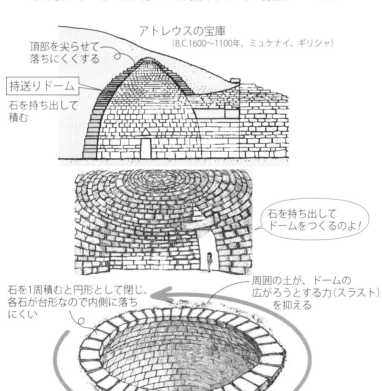

アトレウスの宝庫
(B.C.1600〜1100年、ミュケナイ、ギリシャ)

頂部を尖らせて落ちにくくする

持送りドーム
石を持ち出して積む

石を持ち出してドームをつくるのよ!

周囲の土が、ドームの広がろうとする力(スラスト)を抑える

石を1周積むと円形として閉じ、各石が台形なので内側に落ちにくい

*参考文献 2) 39)

Q アーチが崩れる主な原因は？

A 横に開こうとする力、スラストが原因になることが多いです。

下図のようにアーチの足元の石に働く力を考えると、水平方向の力がつり合っていません。アーチには開こうとする力、スラスト（thrust）が働きます。多くのアーチが、スラストによって崩壊してきました。下の例では、左横のほかの石が右方向に押し返してくれるので力がつり合い、崩れることはありません。足を砂利の上やスケートボードの上で開くと、外へ開こうとする力、スラストを実感できます。また体をくの字に折って腕立てすると、床から横力を受けているのを感じることができます。それはスラストに対抗する、床の反力です。

3

組積造 〔アーチ〕

Q アーチがスラストで崩れるのを防ぐには?

▼

A アーチの両側に重い壁をつくるか、アーチを鉄の棒で引張ります。

アーチの横に開こうとする力=スラストを抑えるには、両側に重い壁を置くか、鉄の棒で引張るかします。前者は古代から使用されている原始的な方法、後者は近世からよく使用されるようになったスマートな方法です。引張る鉄棒のことを、タイバー（tie bar：締める棒）、タイビーム（tie beam：締める小梁）、タイロッド（tie rod：締めるさお）などと呼びます。「アーチは眠らず」という諺が残っているのは、いかにスラストに悩まされたかを物語っています。

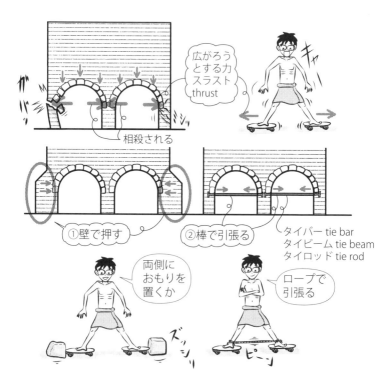

広がろうとする力 スラスト thrust

相殺される

①壁で押す

②棒で引張る

タイバー tie bar
タイビーム tie beam
タイロッド tie rod

両側におもりを置くか

ロープで引張る

Q ローマでは、アーチ、ヴォールト、ドームのスラストはどうやって抑えた？

A 厚くて重い壁で抑えました。

すべての神々に捧げる万有神殿＝パンテオンでは、厚さ約6mの壁の重さで、直径43.2m、重量約5000tのドームが広がるのを防いでいます。ドームはコンクリート（もちろん無筋）、円筒部分はレンガ型枠コンクリートです。

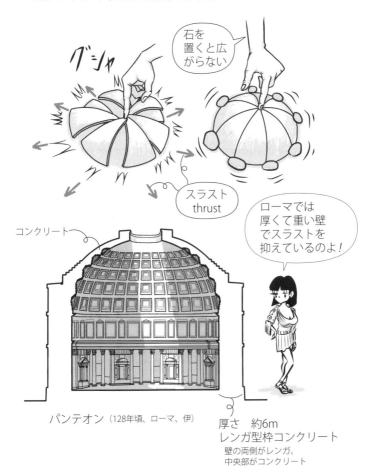

石を置くと広がらない

グシャ

スラスト thrust

ローマでは厚くて重い壁でスラストを抑えているのよ！

コンクリート

パンテオン（128年頃、ローマ、伊）

厚さ　約6m
レンガ型枠コンクリート
壁の両側がレンガ、
中央部がコンクリート
表面は石張り
外の石は現在は
はがれている

3
組積造〔アーチ〕

Q 開口のない壁に埋め込まれたブラインドアーチは、なんのために使われる？

▼

A 上部の荷重を左右に分けて下へ伝え、直下にかかる荷重を軽減するために使われました。

壁に埋め込まれたブラインドアーチ（blind arch：めくらアーチ）が、ローマで多用されました。アーチを埋め込むと、その直下へは重さが伝わらなくなります。パンテオン周囲の壁には、内側にあるニッチ（niche：壁のくぼみ）に重さをかけないために、多くのアーチが埋め込まれています。扁平アーチには大きな荷重がかけられないので、その上にブラインドアーチを埋め込むことも、ローマでは頻繁にされました。

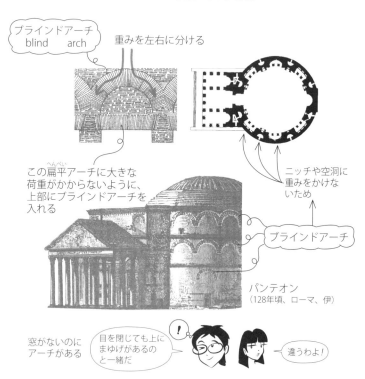

ブラインドアーチ
blind arch

重みを左右に分ける

この扁平（へんぺい）アーチに大きな荷重がかからないように、上部にブラインドアーチを入れる

ニッチや空洞に重みをかけないため

ブラインドアーチ

パンテオン
（128年頃、ローマ、伊）

窓がないのにアーチがある

目を閉じても上にまゆげがあるのと一緒だ

違うわよ！

- パンテオンの外装は大理石が張られていましたが、現在でははがれて内部のレンガが露出して、ブラインドアーチが見えています。
- 近代ではルイス・カーンのインド経営大学（1962～74年）の壁面で、ブラインドアーチが使われています。

＊参考文献 1）

Q 交差ヴォールトの利点は?

A ①スラストを側面方向だけでなく前後方向にも分散する
②側面から採光をとれる

円筒ヴォールトは側面方向に開こうとするスラストが働きますが、交差ヴォールトにすると側面方向のほかに、前後にもスラストが分散されます。また円筒ヴォールトの側面に窓はつくりにくいですが、交差ヴォールトの端部に半円形の窓がつくれます。2本の方立を持つ半円形の窓は浴場によく使われたので浴場窓とか、ディオクレティアヌス窓と呼ばれ、後にA.パラディオなどが頻繁に用います。下図のコンスタンティヌスのバシリカは、中央の身廊は交差ヴォールト、側廊には身廊と直交方向に円筒ヴォールトが架けられています。建物全体はレンガ型枠のコンクリート造です。

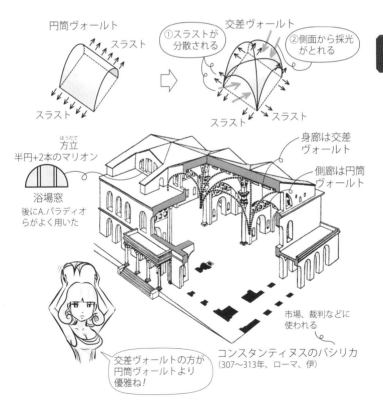

円筒ヴォールト
スラスト
スラスト

交差ヴォールト
①スラストが分散される
②側面から採光がとれる
スラスト　スラスト

方立
半円+2本のマリオン

浴場窓
後にA.パラディオらがよく用いた

身廊は交差ヴォールト

側廊は円筒ヴォールト

市場、裁判などに使われる

コンスタンティヌスのバシリカ
(307〜313年、ローマ、伊)

交差ヴォールトの方が円筒ヴォールトより優雅ね!

3
組積造 [ヴォールト]

Q ローマ以後のドームの課題は？

A 正方形平面に、いかにドームを架けるかです。

ローマ分裂後の東ローマ帝国（ビザンチン帝国）では、最初は木造で屋根を架けた長い長方形の教会堂（バシリカ式教会堂）を建てていました。しかし、木材、石材が東方では乏しいため、レンガ造のドームにスタッコ、モザイクタイル、壁画を加えた建築を発展させました。ローマのパンテオンは、円形平面の上にドームを載せていますが、ローマ以降、<u>正方形平面の上にドームを架けよう</u>と、さまざまな工夫がされるようになります。

中世初頭のヨーロッパ

フランク王国

東ローマ帝国（ビザンチン帝国）

コンスタンチノープル（現イスタンブール）

東方では木や石がとぼしい
↓
レンガでドームを組む

イスラム帝国

円形の平面！

パンテオン（128年頃、ローマ、伊）

課題　いかにして正方形平面にドームを架けるか？

ここをどうやって埋めるか

● 中世初頭のヨーロッパの地図では、小さな国が分裂し、東からも南からもイスラム帝国が侵入してきている様が見てとれます。

＊参考文献　39）

Q スクインチとは?

A 正方形平面の四隅に梁やアーチを架けて8角形とし、ドームの土台とする方法です。

　正方形にドームを架ける場合、四隅をどうするかが問題となります。一番簡単なのは石材を四隅に架け、8角形としてしまうことです。もっと細かく16角形にする例もあります。大きな石材がない場合は、レンガでアーチを架けて8角形の土台をつくります。この<u>正方形の部屋の</u>上部を8角形にする方法、またそのための<u>45°の梁やアーチをスクインチ</u>といいます。ササン朝ペルシャ（3〜7世紀）でよく行われていました。

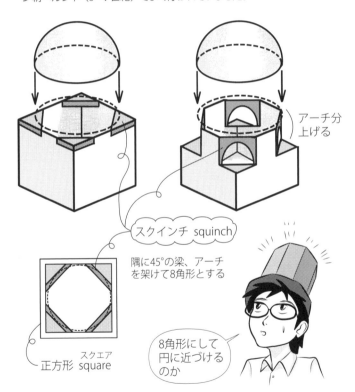

アーチ分
上げる

スクインチ squinch

隅に45°の梁、アーチ
を架けて8角形とする

8角形にして
円に近づける
のか

スクエア
正方形 square

正方形
[スクエアに インチキ してドームを載せる]
　スク　　インチ

3

組積造［ヴォールト］

Q トロンプとは?

A スクインチの一種で、隅に向かって徐々に小さくしたアーチを重ねて、ラッパ状とした隅部です。

トロンプ（trompe トロープ）とはフランス語でラッパという意味です。トランペット（trompette）と同じ語源です。ラッパ状の形にスクインチを架ける方法、またその部分をトロンプといいます。正方形の部屋上部に8角形のドームの土台をつくるのに、小さなレンガで手軽に積めるので、イスラムやヨーロッパで広く行われました。トロンプとスクインチは混同して使われることがありますが、あくまでもトロンプはラッパ形で、スクインチに含まれることになります。

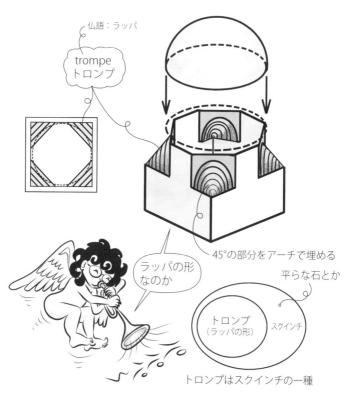

仏語：ラッパ

trompe
トロンプ

45°の部分をアーチで埋める

平らな石とか

ラッパの形なのか

トロンプ
（ラッパの形）

スクインチ

トロンプはスクインチの一種

【トロンプの形】
トランペット

Q ペンデンティヴとは？

▼

A ドームを正方形平面に載せるために築く、球面三角形の隅部、またはその架構法のことです。

正方形に外接する半球を載せ（①）、半球の側面を正方形に合わせて垂直に切断します（②）。すると正方形の壁上部に半円アーチが4つあらわれますが、今度はアーチの頂点で水平に半球を切断します（③）。断面の円は、正方形の内接円と一致します。最後にその円の上にドームを載せると、ペンデンティヴによるドームが出来上がりです（④）。半球を2段積んだこの方法は、だましだまし円に合わせるスクインチ、トロンプと違って、ピッタリとドームを載せることができます。中世、近世を通じて数多くのドームに使われました。

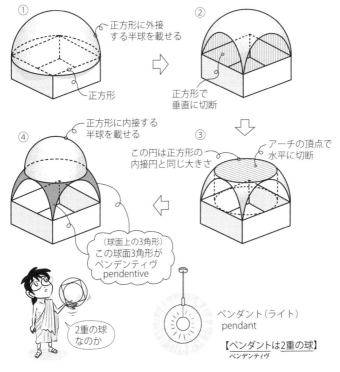

① 正方形に外接する半球を載せる

正方形

② 正方形で垂直に切断

④ 正方形に内接する半球を載せる

この円は正方形の内接円と同じ大きさ

③ アーチの頂点で水平に切断

（球面上の3角形）この球面3角形がペンデンティヴ pendentive

2重の球なのか

ペンダント（ライト）pendant

【ペンダントは2重の球】
　　　　　　ペンデンティヴ

● ②、④の2種はビザンチンドームと呼ばれますが、②は曲がりが大きいので、④のドームの方が安定します。

3

組積造〔ヴォールト〕

Q ビザンチン帝国における最大の建築的成果は？

A ペンデンティヴドームの架構技術を完成させ、ハギア・ソフィア大聖堂を築いたことです。

ハギア・ソフィア大聖堂では、直径33m、高さ55mの巨大なドーム（ローマのパンテオンは直径、高さとも43m）を、ペンデンティヴで架けることに成功します。しかし地震などでドームの崩壊と再建が繰り返され、バットレスの追加や補強がされました。ビザンチンが完成させたペンデンティヴは、スクインチ、トロンプに比べてドームとなめらかにつながるため、以後ヨーロッパやイスラムのドームで多用されます。

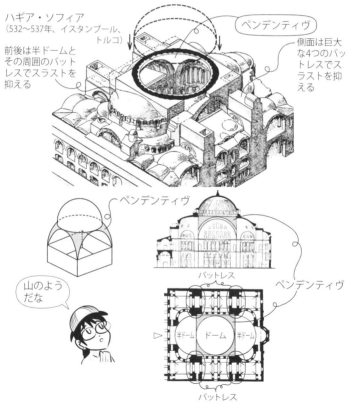

ハギア・ソフィア
（532～537年、イスタンブール、トルコ）

前後は半ドームとその周囲のバットレスでスラストを抑える

ペンデンティヴ

側面は巨大な4つのバットレスでスラストを抑える

ペンデンティヴ

山のようだな

バットレス

ペンデンティヴ

▷　半ドーム　ドーム　半ドーム

バットレス

• ハギア・ソフィアはアヤ・ソフィアともいい、トルコ語で神聖なる叡智（えいち）を意味し、イエス・キリストを指すとされています。

＊参考文献　2)

Q ロマネスク、ゴシックではスラストはどうやって抑える?

▼

A ロマネスクでは厚い壁、ゴシックでは尖頭アーチとし、バットレス(控え壁)、フライングバットレス(飛び梁)などを使います。

◼ ロマネスクでは厚い壁でスラストを抑え、壁には小さな窓をあけます。ゴシックではアーチを尖らせて尖頭アーチ(pointed arch)とし、まずスラスト自体を減らします。そしてスラストに抵抗する方向に壁を立てる<u>バットレス</u>、さらに外にバットレスを立てて、そこまでスラストの力が伝わるようにアーチを架ける<u>フライングバットレス</u>も開発されます。

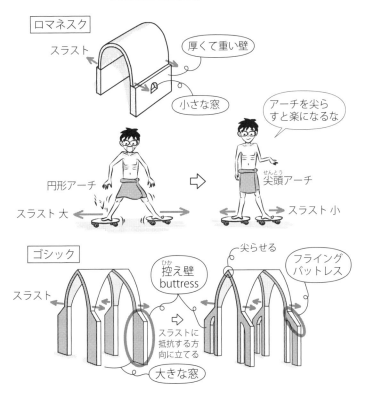

ロマネスク

スラスト

厚くて重い壁

小さな窓

円形アーチ

スラスト 大

アーチを尖らすと楽になるな

尖頭(せんとう)アーチ

スラスト 小

ゴシック

尖らせる

控え壁(ひかえ)buttress

フライングバットレス

スラスト

⇨ スラストに抵抗する方向に立てる

大きな窓

3 組積造【ヴォールト】

• 尖頭アーチは B.C.1300年頃のバビロニアやイブン・トゥールーンのモスク(879年頃、カイロ、エジプト)でも使われており、またロマネスクでも部分的に尖頭アーチが用いられているので、ゴシックが最初ではありません。十字軍によってイスラムの尖頭アーチがゴシックに移入されたとする説もあります。

Q ロマネスク、ゴシックでは、ヴォールトはどのように進展する?

▼

A 円筒ヴォールト → 交差ヴォールト → リブヴォールト → 尖頭アーチのリブヴォールトと進展します。

🔷 ロマネスクでは円筒ヴォールト（バレルヴォールト：barrelは樽）の次に、側面から採光しやすい、ヴォールトを直交させた交差ヴォールトが使われるようになります。そして組積材が落ちにくいように、また、施工しやすいようにリブという骨をヴォールトの稜線に架け、その上にレンガや石を積むリブヴォールトがつくられます。さらにゴシックでは半円アーチを先の尖った尖頭アーチとし、スラストを減らしてアーチを安定させ、交差ヴォールトの構造システムが完成の域に達します。

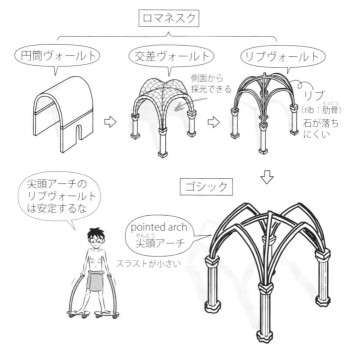

ロマネスク

円筒ヴォールト　　交差ヴォールト　　リブヴォールト

側面から採光できる

リブ
(rib：肋骨)
石が落ちにくい

尖頭アーチのリブヴォールトは安定するな

ゴシック

pointed arch
尖頭アーチ

スラストが小さい

● 各種ヴォールトの技術は、ローマ以前にすでに使われていました。ローマの版図はヨーロッパ全域に及んだため、その技術は中世ヨーロッパの各地に伝わっていたはずです。しかし封建領主の分立した時代、地方の技術はローマに比べて未熟なものでした。そのなかで徐々に技術は進展し、ついにはゴシックの大聖堂をつくるに至ります。

Q ロマネスクの円筒交差ヴォールトにおいて、架けるのが難しい点は？

A 交差部分の稜線が、円形にならず扁平なアーチとなる点です。

円筒ヴォールトを交差させると、交差部の稜線は半円アーチではなく、扁平アーチ、楕円状アーチとなります。交差ヴォールトはローマでも盛んに使われましたが、中世では交差部の扁平アーチをつくる高度な技術が不足し、築後10数年で崩壊したものも多くありました。そこで中世の工人は扁平アーチを避けるために、交差部のアーチも半円にしてしまいます。すると直径の大きい交差部のアーチは周囲のアーチよりも高くなり、ドーム状に盛り上がった交差ヴォールトが出来上がります。盛り上がった部分が余計なスラストをかけるので、横断アーチは太くて頑丈なものにされています。下図のサン・ミケーレ教会も、交差部を半円アーチとしたヴォールトです。

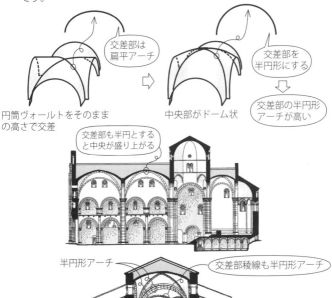

交差部は扁平アーチ

交差部を半円形にする

交差部の半円形アーチが高い

円筒ヴォールトをそのままの高さで交差

中央部がドーム状

交差部も半円とすると中央が盛り上がる

半円形アーチ

交差部稜線も半円形アーチ

サン・ミケーレ教会（1100〜1600年　パヴィア、伊）

＊参考文献　2) 4)

3

組積造〔ヴォールト〕

Q ロマネスクの円筒交差ヴォールトで、各アーチの高さをそろえるためにされた工夫は？

A 横断アーチを尖頭アーチとして、交差部、対角線アーチの半円の高さにそろえました。

横断アーチ、対角線アーチをともに半円とすると、頂点の高さがそろいません。そこで横断アーチを尖頭アーチとして、頂点を対角線アーチとそろえる工夫がされるようになります。下図のダラム大聖堂では尖頭アーチを導入して、アーチの頭をそろえています。またダラムのリブヴォールトは、ロマネスクのなかで、年代の判別される最古のものです。

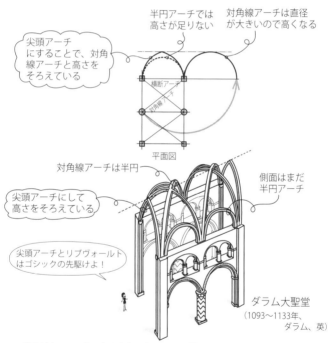

半円アーチでは高さが足りない
対角線アーチは直径が大きいので高くなる
尖頭アーチにすることで、対角線アーチと高さをそろえている
横断アーチ
対角線アーチ
平面図

対角線アーチは半円
側面はまだ半円アーチ
尖頭アーチにして高さをそろえている
尖頭アーチとリブヴォールトはゴシックの先駆けよ！

ダラム大聖堂
（1093〜1133年、ダラム、英）

• ダラムは、ロマネスクのなかでもノルマン様式として有名です。ノルマンとは、北の（ノル）人（マン）の意味で、バイキングともいわれる北方系ゲルマン民族です。　　　　　【ダーラ、ダーラ　と　ノルマをこなす】
　　　　　　　　　　　　　　　　　　ダラム（ダーラム）　　　　ノルマン様式

• ダラムの身廊における力強いアーチと円柱に、筆者は学生時代に大変感銘を受け、いまだに世界で最も好きなアーチとなっています。ちなみに2番はル・トロネの質素、素朴なアーチ、3番はパラディオによるバシリカの優雅なアーチです。

＊参考文献　41）　【　】内スーパー記憶術

Q 6分ヴォールトとは？

A 初期ゴシックでつくられた正方形のベイを6つに分割する交差ヴォールトです。

正方形を4分割した場合、ヴォールトの重さやスラストが4本の柱にかかってしまうので、初期ゴシックでは<u>正方形の中央に横断アーチを入れ、柱を2本追加する</u>工夫がされます。横断アーチを入れて正方形を6分割したのが、6分ヴォールトです。ベイは正方形を2分割した長方形となります。<u>パリ大聖堂</u>は、初期ゴシックの6分ヴォールトの完成形です。

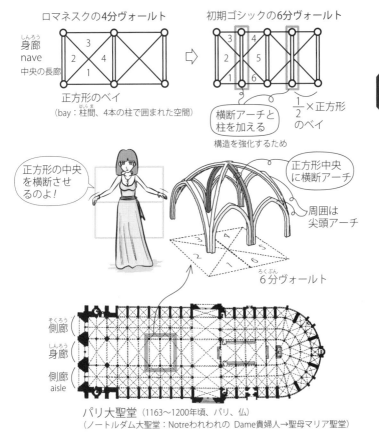

ロマネスクの4分ヴォールト

身廊
nave
中央の長廊

正方形のベイ
（bay：柱間、4本の柱で囲まれた空間）

初期ゴシックの6分ヴォールト

横断アーチと柱を加える
構造を強化するため

1/2×正方形のベイ

正方形の中央を横断させるのよ！

正方形中央に横断アーチ

周囲は尖頭アーチ

6分ヴォールト

側廊

身廊

側廊
aisle

パリ大聖堂（1163〜1200年頃、パリ、仏）
（ノートルダム大聖堂：Notreわれわれの Dame貴婦人→聖母マリア聖堂）

3
組積造〔ヴォールト〕

Q 盛期ゴシックの4分ヴォールトとは？

A 正方形の半分のベイに尖頭アーチの交差ヴォールトを架けたものです。

パリ大聖堂では正方形全体を使って交差ヴォールトを架け、中央に横断アーチを入れて**6**分ヴォールトとしました。フライングバットレスの進化によりスラストを抑え込めるようになると、アミアン大聖堂では正方形の半分のベイに交差ヴォールトを架けて**4**分ヴォールトとし、盛期ゴシックの構造システムが完成します。アミアン大聖堂の4分ヴォールトを見上げると、6分ヴォールトよりも単純でシステマチックな印象を受けます。

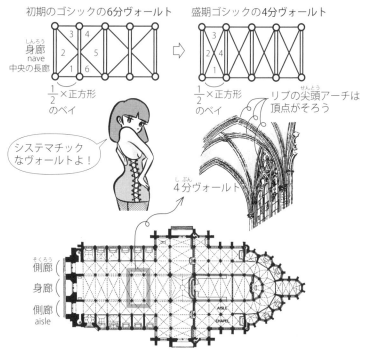

初期のゴシックの6分ヴォールト

身廊 しんろう
nave
中央の長廊

$\frac{1}{2}$×正方形のベイ

盛期ゴシックの4分ヴォールト

$\frac{1}{2}$×正方形のベイ

リブの尖頭アーチは頂点がそろう せんとう

システマチックなヴォールトよ！

4分ヴォールト しぶん

側廊 そくろう
（

身廊 （

側廊 （
aisle

アミアン大聖堂 （1220〜1410年頃、アミアン、仏）：ゴシックの王
（ノートルダム）

【網 編んだような石細工】
アミアン

＊参考文献 2）42） 【 】内スーパー記憶術

Q 4分ヴォールトと6分ヴォールトにおいて、柱間1スパンと交差ヴォールトの関係は？

▼

A 6分ヴォールトでは交差ヴォールトにおける単位の半分、4分ヴォールトでは単位ひとつ分が柱間1スパンに対応します。

下図はパリ大聖堂とアミアン大聖堂の、身廊（しんろう：中央の長い廊）における展開図（同スケール）です。1スパンは、6分ヴォールトでは交差ヴォールト半単位分、4分ヴォールトでは交差ヴォールト1単位分となっています。6分ヴォールトでは中央の横断アーチの高さが盛り上がっていますが、4分ヴォールトではすべてのアーチの高さがそろっています。総じて、初期ゴシックの6分ヴォールトよりも、盛期ゴシックの4分ヴォールトの方が単純明快で、システマチックといえます。

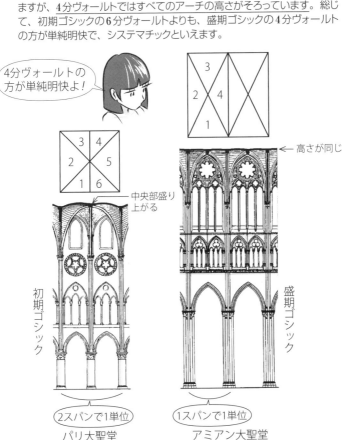

4分ヴォールトの方が単純明快よ！

← 高さが同じ

中央部盛り上がる

初期ゴシック

盛期ゴシック

2スパンで1単位
パリ大聖堂
（1163〜1200年頃）

1スパンで1単位
アミアン大聖堂
（1220〜1410年頃）

3

組積造 [ヴォールト]

＊参考文献　36）

Q ゴシック聖堂の側面、背面の外観を決めるのは？

A バットレス、フライングバットレスです。

ヴォールトのスラストを抑えるためにつくられた<u>バットレス（控え壁）、フライングバットレス（飛び梁）</u>は、柱筋すべてに立てられるので、外観は<u>バットレスが林立する状態</u>となります。そのにぎやかな垂直性が、ゴシックの正面以外の外観を決定づけています。ロマネスクの厚い壁だけの外観と対照的な華やかさですが、聖堂によってはロボットのような機械的な印象を受けます。

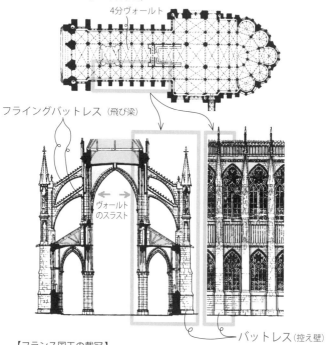

ランス大聖堂（1211〜1475年頃、ランス、仏）：ゴシックの女王（ノートルダム）

4分ヴォールト

フライングバットレス（飛び梁）

ヴォールトのスラスト

バットレス（控え壁）

【<u>フランス国王の戴冠</u>】
ランス

● アミアン大聖堂はゴシックの王、ランス大聖堂はゴシックの女王と称され、ランスは歴代フランス国王の戴冠式が行われた場所です。道路の突き当たりに巨大なランス大聖堂が見えたときに、筆者が引率した学生が言った「すんげー！ ザ・ゴシック!」は当を得た感想でした。

＊参考文献 2) 【 】内スーパー記憶術

Q フライングバットレスの形は？

▼

A アーチが基本ですが、小さな柱を複数付けるなどしてアーチを安定させている例が見られます。

◆ フライングバットレスは、アーチを2段、3段に重ねる形式が一般的で、アーチとアーチの間に<u>シャルトル大聖堂</u>のように円柱を付けたり<u>ルーアンのサン・マクルー教会</u>のように細い線状の柱を並べる例もあります。バットレスは安定させるために下に行くほど外に迫り出す形とし、重みをかけるために<u>ランス大聖堂</u>のように頂部に<u>ピナクル</u>（小尖塔）を付けるものも多くあります。

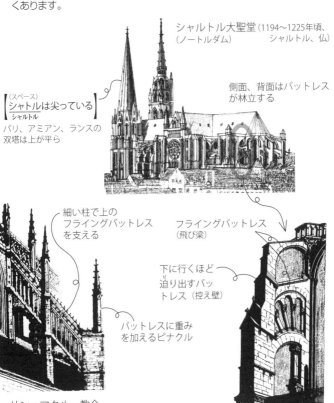

シャルトル大聖堂（1194～1225年頃、
（ノートルダム）　　　シャルトル、仏）

（スペース）
シャルトルは尖っている
シャルトル

パリ、アミアン、ランスの
双塔は上が平ら

側面、背面はバットレス
が林立する

細い柱で上の
フライングバットレス
を支える

フライングバットレス
（飛び梁）

下に行くほど
迫り出すバッ
トレス（控え壁）

バットレスに重み
を加えるピナクル

サン・マクルー教会
（1436～1521年、ルーアン、仏）

3

組積造［ヴォールト］

Q ゴシックのヴォールトによるスラストを抑えるのに、バットレス以外に方法はある?

A 小屋裏に鉄のタイバーを入れ、ヴォールト側面の壁を引張るなどします。

「サント・シャペルでの鉄材の使用は、19世紀の修復建築家ラシュスが報告している。上堂は、周囲をぐるりと2本の鉄棒で取り巻かれており、さらに小屋裏に隠されたタイ・バーが控え壁の位置で両側の外壁を結びつける。多角形平面のアプシスでは、多角形の頂点のところに配される控壁から、放射状にタイ・バーが張られ、タイ・バーが集中する中心では、特別に工夫された金物がこれらを束ねる。下堂では、外壁と小円柱がやはり鉄材で緊結され、アプシスのヴォールトはそのリブの形に合わせた鉄棒が補強する」(『ヨーロッパ建築史』西田雅嗣編著、1998年、p.133から引用)
サント・シャペルでは隠された鉄のタイバーによって壁、柱などは極限まで細くされ、内部に入るとガラスに囲まれているかのような印象をもちます。

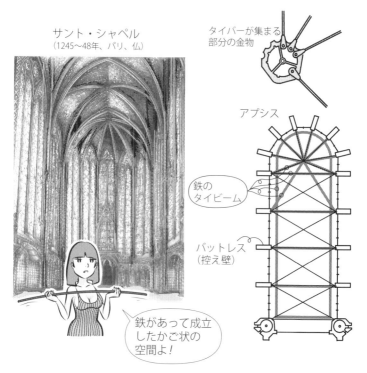

サント・シャペル
(1245〜48年、パリ、仏)

タイバーが集まる
部分の金物

アプシス

鉄の
タイビーム

バットレス
(控え壁)

鉄があって成立
したかご状の
空間よ!

*参考文献 44)

Q ゴシックのリブヴォールトは、リブがないと崩壊する？

A 必ずしも崩壊しません。

 リブは稜線の位置を明確にして工事をしやすくし、レンガや石を落下しにくくするのは間違いありません。ただし、天井の石やレンガの上にコンクリートが打ち込まれている場合もあり、下から見上げたときに感じる完璧な石の芸術的構造体ではありませんでした。19世紀の学者ヴィオレ・ル・デュクは、ゴシックのリブヴォールトは合理的で無駄のない構造と分析しました。しかし後の砲撃で、リブが落ちてもヴォールトはそのままであったことから、その解釈は修正を余儀なくされました。

「多数の小さな石材を並べたヴォールト天井面は、けしてそれだけで安定するものではなく、その上面に小割石を混ぜた石灰コンクリートを厚く裏打ちして一体的に固め、天井面にひずみが起こらないようにして初めて安定する。つまり、ゴシックのヴォールト天井は厚い石灰コンクリート・シェルの下面に小さい板石がタイルのように張り付いていると考えてよい。したがって、大規模なヴォールト天井全体は薄いところで数十cm、ヴォールトの四隅部分では厚さ3〜4mにも及ぶのが通例である。」（桐敷真次郎著『西洋建築史』共立出版、2001年、p.85から引用　下線筆者加筆）

天井裏には木造小屋組が隠されていますが、コンクリートシェルも隠されていたことになります。

シェル構造となる！

コンクリート

木造小屋組

フライングバットレス

リブヴォールトの上にいろんな構造が隠されているのか

リブ

交差ヴォールト

バットレス

ゴシックの
聖堂の構造

3

組積造〔ヴォールト〕

Q フランスゴシックを大きく3段階に分けると?

A 12世紀の初期ゴシック、13世紀の盛期ゴシック、13世紀後半からの後期ゴシックです。

ゴシックは、フランスのサン・ドニにおける修道院付属聖堂の改築（1136～44年）からはじまります。流行りはじめた当初は、その出自からフランス様式とも呼ばれました。初期ゴシックは6分ヴォールトで代表されるような模索期でパリで完成を見ます。盛期ゴシックはより高く、より細く、より開放的なアミアン、ランス、シャルトルに代表される4分ヴォールトとフライングバットレスによる、巨大な聖堂の極致です。構造の進化と大規模化は初期と盛期で終わり、小規模聖堂における装飾に関心が移ります。後期ゴシックには、サント・シャペルのような鉄材を利用した細くて華麗な装飾（レイヨナン式：rayonnant、rayonは放射光線や車輪のスポークの意）や反転曲線を多用した火炎式の装飾（フランボアイヤン式：flamboyant、flambeauは火炎の意）などがあります。

フランスゴシックは3段階よ！

初期ゴシック	12世紀　6分ヴォールト

ラン　　　　　**パリ**
(1160～1230年頃)　(1163～1200年頃)

盛期ゴシック	13世紀　4分ヴォールト

シャトル　　　**ランス**：女王　**アミアン**：王
(1194～1225年頃)　(1211～1475年頃)　(1220～1410年頃)

後期ゴシック	13世紀後半〜

放射状、線が細い→**レイヨナン式**
　　　　　　　　　　サント・シャペル
　　　　　　　　　　(1245～48年)

火炎式＝**フランボアイヤン式**
　　　　サン・マクルー
　　　　(1436～1521年)

【　千人　入れる　大聖堂　】
1200年代(13世紀) → 盛期ゴシック

（合繊）
【　レイ　ヨンのような細さ　　　フランスで　ボワ！　いやん！　】
　　レイヨナン　　　　　　　　　　フラン　　ボア　　イヤン
（火が）→ 火炎式

Q シュロ状ヴォールトとは？

A 装飾式のイギリスゴシックに見られる、多数の枝リブでシュロ状にした交差ヴォールトです。

初期イギリス式（第1尖頭式）のゴシックでは、フランスから移入されたばかりで、オーソドックスな4分ヴォールトでした。イギリスでは、後にリブが装飾的に扱われるようになります。下図のエクセター大聖堂では、頂点の峰リブ、柱から放射状に出された多くの枝リブが足されて、シュロ状ヴォールトとなっています。装飾式（第2尖頭式）に分類されています。

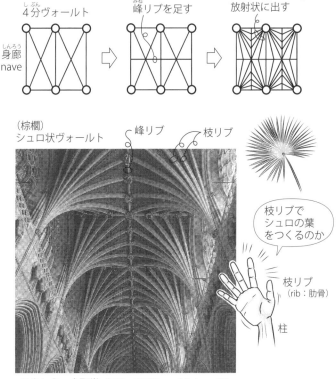

4分ヴォールト
身廊 nave

峰リブを足す

多数の枝リブを柱から放射状に出す

（棕櫚）シュロ状ヴォールト

峰リブ　　枝リブ

枝リブでシュロの葉をつくるのか

枝リブ（rib：肋骨）

柱

エクセター大聖堂（1280～1350年、エクセター、英）

【 <u>エクスタシー</u> を 感じる<u>シュロの形</u> 】
エクセター大聖堂

3

組積造 〔ヴォールト〕

Q ファンヴォールトとは？

A 垂直式イギリスゴシックに見られる、リブを網目の扇状としたヴォールトです。

装飾式のリブを、さらに網目の扇状にしたのが<u>ファンヴォールト</u>（<u>扇状ヴォールト</u>）です。ほかに扇の形ではない網目ヴォールトもあります。この頃のイギリスゴシックは、<u>柱</u>やマリオン（方立：ほうだて、窓に入れられた垂直部材）などの垂直線が下から上まで長く伸び、垂直線が強調されるので、<u>垂直式（第3尖頭式）</u>と呼ばれます。下図のキングズ・カレッジ礼拝堂は、垂直式の代表例です。

キングズ・カレッジ礼拝堂
（1446〜1515年、ケンブリッジ、英）

ファンヴォールト
(fan ／ 扇状)

垂直線の強調　→　垂直式

パタパタ

網目の扇よ！

【　<u>王様</u>　は　<u>扇であおられる</u>　】
　　キングズ・カレッジ　　　ファンヴォールト

• ファンヴォールトに垂れ飾り（ペンダント）を追加したウェストミンスター修道院<u>ヘンリー7世礼拝堂</u>（1503〜12年）は、構造的な意味を離れ、精緻な石造の装飾となっています。構造合理主義ではなく、構造装飾主義による美の追求といえます。

Q イギリスゴシックを大きく3段階に分けると？

▼

A 13世紀の初期イギリス式、14世紀の装飾式、15世紀の垂直式です。

◼ フランスから入ったゴシックは、約1世紀遅れて初期イギリス式（第1尖頭式）、装飾式（第2尖頭式）、垂直式（第3尖頭式）と進みます。4分ヴォールトからはじまり、シュロ状ヴォールトなどの装飾的ヴォールトになり、さらに装飾が細かくなり網状、扇状のヴォールトとなります。

フランス ゴシック

12世紀後半

イギリスゴシックも3段階よ！

♪♪
English song

| 初期イギリス式 （第1尖頭式） 13世紀 |
| 4分ヴォールト |

装飾

| 装飾式 （第2尖頭式） 14世紀 |
| シュロ状ヴォールト エクセター大聖堂 （1280〜1350年） |

網目 垂直

| 垂直式 （第3尖頭式） 15世紀 |
| ファンヴォールト キングズ・カレッジ礼拝堂 （1446〜1515年） |

3

組積造 ［ヴォールト］

• イギリスではゴシックが他国と異なって長く続き、19世紀にもゴシックリバイバルが起こり、ついには国会議事堂までゴシックで建ててしまいます。垂直式の時代は、イタリアではルネサンスが花開く時期です。イギリスのゴシックは湿気の多い風土とも相まって、幽霊屋敷や魔法使いの物語の舞台になるような、不気味さ、おどろおどろしさ、風変わりさがあり、洗練されたフランスのゴシックとは異なる魅力に満ちています。

Q アーチの連続するアーケードで、太い角柱やバットレス以外にスラストを抑える方法は?

A タイバーを使います。

F. ブルネレスキ設計のフィレンツェの捨子保育院のアーケードでは、鉄のタイバーでアーチの足元を引張り、柱がスラストで倒れるのを防いでいます。ローマのアーケードでは太い角柱でしたが、このタイバーを使うことによって、細いオーダーが並ぶ明るく軽快なアーケードを実現しました。

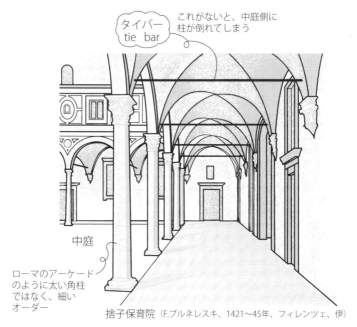

タイバー
tie bar

これがないと、中庭側に柱が倒れてしまう

中庭

ローマのアーケードのように太い角柱ではなく、細いオーダー

捨子保育院 (F.ブルネレスキ、1421〜45年、フィレンツェ、伊)

- アーケード (arcade) は arc＋ade と arc を含む語で、アーチを並べた吹放しの空間。ロッジア (loggia) は少なくとも一方が吹放しとなった空間 (伊語)。アーチを並べたロッジアが、アーケードとなります。捨子保育院のアーケードは、内側の天井が交差ヴォールトかドームを並べたもので、柱には外側にスラストがかかります。上図奥行方向、隣り合うアーチからのスラストは、互いに打ち消し合います。両端のアーチのスラストは、両側にある建物で受けているので、奥行方向にはタイバーが不要となります。

- タイバーはイスラムなどルネサンス以前にも使われていましたが、タイバーによって重い柱や壁を取り払い、細いオーダーの列をつくったのはブルネレスキ初めてです。

＊参考文献 45)

Q ルネサンス、バロックのドームで、スラストを抑えるのに厚い壁やバットレス以外にされた工夫とは？

A 引張りに効くリング（テンションリング）を埋め込むことです。

フィレンツェ大聖堂はゴシックの長堂が完成後、どうやってドームを架けるかで設計競技が行われ、F.ブルネレスキがドーム部分のみ設計することになりました。ドームは縦長としてスラストを減らし、8角形のドームを2重にして、その間にリブとリングを埋め込んでスラストに抵抗させています。リングはかすがいでつないだ石、30cm角の木などです。2重殻でリングの埋め込まれたドームは、ルネサンス、バロックで多くつくられることになります。

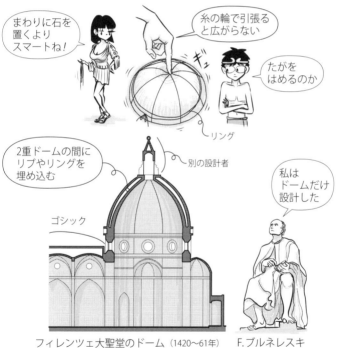

フィレンツェ大聖堂のドーム（1420〜61年）
（サンタ・マリア・デル・フィオーレ）

F.ブルネレスキ
ルネサンス最初の建築家

【 ブルマ好き は 古典的? 】
ブルネレスキ　　　古典主義

• フィレンツェ大聖堂のドーム部分は、古典主義のルネサンス建築における先駆けとされています。

（右余白）3　組積造〔ドーム〕

Q D.ブラマンテによるテンピエットのドームは、どのような特徴をもつ？

A ①古代円形神殿を応用し、中央部を上部に突出させてドラム（円筒）とし、採光と外観の象徴性の問題を解決したこと。
②ルネサンスのテーマのひとつである、集中式平面のひとつの解を示したこと。

古代の円形神殿を模し、そこにドラム部分をつくったこと、ブルネレスキがダ・ヴィンチらと練っていた集中式平面のひとつの解を示したことが大きな特徴です。テンピエットは後に、ローマのサン・ピエトロ大聖堂（1506～1620年）、ロンドンのセント・ポール大聖堂（1675～1710年）、パリのパンテオン（1755～92年）、アメリカの国会議事堂（1793～1811年）にまで影響します。

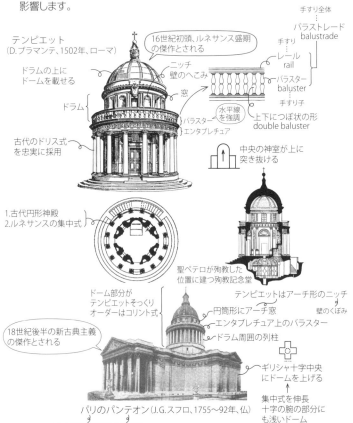

テンピエット
（D.ブラマンテ、1502年、ローマ）

16世紀初頭、ルネサンス盛期の傑作とされる

ドラムの上にドームを載せる

ニッチ
壁のへこみ

窓

ドラム

バラスター
エンタブレチュア

古代のドリス式を忠実に採用

手すり全体
バラストレード
balustrade

手すり

レール
rail

バラスター
baluster

手すり子

水平線を強調

上下につぼ状の形
double baluster

1.古代円形神殿
2.ルネサンスの集中式

中央の神室が上に突き抜ける

聖ペテロが殉教した位置に建つ殉教記念堂

ドーム部分がテンピエットそっくり
オーダーはコリント式

18世紀後半の新古典主義の傑作とされる

テンピエットはアーチ形のニッチ
壁のくぼみ

円筒形にアーチ窓
エンタブレチュア上のバラスター
ドラム周囲の列柱

ギリシャ十字中央にドームを上げる

集中式を伸長
十字の腕の部分にも浅いドーム

パリのパンテオン（J.G.スフロ、1755～92年、仏）
ローマにも同名あり 万有神殿

＊参考文献　2)

Q ドームのドラムとは?

A ドームを支える円筒状、正多角柱状の壁です。

ドームの<u>ドラム</u>は、採光のため、ドームを高くそびえさせるため、スラスト を抑えるバットレスを周囲に配するためなどの理由でつくられます。外観 を意識し、ルネサンス以降に多く使われます。下図のサン・ピエトロ大聖 堂の絵（ピラネージの版画をトリミング）では、いかにドラムが外観で重 要な役を演じているかがわかります。

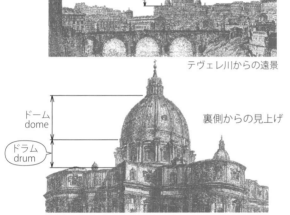

テヴェレ川からの遠景

ドーム
dome

ドラム
drum

裏側からの見上げ

サン・ピエトロ大聖堂
（ドームはミケランジェロ、1506〜1620年、ローマ、伊）

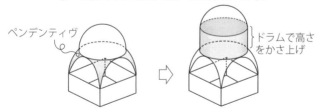

ペンデンティヴ

ドラムで高さ
をかさ上げ

- ドラム（drum）は太鼓が原義。フランス語では<u>タンブール</u>（tambour）といい （タンブリンはその派生語）、ドラムと同義の用語として建築史で使われます。
- ミケランジェロはサン・ピエトロのドーム部分を担当しましたが、死去したときに はまだドラムができた段階でした。その後、ドームの形は少し尖った形で完成さ れます。<u>ドームとその周囲はマニエリスム、長堂と巨大な楕円形広場はバロック</u> に分類されています。

3

組積造［ドーム］

Q ドラムは外観の効果のためのみに付ける？

A バットレスを周囲に配し、構造的、装飾的効果の両方を兼ねることもあります。

リングの周囲にはオーダーが配され、外観への装飾がされるのが一般的です。サン・ピエトロ大聖堂（R120参照）のドラムには、オーダーが2本ずつ配され（ペアコラム、双柱：そうちゅう）、セント・ポール大聖堂（R124参照）のドラムには、周囲をぐるりとオーダーが囲んでいます。オーダーはスラストに対してさほど効果はありませんが、下図のサンタ・マリア・デッラ・サルーテ教会（救済の聖母マリア教会）は、スラストを抑えるバットレスを渦巻き形にして、華麗な外観を演出しています。8角形平面に対し、頂点から各辺に直角に2枚ずつバットレスを出し、合計16枚のバットレスとしています。

サンタ・マリア・デッラ・サルーテ教会
（B.ロンゲーナ、1631〜87年、ヴェネツィア、伊）

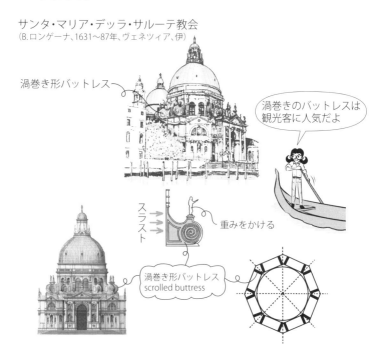

渦巻き形バットレス

渦巻きのバットレスは観光客に人気だよ

スラスト　　　　重みをかける

渦巻き形バットレス
scrolled buttress

● サンタ・マリア・デッラ・サルーテ教会は、イタリアバロックに分類されます。大運河の入口付近という目立つ立地と彫刻的な外観により、建築家よりも一般の人びとに評価が高い教会となっています。

＊参考文献　46）

Q A.パラディオのヴィラ・ロトンダに、だまし絵のオーダーや彫刻はある？

A 1567年に建てられたヴィラ・ロトンダには、17世紀のだまし絵が多く描かれています。

ポルティコのオーダーはレンガを積んでしっくい塗り、内部壁面にあるオーダーはだまし絵です。ルネサンス後期（マニエリスムとも呼ばれる）のヴィラには、安普請なものも多くなります。内部のだまし絵も低コストの反映ですが、うっかりすると本物と見間違えてしまいます。

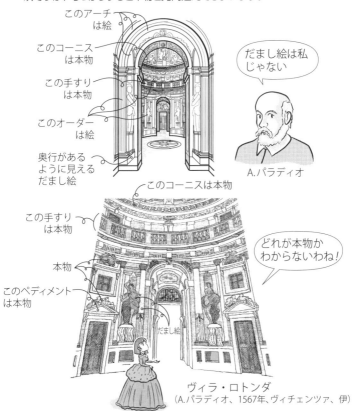

このアーチは絵

このコーニスは本物

この手すりは本物

このオーダーは絵

奥行があるように見えるだまし絵

だまし絵は私じゃない

A.パラディオ

このコーニスは本物

この手すりは本物

本物

このペディメントは本物

だまし絵

どれが本物かわからないわね！

ヴィラ・ロトンダ
（A.パラディオ、1567年、ヴィチェンツァ、伊）

3
組積造〔ドーム〕

● x、y方向ともに左右対称で中央に円形広間と、純粋な幾何学が礼賛されることがありますが、実際に見るとローマ風のポルティコに茶色の瓦屋根が載っていて、純粋幾何学からは程遠い印象があります。ローマに理想を求めた16世紀のヴィラが、実際のところです。

＊参考文献　47）

Q ドーム表面にリブを付ける意味は？

A ①構造的な補強　②湾曲、幾何学性の強調

リブヴォールトと同様に、ドームのリブ（肋骨）は構造と施工のしやすさからきています。さらに平滑なドームに比べて立体感、湾曲感が増し、幾何学性を強調できるのも利点です。バロックのサン・ロレンツォ教会は8稜星形の見事なドームです。このリブパターンはイスラムに起源があり、イスラムに影響されたスペインのロマネスク（ムデハル様式）にも実例があります。ドーム表面のパターンでは、古代ローマのパンテオンにおける正方形に近い格間（ごうま）が最も普及しています。

リブのパターンがドームの湾曲や幾何学性を強調。イスラムのドームが起源で、スペインのムデハル様式（ロマネスク＋イスラム）でも使われた8稜星形のリブパターン

8稜星形のリブ
（8つの頂点）（肋骨）

サン・ロレンツォ教会
（G.グアリニ、1668～87年、トリノ、伊）

表面にパターンがあると
湾曲を強調できるのよ！

つるっとしたドームじゃ
湾曲が見えにくいでしょ

格間 coffer

ローマのパンテオン（128年頃）で
使われて、最も普及したパターン

6角形の格間

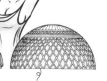

角度をつけたリブで菱形状の格間をつくり、全体として旋回状のパターンとする。近、現代のトラスでもよく使われる

Q 3重殻のドームはある？

A ロンドンのセント・ポール大聖堂は3重殻のドームです。

レンガ造の半球状ドームの上にレンガ造の円錐形ドーム、さらに最外郭に木造のドームを載せています。木造のドームは外へのアピールのために、内側のドームよりも高くされています。木造の小屋組は円錐状のドームにもたせかけて組まれており、重い**ランタン**（lantern：円形、多角形の小塔）の重みも円錐形のドームにかけています。すなわち中間の円錐形ドームは、構造的に重要な役割をしているわけです。ドームの足元にはスラストに抵抗するために、鉄製のリング、通称「レンの鎖」が埋め込まれています。

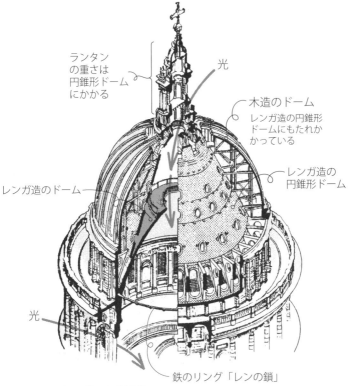

ランタンの重さは円錐形ドームにかかる

光

木造のドーム
レンガ造の円錐形ドームにもたれかかっている

レンガ造の円錐形ドーム

レンガ造のドーム

光

鉄のリング「レンの鎖」

セント・ポール大聖堂（C.レン、1675〜1710年、ロンドン、英）

- アンヴァリッド教会（J.H. マンサール、1680〜1735年、パリ、仏）、パンテオン（J.G. スフロ、1758〜89年、パリ、仏）も、3重殻のドームです。

3
組積造〔ドーム〕

Q 内外ともに木造のドームはある？

A ドイツバロックでよくつくられました。

ドイツバロックでは内外ともにドーム形のほかに、切妻屋根の下にドームを内包したものもあります。木造で湾曲の型をつくり、それに板状の棒（木摺）を多数打ちつけ、スタッコを塗って平滑にした後にフレスコ画などで仕上げます。ドームは本来、組積造の構造的な帰結としてあらわれた形ですが、時代が下ると構造にはおかまいなく木造で張りぼてのドームがつくられています。彩色で石に見せかける塗装もされ、材料の真実など考えていません。視覚的に幻想的な空間を目指すといった志向のあらわれです。建物はバロックですが、内装はロココに分類されることもあります。

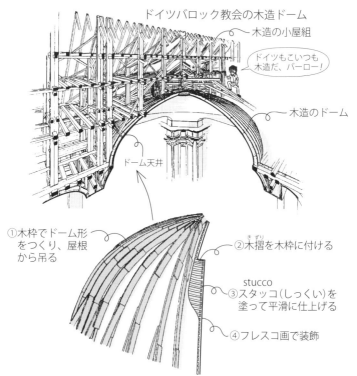

ドイツバロック教会の木造ドーム

木造の小屋組

ドイツもこいつも木造だ、バーロー！

木造のドーム

ドーム天井

①木枠でドーム形をつくり、屋根から吊る

②木摺を木枠に付ける

stucco
③スタッコ（しっくい）を塗って平滑に仕上げる

④フレスコ画で装飾

● スタッコ（stucco）：石灰、石粉、砂、水などを混ぜて固める塗り壁材、しっくい。フレスコ画は、スタッコがまだ乾かない、フレッシュ（伊語でフレスコ）な状態のときに、石灰で溶いた顔料を塗る絵画技法。

＊参考文献　4)

Q アントニオ・ガウディによるグエル邸（1889年）の正面入口のアーチの形は？

A カテナリーアーチ（放物線アーチ）です。

おもりを紐に付けてぶら下げてできる曲線は、長さ方向に等間隔に重さをかけるとカテナリー曲線、水平方向に等間隔で重さをかけると放物線となります。それを上下ひっくり返したのが、カテナリーアーチ、放物線アーチです。上下逆さまにすると、力のつり合いのベクトルがちょうど逆向きになってつり合うことになります。両者の形は似通っていて、カテナリーの方が若干カーブがゆるい形をしています。ガウディはコロニア・グエル教会（1914年）をカテナリーアーチ、カテナリードームでつくろうと、天井から吊るした大きな模型で実験していました。グエル教会は地下礼拝堂のみがつくられ、地上の教会は実現されませんでした。懸垂実験の写真を見るとガウディのアーチはカテナリーと思われますが、放物線と説明されることもあります。装飾はアール・ヌーヴォーに分類されたり近代の建築家として扱われたりしますが、組積造の進化の最後にいた建築家でもあったわけです。

3 組積造［ドーム］

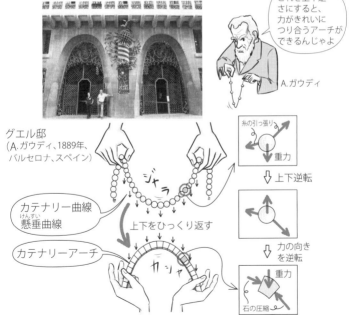

これを上下逆さにすると、力がきれいにつり合うアーチができるんじゃよ

A.ガウディ

グエル邸
（A.ガウディ、1889年、
バルセロナ、スペイン）

糸の引っ張り
重力

↓ 上下逆転

カテナリー曲線
懸垂曲線

上下をひっくり返す

カテナリーアーチ

↓ 力の向きを逆転

重力

石の圧縮

• 放物線アーチは、古代オリエントでも使われていました。

Q O.ワグナーによるシュタインホッフの教会（1905〜07年）のドームは何造？

A 鉄骨造です。

円錐状に鉄骨トラスを組んで頂部を支え、周囲はその円錐の周囲にトラスを架けており、セント・ポール大聖堂の構造を鉄骨トラスで組んだような構造です。<u>ドームの形は石やレンガでいかに空間を包むかという課題から発生したものですが</u>、<u>19世紀後半以降に、ドームはついに鉄骨造でつくられるようになります</u>。ワグナーのドームは、外装は銅に金色をメッキしたきらびやかなものです。外壁は、アルミのリベット（鋲）を使ったウィーン郵便貯金局（1904〜06年）の外壁と同じ方法で、薄い大理石を銅のリベットで留めており、デザインとして金属を見せています。

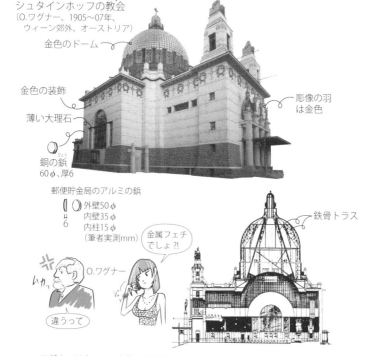

精神病院の教会

シュタインホッフの教会
（O.ワグナー、1905〜07年、
ウィーン郊外、オーストリア）

金色のドーム

金色の装飾

薄い大理石

彫像の羽
は金色

銅の鋲
60φ、厚6

郵便貯金局のアルミの鋲
外壁50φ
内壁35φ
内柱15φ
（筆者実測mm）

金属フェチ
でしょ?!

O.ワグナー

違うって

鉄骨トラス

● ワグナーはウィーン大学の建築特別教室部長となり、「装飾をはがし取った様式」を提唱し、ウィーンの多くの鉄道駅舎や郵便貯金局などを設計します。しかし彼の作品を見ると、控えめながらワグナー独自の装飾を施しており、金色の多用はウィーンの貴族趣味と合わせたものと思えます。

＊参考文献 49）

Q RCのドーム（シェル）で曲面を強調する方法は？

A リブを付けて線を増やすと、曲面を強調できます。

RCではシェル（貝殻状の構造）でドームをつくることができますが、表面が平滑だと見た目の曲面がわかりにくくなります。そこでP.L.ネルヴィによるローマの体育館のように、シェルにリブ（rib：肋骨）を付けて表面を線で覆い、曲面を強調することが行われます。リブは重力の方向とは異なり、構造をそのまま表現する「構造合理主義」ではなく、装飾的に表現する「構造装飾主義」による建物ともいえます。鉄骨でドームのようなシェルをつくる場合は、N.フォスターによるグレートコートのように、3角形のトラスによって多数の線が出るので、自然と曲面とわかります。

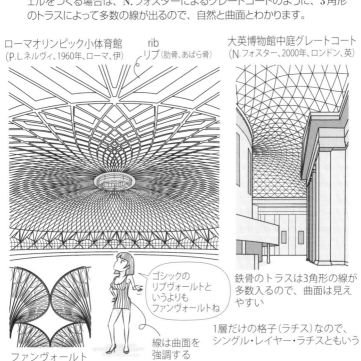

ローマオリンピック小体育館
(P.L.ネルヴィ、1960年、ローマ、伊)　rib リブ（肋骨、あばら骨）

大英博物館中庭グレートコート
(N.フォスター、2000年、ロンドン、英)

ゴシックのリブヴォールトというよりもファンヴォールトね

線は曲面を強調する

ファンヴォールト
『構造装飾主義』

鉄骨のトラスは3角形の線が多数入るので、曲面は見えやすい

1層だけの格子（ラチス）なので、シングル・レイヤー・ラチスともいう

3 組積造［ドーム］

Q ヨーロッパでは木造建築はマイナーなものだった？

A いいえ。17世紀頃まで、各地で多くの木造建築が建てられました。

よく「日本は木の建築、ヨーロッパは石の建築」、「日本は木の柱梁構造、ヨーロッパは石やレンガの組積造」と、対比していわれます。しかし<u>ヨーロッパにも多くの木造建築が建てられてきており、実は石造の様式も木造を起源とするものが多いのです</u>。

ヨーロッパでは紀元前から木造建築が発達し、ローマはA.D.1世紀の大火までは、多くの木造建築がつくられていました。ロンドン、パリは17世紀までは木造の街でしたが、大火などが契機になり、以後レンガ造、石造が増えていきます。地方都市では木造建築はつくられ続け、たとえばルーアンでは多くの木造建築が現存し、国の文化財として指定されています。

木造建築は石造建築と比べて劣ったものと専門家や一般市民にとらえられており、建築史の対象となってこなかった経緯があります。被支配層の建物に木造が多く、教会堂や宮殿などと比べて数は多いものの、その扱いは低かったといえます。

- 上図は、ロンドン大火（1666年）を扱った作者不詳の絵画からトリミングしたものです。テムズ川から左岸（下流に向かって左側、北側）の火事を見たところ。ほぼ1週間燃え続けて、ロンドン中心部のシティを焼きつくしました。この大火後には木造の街からレンガ造の街に生まれ変わり、クリストファー・レンが一連の教会を建てることになります。ロンドン大火については、『ロンドン大火　歴史都市の再建』（2017年）に詳しく書かれています。
- 銀座大火（1872年）の後に、都市不燃化のために<u>銀座煉瓦（れんが）街</u>がつくられましたが、関東大震災（1923年）で壊滅します。

　＊参考文献　50）

Q 組積造の床の構造は？

▼

A 古代、中世、近世にかけて、床は木造で組むのが一般的でした。

アーチを使って床を支えるのは高度な技術が必要なので、多くの組積造の建物では床、屋根の梁や根太、垂木は木造でした。石の引張り力はコンクリートと同様に圧縮に比べて1/10しかないので梁下部が割れやすく、また長い石材が取れにくいうえに重いので、石は梁には不向きでした。梁にはもっぱら木材が使われ、18世紀末頃から、鉄骨の梁が使われるようになります。下図の原始的な組積造の小屋は、壁をレンガで組んで、床や屋根は木造でした。現在でも砂漠地方を旅したとき、上を見上げると丸太が並んでいるのをよく目にします。

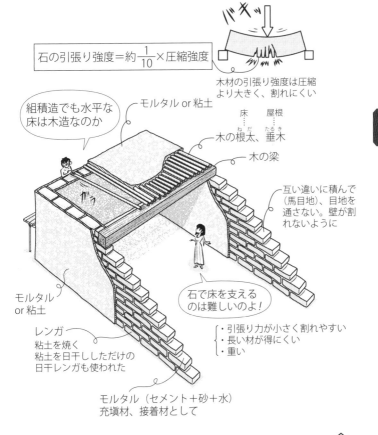

石の引張り強度＝約 $\frac{1}{10}$ ×圧縮強度

木材の引張り強度は圧縮より大きく、割れにくい

組積造でも水平な床は木造なのか

モルタル or 粘土

床　屋根
木の根太、垂木

木の梁

互い違いに積んで（馬目地）、目地を通さない。壁が割れないように

モルタル or 粘土

石で床を支えるのは難しいのよ！

・引張り力が小さく割れやすい
・長い材が得にくい
・重い

レンガ
粘土を焼く
粘土を日干ししただけの日干レンガも使われた

モルタル（セメント＋砂＋水）
充填材、接着材として

4

軸組構造〔近代以前の木造〕

Q ギリシャ神殿は、元々石造だった？

A いいえ。木造の柱梁構造を起源として、後に石造（小屋組だけ木造）で
つくるようになりました。

古代ギリシャ、ローマやエジプトの神殿は、木造を起源としています。紀
元前は地中海のまわりは、森林で覆われていたといわれています。柱梁
構造は、石造よりも木造でつくる方が自然です。パルテノン神殿の柱は積
んでつくられており、そのスパンは上部の石の梁の大きさで制限されてい
ます。下図左側のイラストは、M.A.ロージエ（1713～1769年）による『建
築試論』（1755年）の扉絵のパロディです。建築の始原の象徴として、4
本の木とその上の叉首（さす、合掌）が描かれています。古典主義の原
点であるギリシャ神殿の、原型となる木造の小屋のイメージを表していま
す。

水平と斜め
は石では
難しいのよ！

パルテノン神殿
（B.C.447～432年、アテネ、ギリシャ）

梁は1本の石

木製のダボ

建築の始原は
木造の小屋

柱は積ん
でつくる

＊参考文献 5）

Q ギリシャ神殿の木造部分はどこ？

A 最初はすべて木造、次に梁と小屋組だけ木造、最後は小屋組の一部だけ木造となります。

ギリシャ神殿は最初はすべて木造であったとされていて、オリンピアのヘライオン神殿（B.C.600年）には木製の円柱の形跡がありました。また木製の梁、垂木やその端部（小口）の跡が、石造になった後でも装飾に反映されています。イオニア式オーダーの渦巻き装飾は、梁を受ける材に由来するとされています。屋根の小屋組だけは、構造上、最後まで残りました。木造は腐るので、耐久性の観点から石造に変えられたものと思われます。

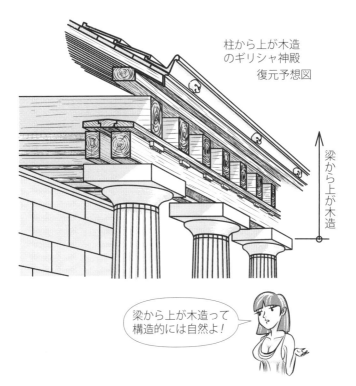

柱から上が木造
のギリシャ神殿
復元予想図

梁から上が木造

梁から上が木造って
構造的には自然よ！

4

軸組構造［近代以前の木造］

Q 組積造で屋根の小屋組の構造は？

▼

A ほとんどの場合、木造でした。

古代、中世、近世の組積造の建物は、ほとんどが屋根の小屋組を木造でつくっています。石の長い材にも限度があり、曲げにも弱いので、石で大きな屋根や梁を架けるのには無理があります。下図のようなゴシックの大聖堂は天井を石造、レンガ造とするのが普通ですが、その上はみな木造です。

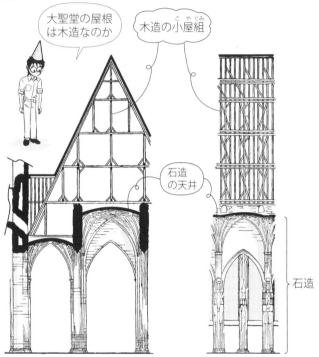

大聖堂の屋根は木造なのか

木造の小屋組（こやぐみ）

石造の天井

石造

ウィーン大聖堂（1304〜1446年、ウィーン、オーストリア）断面図

- 床を組む場合も、組積造の壁に木の梁を架けて床をつくるのが一般的でした。18世紀末頃から工場などで、床を鉄の梁で支えることがはじまります。木造の床では、耐火性に問題があるからです。
- ゴシックの大聖堂の屋根は、急勾配が多いです。雨や雪の少ない地域でも急勾配なので、外観デザインのために高くしていると思われます。
- パリ大聖堂は2019年に火災に遭いましたが、天井から下は石造なので、多くの部分が残りました。

＊参考文献　2)

Q 近世建築で、組積造の床が木造ではなく組積造でつくられることはある?

A 2階を主階として、その下の階を倉庫やキッチンなどとする場合、小部屋が多くて組積造の太い柱がたくさんあっても困らない場合には、2階を組積造の床とすることがありました。

組積造でも、教会などの特殊な建築以外は、床、屋根・天井は木造でした。床を組積造でつくるのは、2階を主階、貴族の階とし、その下を召使の階とする貴族の邸宅に多く見られます。2階の方が眺めや日当たりが良く、庭園へはテラスを通じて出られるようにすれば快適な空間となります。都市内の建物では、1階を小さな窓として格子を付け、2階を大きめの窓とすることで、防犯上も安心です。召使の階では太い組積造の柱が多くなりますが、機能的には可能です。そのほか、小部屋が多い階の上階、地下にある倉庫、ワインセラーなどの上階も、組積造でつくられます。

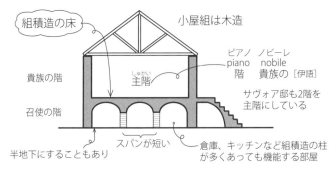

組積造の床
小屋組は木造
貴族の階
ピアノ　ノビーレ
piano　nobile
階　　貴族の[伊語]
主階(しゅかい)
サヴォア邸も2階を
主階にしている
召使の階
半地下にすることもあり
スパンが短い
倉庫、キッチンなど組積造の柱
が多くあっても機能する部屋

小屋組も木造
木造の床
床は木造の方が
つくるのが楽だな

4
軸組構造 [近代以前の木造]

Q 組積造の外観の閉鎖感や平板さをなくすには？

A 柱梁の開放的な部分を付加すると、開放感、奥行き感をつくれます。

組積造は、壁で囲んで孔をあけて窓とするのが基本で、閉鎖的で平板な外観となりがちです。そこで柱梁をそれに付加することが、多く行われました。下図の劇場はギリシャ神殿の前面を建物に付加し、<u>ポルティコ（柱廊玄関）</u>としたものです。木造に起源を発する柱梁構造ですが、組積造のヨーロッパ建築に開放感、奥行き感をつくる要素として、古代、中世、近世を通じて取り入れられました。<u>壁主体の建物にフレーム状、かご状のものを付けるデザイン</u>は、近現代でもよく行われています。

閉鎖的で平板

組積造の壁に孔

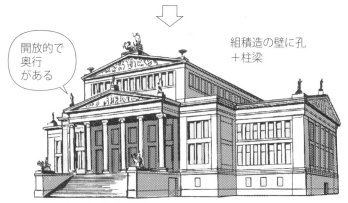

開放的で奥行がある

組積造の壁に孔＋柱梁

ベルリン王立劇場（K.F.シンケル、1818〜21年、ベルリン、独）

• K.F. シンケルによるベルリン王立劇場は、ドイツネオクラシシズム（<u>新古典主義</u>）、<u>グリークリバイバル（ギリシャ復興）</u>の代表的建物です。

＊参考文献　2)

Q 組積造の外観の閉鎖感や平板さを、独立円柱を使わずになくすには？

A 付柱などで柱廊風にするなどします。

付柱（ピラスター）は、壁の一部を四角く突き出して、オーダーに見せた柱形（はしらがた）のことです。ほかに円柱の1/2、3/4などの柱形もあります。構造的には柱というよりも壁ですが、見えがかり上は柱が並んだ柱廊のように見えて、柱梁構造のような開放感、奥行き感を外観に出せます。下のパラッツォの壁面装飾をすべて取り除いた上図を見ると、いかに組積造が閉鎖的であるかがわかります。

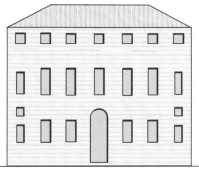

閉鎖的
で平板

組積造の壁に孔

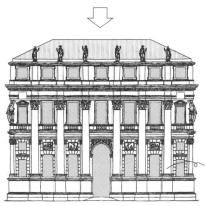

開放的で
奥行き感
がある

組積造の壁に孔
＋付柱

つけばしら
付柱（ピラスター）

壁の四角い凸部
をオーダーとする

パラッツォ・ヴァルマラーナ（A.パラディオ、1565年、ヴィチェンツァ、伊）

● パラッツォはパレス＝宮殿のことで、都市に建つ富裕市民の大邸宅のことですが、政庁、裁判所などの公共建築の意味にも使われます。一方ヴィラは、郊外の邸宅です。

＊参考文献　52）

4

軸組構造〔近代以前の木造〕

Q 鉄の量産はいつ、どこではじまる？

▼

A 18世紀中頃のイギリスで、コークスを用いた高炉が開発されてからです。

　鉄は古代から使われています。木炭などを鉄鉱石と一緒に炉に入れて、酸化鉄の酸素を取り除き（還元）、鉄を取り出します。それをハンマーでたたいて不純物を除去すると同時に硬くして、刃物などにしていました。いわゆる鍛冶屋（かじや）の鉄です。建築にも部分的に使われ、ギリシャの神殿では石どうしをつなぐ金具に、ハギア・ソフィア（537年）のアーチではタイバーに鉄が使われていました。日本でも法隆寺からは創建時（7世紀）や鎌倉、江戸時代の修理時の鉄釘（くぎ）が見つかっています。しかし鉄が大々的に使われるようになったのは、18世紀中頃、産業革命期のイギリスで、コークスと高炉による製鉄法が確立して、量産がはじまってからです。むしろ製鉄の革命が、産業革命を主導したともいえます。

ギリシャ神殿に使われた鉄のかすがい

石どうしを接合

法隆寺に使われた鉄釘

鍛冶屋（かじや）の鉄

半溶融状態の鉄をたたいて
{ 不純物を取り除く
{ 硬くする

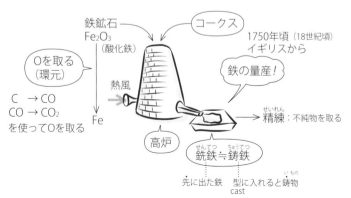

鉄鉱石 Fe_2O_3（酸化鉄）

コークス

1750年頃（18世紀頃）イギリスから

鉄の量産！

Oを取る（還元）

$C \rightarrow CO$
$CO \rightarrow CO_2$
を使ってOを取る

熱風

Fe

高炉

精練：不純物を取る

銑鉄≒鋳鉄

先に出た鉄　型に入れると鋳物 cast

Q 鋳鉄（ちゅうてつ）、錬鉄（れんてつ）、鋼は、どのような順番で最盛期が来る？

A 鋳鉄 → 錬鉄 → 鋼 の順に最盛期が訪れます。

鋳鉄は18世紀中頃から19世紀中頃まで、錬鉄は19世紀中頃から19世紀末まで、鋼は19世紀末から現在までが最盛期です。製造法の進化、材料の特性の把握などで、このような変遷をたどります。鉄を構造物全体に使ったのは、アイアンブリッジが世界初といわれていますが、それは鋳鉄製のアーチでした。ガラビの高架橋（1884年）、エッフェル塔（1889年）は、エッフェルが鋼のさびやすさを嫌ったために、さびに強い錬鉄でつくられています。鋳鉄、錬鉄、鋼という3種の鉄は、はっきりと時代が分かれるのではなく、19世紀では柱は鋳鉄、梁は錬鉄などと混ぜて使われることも多くありました。

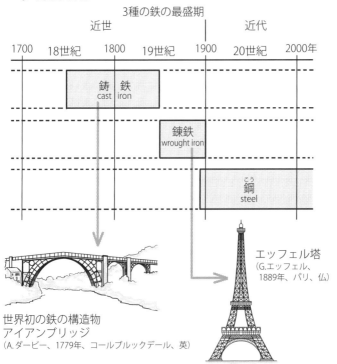

3種の鉄の最盛期

	近世			近代	
1700	1800	1900	2000年

18世紀　19世紀　20世紀

鋳鉄 cast iron

錬鉄 wrought iron

鋼 steel

世界初の鉄の構造物
アイアンブリッジ
（A.ダービー、1779年、コールブルックデール、英）

エッフェル塔
（G.エッフェル、1889年、パリ、仏）

• 中国で製鉄所をつくるノン・フィクションに近い話、『大地の子』（山崎豊子著、文藝春秋、1991年）は一読の価値があります。

4

軸組構造〔鉄骨造〕

Q 鋳鉄、錬鉄、鋼のうちで炭素含有量が一番多いのは？

A 鋳鉄です。

鋳鉄は高炉から出てきた銑鉄（せんてつ）を鋳型に入れてつくった鉄で、炭素や不純物が多く含まれています。鋳鉄が一番炭素が多い鉄で、そのために延性（大きく変形してから壊れる）がなく、もろくて壊れやすい（脆性：ぜいせい）という弱点があります。鍛冶屋の鉄は、銑鉄をたたいて炭素を取り除いて強靭化させます。錬鉄（＝鍛鉄：たんてつ）は鍛冶屋の鉄と同じで、銑鉄から炭素を取り除いた鉄です。炉中で溶融状態の鉄を棒でパドリング（攪拌：かくはん）することによって脱炭素を進めるパドル法が18世紀末に発明され、鉄の純度が上がった錬鉄の量産が軌道にのります。3種の鉄のうちで一番炭素が少ないのが錬鉄です。延性があるので、もろくて壊れやすい鋳鉄の欠点がなくなります。そしてちょうどよい具合に炭素を含むのが、近代で多用されることになる鋼です。鋼の量産法が19世紀末に確立されると、錬鉄はその座を鋼に譲り渡すことになります。

【ぜいせいってすぐに壊れる】

		およその炭素含有量	脆性（ぜいせい）	圧縮強度（N/mm²）	引張り強度（N/mm²）
C多い	鋳鉄 cast iron	2.25〜4.0%	延性なし 硬いが変形が少なくもろい	400〜1000	100〜150
C少ない	錬鉄（鍛鉄） wrought iron	0.02〜0.05%	延性あり	250〜400	250〜400
Cちょうどいい	鋼 steel（S造のS）	0.2〜1.0%	延性あり	350〜700	350〜700

引張りに弱い（鋳鉄）

強い！（鋼）

チューチュー 炭をかじる
ねずみ鋳鉄　炭素多い

圧縮（縮む）
梁
中立軸
引張り（伸びる）

引張りに弱くて延性のない鋳鉄は梁に向かない

● 最も一般的な鋳鉄は、破断面がねずみ色をしているため、ねずみ鋳鉄といわれます。炭素が多いため延性に乏しいものの、融点が低く、溶かして型に入れる鋳造がしやすい鉄です。もろくて引張りに弱いので構造体、特に梁には不向きですが、型に入れて複雑な形をつくるような装飾的な扱いには向いています。

Q 鋳鉄の柱が使われるようになったのはいつ？　どこで？

A 18世紀以降、イギリスで使われはじめました。

太古の昔から木炭などで細々とつくられてきた鉄は、<u>18世紀のイギリスでコークスによる製鉄に変わり、鋳鉄が大量に生産されるようになります。鋳鉄はさほど高価ではなく、木に比べて火に強く、強度があり、どんな形にも鋳型でつくれるので、19世紀全般を通じ世界中のあらゆる種類の建物に使用されました</u>。鋳鉄の弱点は引張りに弱い、もろい（脆性）点ですが、柱で鉛直荷重を支えるだけならば、使うことができました。

ロンドンの書店（1794年）

18世紀！

鋳鉄（ちゅうてつ）の柱
- 安価
- 木に比べて火に強い
- 強度がある
- どんな形にも鋳型（いがた）でつくれる

ブライトン離宮　厨房の柱
(J.ナッシュ、1821年、ブライトン、英)

ヤシの木のプロポーションは鋳鉄でなきゃ無理だな

組積造だと太い
木だと座屈する
（折れ曲がる）

4

軸組構造〔鉄骨造〕

Q 組積造の床に鉄の梁が使われるようになったのはいつ？　どこで？

A 18世紀末、イギリスの工場の床で使われました。

産業革命後の18世紀末以降、イギリスでは工場、特に紡績工場が多く建てられました。床面積を増やすために、また高さ方向で作業分担した方が能率が良いため、多層階とされました。工場では油を使うのでロウソクの火からたびたび火災が起こり、耐火性の床が工夫されました。当時、鋳鉄の量産がはじまっており、木の梁に代わるものとして使われるようになります。T形やI形断面の鋳鉄の梁を密に架け、梁と梁の間にレンガのヴォールトを渡し、レンガの上はコンクリートやモルタルで埋めました。

> 19世紀初頭、イギリスの工場群には驚いた！

K.F.シンケル

独人建築家シンケルによるマンチェスターのスケッチ（1826年）

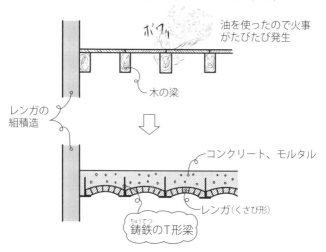

油を使ったので火事がたびたび発生

木の梁

レンガの組積造

コンクリート、モルタル

レンガ（くさび形）

鋳鉄のT形梁

＊参考文献　8）

Q 鋳鉄の柱梁構造が使われるようになったのは、いつ、どこで?

A 18世紀末のイギリスの工場です。

床組に鋳鉄の梁を用いただけでなく、柱にも鋳鉄が使われ、鉄骨柱梁構造の元祖といえるような構造体が18世紀末に出現します。下図の19世紀初頭の紡績工場では、T形の梁を柱のパイプに金具で接合し、レンガのアーチで床が架けられています。仕口は柱梁の直角を維持する力はなく、柱はもっぱら鉛直荷重だけ受け持つ形です。グラスゴーでは地震は少ないものの、風圧力や機械の振動などの横力はあるはずで、その水平方向の力は外周のレンガの重い壁で受け持たせています。後述するシカゴ派のような、仕口を剛節点とするラーメン構造にはまだ至っていません。柱のパイプには蒸気を通し、スチーム暖房の配管としても利用していました。

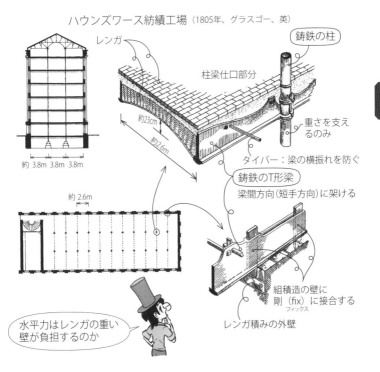

ハウンズワース紡績工場 (1805年、グラスゴー、英)

レンガ

鋳鉄の柱

柱梁仕口部分

約23cm

約12.6m

約3.8m 3.8m 3.8m

重さを支えるのみ

タイバー：梁の横振れを防ぐ

鋳鉄のT形梁

梁間方向（短手方向）に架ける

約2.6m

組積造の壁に
剛 (fix) に接合する
フィックス

レンガ積みの外壁

水平力はレンガの重い
壁が負担するのか

4

軸組構造【鉄骨造】

Q 巨大なクリスタルパレスが4カ月という短期間で竣工したのはなぜ？

A 24フィート（約7.3m）モジュールの鋳鉄の部材を工場で量産し、現場ではボルト留めとしたためです。

最大規模の大聖堂よりも、幅、奥行ともに2倍はある巨大なクリスタルパレス（水晶宮）は、プレファブリケーションの考え方で、1851年のロンドン万国博のために、約6カ月の短期間（基礎に2カ月、躯体に4カ月）で竣工しました。レンガを積んでいたら何年もかかったであろう大きさですが、鋳鉄と錬鉄の柱梁のパーツを工場で量産し、柱上に付けられた金具に梁をつなぎボルト留めし、ハイドパークの現場で一気に組み上げました。全幅は1851年から、1851フィート（約564m）としたといわれています。

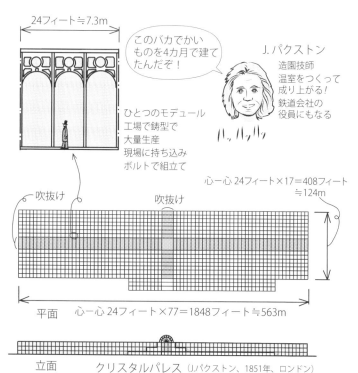

24フィート≒7.3m

このバカでかいものを4カ月で建てたんだぞ！

J. パクストン
造園技師
温室をつくって
成り上がる！
鉄道会社の
役員にもなる

ひとつのモジュール
工場で鋳型で
大量生産
現場に持ち込み
ボルトで組立て

吹抜け

吹抜け

心ー心 24フィート×17＝408フィート
≒124m

平面　心ー心 24フィート×77＝1848フィート≒563m

立面　クリスタルパレス（J.パクストン、1851年、ロンドン）
全幅1851フィートと設定

＊参考文献　55）

Q クリスタルパレスのガラス屋根はどのような構造？

A 鋳鉄のトラス梁の上に、ジグザグの屋根を架けています。

クリスタルパレスの構造には、プレファブ化された鋳鉄の柱と錬鉄と鋳鉄のトラス梁が大量に使われています。現在でも軽量鉄骨の仮設建築物に、よくこのような構造が見られます。ガラスの屋根はトラス梁の上に、ジグザグに折れ曲がった、いわゆる折版（せっぱん）構造で架けられています。英文では ridge and furrow（うねと溝）と、畑の土のうねと溝にたとえられた用語が使われています。造園技術者J.パクストンならではの命名です。このジグザグ構造は、温室のガラス屋根によく使われました。ブレース（brace：筋かい）は、中央の木造のヴォールトに多く架けられ、部分的には壁にも架けられています。

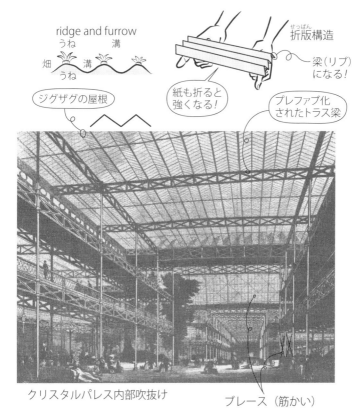

ridge and furrow
うね　　溝

畑　　溝
うね

ジグザグの屋根

紙も折ると強くなる！

折版構造

梁（リブ）になる！

プレファブ化されたトラス梁

クリスタルパレス内部吹抜け　　　　　ブレース（筋かい）

4

軸組構造〔鉄骨造〕

Q クリスタルパレスの外装は？

A 一部の腰壁部分を除き、壁と屋根はガラス板張りでした。

クリスタルパレスのガラス板の総量は約400t、当時のイギリスのガラス生産量の約1/3といわれているので、莫大な量です。折版状の屋根の溝には雨樋が組み込まれ、鋳鉄の円柱は竪樋となっており、また結露水を受ける樋も用意され、建物は巨大な排水システムそのものでした。J.パクストンは1840年にチャッチワースの温室で、折版状のガラス面をもつガラスと鉄の建築を実現していますが、クリスタルパレスほどの巨大な建築物を、組積構造を使わずに鉄とガラスのみで、しかも短期間で組み上げたのは世界初の偉業といえます。

その後、クリスタルパレスはロンドンの南郊に移築されて遊園地の物産館として使用されましたが、1936年に焼失します。クリスタルパレス後に多くの建築家によってガラス建築は教会などさまざまに試みられましたが、おおむね不評に終わっています。万国博覧会後の20年間、イギリス建築はゴシックリバイバルに向かうことになります。

チャッチワースの温室
(J.パクストン、1840年、ダービシャー、英)

大英帝国支配による平和

パックスブリタニカ時にパクストンが活躍したのよ！

ジグザグのガラス屋根
うねと溝

壁、屋根、ガラス張り、約400t

柱、梁に排水システムを組み込む

基礎　約2カ月
躯体　約4カ月

クリスタルパレス (J.パクストン、1851年、ロンドン、英)

Q 細い鉄骨で温室をつくるのに、19世紀のイギリスでどのような工夫をしていた？

▼

A 細い鉄骨を約50cm間隔に密に並べて、全体としてシェル構造とするなどの工夫をしていました。

太い鉄骨でフレームを組むのではなく、現在ではガラスを支えるだけのような細い鉄骨で、全体を貝殻状の曲面（シェル構造）としています。グラスゴーのキブル・パレス（温室）では、小骨のような鉄の線材で建物全体をも支えています。円盤状のスパンの大きい部分だけは、内側に細い柱を立てています。近代建築はガラスと鉄の建築といわれますが、そのルーツは19世紀のイギリスにおける温室です。そしてその温室では、シェルや折版のような構造的な冒険もされていました。

キブル・パレス（J.キブル、1860年頃、1873年頃移築、グラスゴー、英）

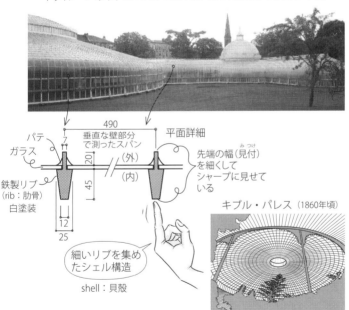

4

軸組構造 [鉄骨造]

パテ
ガラス

鉄製リブ
(rib：肋骨)
白塗装

490
垂直な壁部分で測ったスパン
7
20
（外）
（内）
45

平面詳細

先端の幅（見付）
を細くして
シャープに見せて
いる

12
25

細いリブを集め
たシェル構造

shell：貝殻

キブル・パレス（1860年頃）

● 寸法は筆者が現地で測量したもの。キブル・パレスの隣には現代に建てられた温室もありますが、そちらは重量鉄骨でラーメンを組んだ武骨なデザインでした。150年前の建物の方が構造、デザイン、ディテールともに優れていて、ヴィクトリア女王治世の大英帝国の勢いを見る思いです。

Q スパンの大きい鉄道のプラットホームの上屋は、19世紀中頃ではどのように架けた？

A 錬鉄トラスのアーチを並べてヴォールトにして架けました。

当時、脱線した汽車がホームの柱にぶつかって屋根の一部を壊す事故があり、端から端へとワンスパンで架ける必要性が生じました。キングスクロス駅では2つのヴォールトを並べていますが、隣接するセントパンクラス駅では当時世界最大の73mの大スパンを架け渡しています。興味深いことに両者とも、組積造の建物で鉄骨造を外から見えなくしていることです。鉄骨造の外観は組積造に比べて薄っぺらく感じられ、建物としての重厚さに欠けるとされたためと思われます。

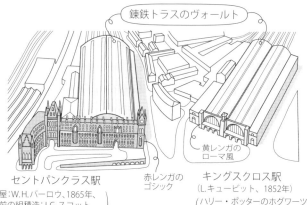

錬鉄トラスのヴォールト

セントパンクラス駅
（上屋：W.H.バーロウ、1865年、手前の組積造：J.G.スコット、1874年、ロンドン、英）

赤レンガのゴシック

黄レンガのローマ風

キングスクロス駅
（L.キュービット、1852年）
（ハリー・ポッターのホグワーツに出発する9 3/4番線で有名）

錬鉄トラスのアーチを並べてヴォールトとする　スパンは当時最大の73m！

セントパンクラス駅プラットホーム上屋　床下にアーチの両端を引張る材を入れて、スラストに抵抗

＊参考文献 55) 57)

Q 19世紀に、鉄の柱とブレース（筋かい）を外に露出した構造はある？

▼

A ムニエ・チョコレート工場が柱とブレースを露出したデザインです。

川の発電所の上に錬鉄の箱形梁を架け、その上に露出された柱とブレースで構造体をつくったブレース構造です。壁のレンガは充塡するだけで、重さは支えていません。組積造の壁が荷重を支えない鉄骨柱梁の世界初の例と書かれている建築史もありますが、1872年はイギリスの工場や温室よりもずっと後になります。柱と筋かいを見せた木造のハーフティンバーを鉄骨でつくったといった感もあります。川の上という立地、ブレース構造のほかに、色違いのレンガでつくられたムニエのMの模様など、非常にユニークな建物です。

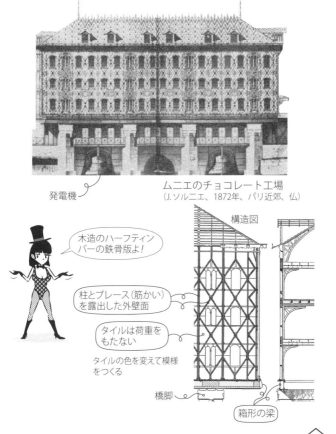

発電機

ムニエのチョコレート工場
(J.ソルニエ、1872年、パリ近郊、仏)

構造図

木造のハーフティンバーの鉄骨版よ！

柱とブレース（筋かい）を露出した外壁面

タイルは荷重をもたない

タイルの色を変えて模様をつくる

橋脚

箱形の梁

4

軸組構造〔鉄骨造〕

Q 近代建築に大きな影響を及ぼした博覧会は？

A 1851年のロンドン万博、1889年のパリ万博、1925年のパリ装飾芸術博です。

イギリス、フランスをはじめとするヨーロッパ列強は、産業革命の勢いからアフリカ、アジア諸国を植民地支配下に置いて富を蓄積し、さまざまな文物を本国に持ち帰って展示します。イギリスで温室が流行るのは、温暖な気候の植物を維持するために必要だったからです。建築史的に覚えておくべきは、<u>1851年のロンドン万博（クリスタルパレス）、1889年のパリ万博（エッフェル塔、機械館）、1925年のパリ装飾芸術博（アール・デコ、ル・コルビュジエの住戸ユニット＝レスプリ・ヌーヴォー館）</u>の3つです。

```
1851年　ロンドン万博……クリスタルパレス　←　19世紀の真ん中
1889年　パリ万博…………エッフェル塔、機械館
1925年　パリ装飾芸術博…アール・デコ、レスプリ・ヌーヴォー館
　　　　　　　　　　　　　　　←　近代運動真っ盛り
```

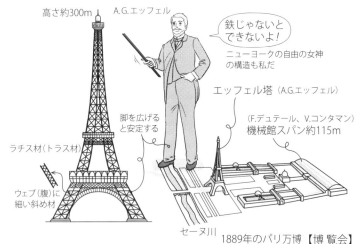

高さ約300m　A.G.エッフェル

鉄じゃないとできないよ！
ニューヨークの自由の女神の構造も私だ

エッフェル塔（A.G.エッフェル）

脚を広げると安定する

（F.デュテール、V.コンタマン）
機械館スパン約115m

ラチス材（トラス材）

ウェブ（腹）に細い斜め材

セーヌ川　　1889年のパリ万博【博覧会】
　　　　　　　　　　　　　　　　89年

- 1889年のパリ万博でつくられた高さ約300mのエッフェル塔と、スパン約115mの機械館は、鉄の骨組でいかに巨大な構造物をつくれるかを、大衆ばかりでなく、様式をまとわせるのに忙しかった建築家たちにも印象づけました。A.G. エッフェルはパリ万博の3年前に、高さ93mの自由の女神の骨組も完成させています。
- 近代建築の側から見てマイナスの影響を及ぼした博覧会は、シカゴにおける1893年の世界コロンビアン（コロンブスの地が原義）博で、古典主義の建築がずらっと並びました。

＊参考文献　55）　【 】内スーパー記憶術

Q 大型の鉄骨造柱梁構造を実現したのは、いつ、どこで?

A 1870年代から90年代のシカゴの商業ビル群で、鉄骨造柱梁構造（Sラーメン構造）が実現しました。

本格的な鉄骨の柱梁構造（ラーメン構造）は、シカゴ大火（1871年）後に勃興したシカゴ派（Chicago School）が生み出しました。仮設や温室、屋根だけではなく多層階の大型の柱梁構造は、シカゴ派のオフィスや商業ビルが初めてでした。

フェア百貨店（W.L.B.ジェニー、1892年、シカゴ、米、現存せず）

鉄骨の柱梁

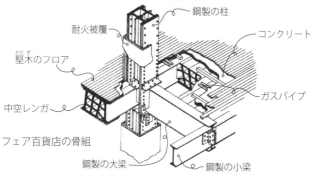

鋼製の柱
耐火被覆
コンクリート
堅木のフロア
ガスパイプ
中空レンガ
フェア百貨店の骨組
鋼製の大梁
鋼製の小梁

- フェア百貨店の構造図を見ると、柱は板やアングル（L形断面材）を組み合わせたボックス柱、梁はI形の梁（フランジの内側が傾斜）、接合はリベット（鋲）。床は密に架けられたI形梁の間を、中空レンガで扁平アーチ（R086、R152参照）状に架けています。天井は中空レンガにしっくい塗り、床は中空レンガの上にコンクリートを薄く打ってからフローリング張りです。
- 鉄による最初の柱梁構造の高層ビルは、シカゴの10階建てのホーム・インシュアランス・ビル（W.L.B.ジェニー、1885年）といわれています。シカゴ以外にも、ニューヨーク、ミネアポリス、セントルイスなどで同時期にビルが建てられていましたが、資料が少なく、はっきりとしたことはわかっていません。

*参考文献 53）58）

4

軸組構造［鉄骨造］

Q シカゴの柱梁構造（シカゴフレーム）は、どのような変遷をたどる？

A ①外壁は組積造で、内部は大断面の木造の柱梁とする。②外壁は組積造で、内部は鉄の柱梁とする。③外壁の組積造を薄く小さくするために、外壁のすぐ内側に鉄の柱を立てる。④すべて鉄の柱梁とする。

最初は組積造そのもので、高層ビルをつくっていました（①）。次に鉄の柱梁が導入されますが、外壁はまだ組積造とし、鉄の梁は外壁で支えている状態です。外壁が組積造のため、窓は小さくなります（②）。そこで床を支えるのは鉄の柱梁だけにし、外壁の組積造には床の重さをかけないように外壁の内側に鉄の柱を立てる工夫がされるようになります（③）。そしてついに外壁の組積造は取り払われ、すべて鉄骨の柱梁だけの構造が出現します（④）。

シカゴフレームの変遷

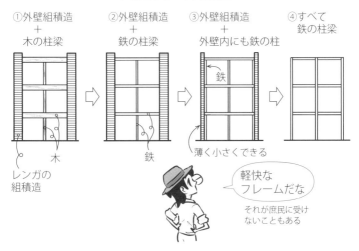

①外壁組積造
＋
木の柱梁

②外壁組積造
＋
鉄の柱梁

③外壁組積造
＋
外壁内にも鉄の柱

④すべて
鉄の柱梁

鉄

薄く小さくできる

木

鉄

レンガの
組積造

軽快な
フレームだな

それが庶民に受け
ないこともある

● 構造に正直な軽快なフレームが実現されたわけですが、世俗の趣味はまだ重量感のある組積造でした。そのため建築家たちは、鉄骨フレームに組積造的な壁の表現や様式的な装飾を施すようになります。その構造と表現の不一致、不誠実さが、ヨーロッパ近代運動の建築家たちから不評を買いました。

Q 中空レンガとは？

A 軽量化するために中を空洞としたレンガで、19世紀後半には鉄の梁間を架ける部材としても活躍しました。

19世紀前半には前述のように、イギリスの工場にて鉄の梁間にレンガを架ける方法が出てきました。しかし普通のレンガでは重くなってしまうので、19世紀半ばにアメリカで梁間に架ける中空レンガが開発されます。アーチ状に架けてヴォールトにする製品、フラットな扁平アーチ状とする製品などがあります。シカゴ派の建物では、普通のレンガのほかにこのような中空レンガも多く使われました。

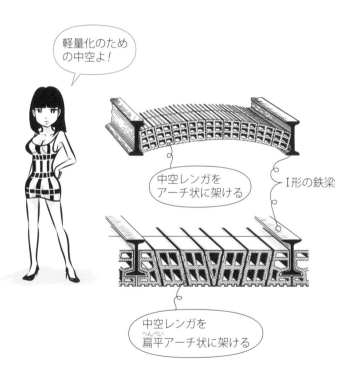

軽量化のための中空よ！

中空レンガをアーチ状に架ける

I形の鉄梁

中空レンガを扁平アーチ状に架ける

4

軸組構造［鉄骨造］

Q 梁をH形にするメリットは？

A たわんだときに一番伸び縮みするのは梁の上下端で、H形はその部分に
鉄の断面が多くなるから曲がりにくいというメリットがあります。

上下端が一番変形するので、上下端に鉄を多く配して変形に抵抗させよう
とすると、自然とH形となります。鉄は重くてコストがかかるので、なる
べく断面を効率化しようという意図からH形としているわけです。上下端
の厚い板はフランジ、中央のつなぎの薄い板はウェブといいます。ウェブ
は上下のフランジを一緒に曲げる役目を担い、ウェブがなければ別々に変
形して弱い梁となってしまいます。鉄の梁をH形とするのは、19世紀も
21世紀も一緒です。H形のことをI形と呼ぶこともありますが、日本でI
形鋼というとフランジの内側に傾斜がついていて、現在ではよく使われる
高力ボルト接合では使いにくい部材となるので注意してください。

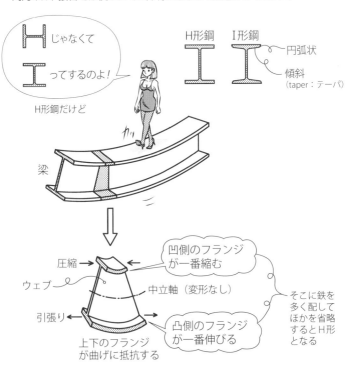

H形鋼　I形鋼
円弧状
傾斜
(taper：テーパ)

H形鋼だけど

じゃなくて

ってするのよ！

梁

カッ

凹側のフランジ
が一番縮む

圧縮

ウェブ

中立軸（変形なし）

引張り

凸側のフランジ
が一番伸びる

上下のフランジ
が曲げに抵抗する

そこに鉄を
多く配して
ほかを省略
するとH形
となる

•【ウェ！ブスはおなかが出てる】
　　　　　中央

【 】内スーパー記憶術

Q テラコッタとは？

A 彫刻の付けられた焼成粘土製の建築用ブロックです。

 イタリア語（ラテン語）でテラ（terra）とは地球、地面、土のこと。テラス、テリトリィも同語源。コッタ（cotta）とは焼くことで、テラコッタ（terracotta）は土を焼いたものが原義です。一般には植木鉢やレンガなどの粘土を低い温度で焼いた素焼きを指すことが多く、土偶や埴輪などもテラコッタに含まれます。建築に限っても英文では、R152の中空レンガ（hollow brick）は、組み合わせタイル（interlocking tile）とか中空テラコッタブロック（hollow terracotta block）などとも書かれており、多様な意味をもっているのがわかります。

建築でテラコッタは、彫刻の付けられた、タイルやレンガよりも大きい焼成粘土製のブロックという意味として使われるのが一般的です。古代ギリシャのコーニス（軒蛇腹）にも、石の代わりとしてテラコッタが使われているものもありました。アメリカではシカゴ派の頃に、テラコッタ業者も全盛となります。石よりも安価な上に耐火性、耐久性があるので、19世紀末以降のアメリカの高層ビルに多用されました。日本でも関東大震災（1923年）から第二次世界大戦までの20年間ほど、テラコッタが様式建築の装飾的細部に多く使われています。

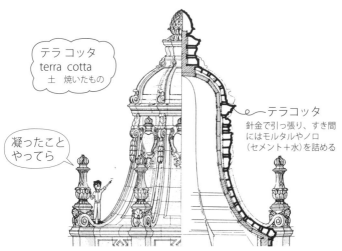

テラ コッタ
terra cotta
土　焼いたもの

凝ったこと
やってら

テラコッタ
針金で引っ張り、すき間にはモルタルやノロ（セメント＋水）を詰める

アメリカのテラコッタカタログ（1914年）より

4
軸組構造［鉄骨造］

Q シカゴ大火後に鉄骨造にとられた対策は？

A レンガ、テラコッタ、タイル、樫などで耐火被覆することです。

シカゴ大火（1871年）では、市街地中心部の多くを焼きつくす大惨事となりました。当時不景気だったアメリカ中からシカゴに建築家が集まり、復興がはじまります。才覚のある業者は、焼け跡を調査し、鉄骨をレンガ、テラコッタ、タイル、樫などで覆うと火災の熱から鉄を守れることを知り、耐火被覆のシステムを開発し、特許をとりました。19世紀末には、高層ビルの街に変身します。

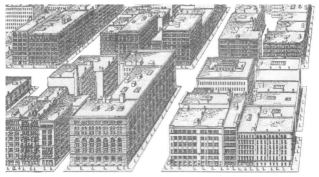

シカゴ大火（1871年）復興後のシカゴ市街

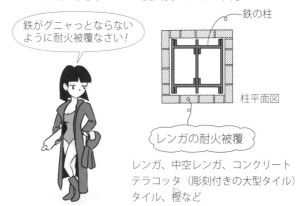

鉄がグニャっとならないように耐火被覆なさい！

鉄の柱

柱平面図

レンガの耐火被覆

レンガ、中空レンガ、コンクリート
テラコッタ（彫刻付きの大型タイル）
タイル、樫など

● 現在のS造でも耐火被覆は大変重要で、日本では具体的な仕様は、平成12年建設省告示1399にあります。鉄網モルタルで1時間耐火は厚み4cm以上、2時間耐火は6cm以上などと記載されています。

＊参考文献　58）

Q シカゴ派がつくった鉄骨による柱梁構造では、内部はどのように平面計画されていた？

A 長方形平面の周囲にエレベーター、階段、トイレなどを分散して置き、そのほかは均質な空間として店舗に振り分けました。

ルイス・ヘンリー・サリヴァンによるカーソン・ピリー・スコット百貨店の平面を見ると、均等に置かれた柱で床を支え、壁際にエレベーター、階段、トイレなどを寄せています。垂直動線や設備部分をコンパクトにまとめてコアとしようとか竪穴区画しようという発想は、まだありません。柱梁によるフレームについては、シカゴの建築家らはビジネスマンたち同様に、じゃまな組積造の壁柱抜きで、大きなヴォリュームを軽快につくる合理的、実利的な道具としてのみとらえていたようです。オフィスビル、百貨店などは、平面計画の必要性が最も小さな建物であり、それゆえ彼らは内部空間なるものに思想をもたなくてすんだともいえます。後に1920年代のヨーロッパにおいて、ル・コルビュジエやミースらが低層住宅で試行錯誤しながら、フレームによる空間の理念をつくり出したのとは対照的です。

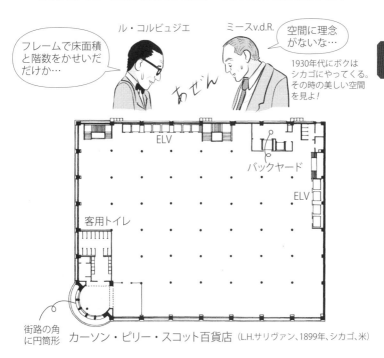

ル・コルビュジエ

フレームで床面積と階数をかせいだだけか…

ミースv.d.R.

空間に理念がないな…

1930年代にボクはシカゴにやってくる。その時の美しい空間を見よ！

あぜん

4

軸組構造［鉄骨造］

ELV

バックヤード

ELV

客用トイレ

街路の角に円筒形　カーソン・ピリー・スコット百貨店（L.H.サリヴァン、1899年、シカゴ、米）

Q L.H. サリヴァンによるカーソン・ピリー・スコット百貨店では、外観デザインはどのように計画された？

▼

A ①柱梁のフレームを外に出し、フレーム間はすべて窓とする。②窓は中央がはめ殺し、その両側には対称に上げ下げ窓を付けた、いわゆるシカゴ窓とする。③低層部には緻密な装飾が施される。

立面図には、フレームがそのまま表れています。シカゴ派の鉄骨造によるビルのほとんどはこのパターンですが、フレーム表面の装飾は、ヨーロッパの様式であったり、サリヴァンのように独自なものであったりします。中央がはめ殺しで両脇に上げ下げ窓を付けるシカゴ窓は、中央部を外側に張り出した出窓にすることもあり、バリエーションはいろいろです。カーソン・ピリー・スコット百貨店の低層階に施された独特の装飾は、大味なアメリカ建築の中にあって緻密で大変見事なものです。

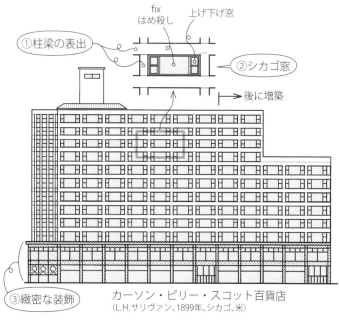

カーソン・ピリー・スコット百貨店
(L.H. サリヴァン、1899年、シカゴ、米)

立面図

＊参考文献　14)

Q L.H. サリヴァンの装飾の特徴は？

A 植物模様を取り入れた、長い自由曲線を多くもつ有機的な装飾です。

長い自由曲線をもつ有機的な装飾といえば、ヨーロッパで流行った同時代のアール・ヌーヴォーが思い当たります。サリヴァンの装飾は、左右対称を基本としながら、曲線模様を前後に何層にも重ね、各部のスケールが小さく緻密な装飾となっています。繊細さ、緻密さではアール・ヌーヴォーを凌ぐものがあり、もっと高く評価されるべきと筆者は思います。型に流した鋳鉄やテラコッタ（装飾の入った陶磁器、レンガなどの焼き物）などでつくられています。下図のカーソン・ピリー・スコット百貨店円筒部における装飾は、鋳鉄製です。

カーソン・ピリー・スコット百貨店　コーナー円筒部の装飾

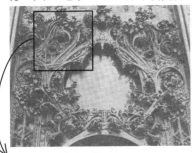

有機的装飾では
私の右に出る者は
いない！

L.H. サリヴァン

サリヴァン師匠には、
有機的装飾では
かなわない

だから幾何学的
装飾にしたんだよ

F.L. ライト

- 「形は機能に従う」（Form follows function.）と言ったのはサリヴァンですが、彼の装飾は機能を表したものではなく、また建築の機能は厳密に形に対応するようなものとは思えません。
- サリヴァンの弟子のフランク・ロイド・ライトは、1900年以降にシカゴ郊外で活躍しはじめますが、サリヴァンの有機的装飾に対抗するように、幾何学的な装飾をつくり出します。

4

軸組構造 [鉄骨造]

Q F.L.ライトの装飾の特徴は?

▼

A 直線や円を組み合わせた幾何学的装飾です。

🔲 師匠のL.H.サリヴァンとは打って変わって、定規やコンパスでつくる装飾や、左右対称を大きく崩した装飾が多くつくられています。モンドリアンの絵画をも連想させます。バーンズドール邸の暖炉には、円を大きく左に偏心させた浮彫が施されています。円は中心性が強いので、左右対称に使いやすい図形ですが、ライトは巧みに軸からずらして配置しています。

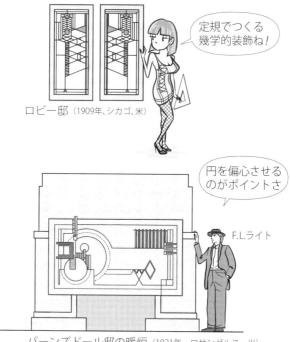

定規でつくる
幾学的装飾ね!

ロビー邸（1909年、シカゴ、米）

円を偏心させる
のがポイントさ

F.L.ライト

バーンズドール邸の暖炉（1921年、ロサンゼルス、米）

● 有機的とはモダニズムに対抗するキャッチコピーとして、ライトが好んで用いた用語です。一般には自然界にあるような自由曲線や自然素材の多用、自然と一体となるようなデザインなどを指して使われます。しかしライトの装飾は幾何学的図形を組み合わせたもので、サリヴァンのように有機的ではありませんでした。上記のロビー邸、バーンズドール邸は内部見学が可能なので、装飾にも注目してみてください。

＊参考文献 61) 62)

Q ヨーロッパのアール・ヌーヴォーで活躍した材料は？

A 建築では鉄が多く使われました。

L.H.サリヴァンと同時代にヨーロッパでは、植物のツタや女性の髪などをモチーフにした長い曲線を多く使用するアール・ヌーヴォーが流行ります。建築では曲げたり、鋳込んだりできる鉄が、アール・ヌーヴォーの素材として多く使われました。ほかに石、木や壁画なども使われています。アール・ヌーヴォーはクネクネした長い曲線に特徴があり、後に流行るアール・デコ（R166参照）のギザギザした金属光沢のある装飾とは対照的です。

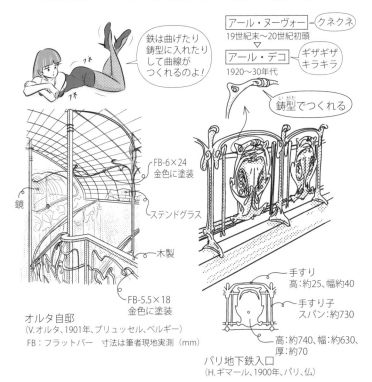

アール・ヌーヴォー → クネクネ
19世紀末〜20世紀初頭
▽
アール・デコ → ギザギザ キラキラ
1920〜30年代

鉄は曲げたり鋳型に入れたりして曲線がつくれるのよ！

鋳型（いがた）でつくれる

FB-6×24 金色に塗装
ステンドグラス
鏡
木製
FB-5.5×18 金色に塗装

オルタ自邸
（V.オルタ、1901年、ブリュッセル、ベルギー）
FB：フラットバー 寸法は筆者現地実測（mm）

手すり 高：約25、幅約40
手すり子 スパン：約730
高：約740、幅：約630、厚：約70

パリ地下鉄入口
（H.ギマール、1900年、パリ、仏）

4
軸組構造〔鉄骨造〕

• アール・ヌーヴォー（Art Nouveau）という様式名はパリの美術商、サミュエル・ビングの店の名前からとられたもので、直訳すると新芸術です。アール・ヌーヴォーはサリヴァンを含めることがありますが、両者は関係なく、装飾の質も違います。上図では鉄の種類が鋼か鋳鉄か不明のため、平鋼とはいわずにフラットバー（FB）と表記しました。

Q チャールズ・レニー・マッキントッシュによるグラスゴー美術学校の鉄格子は、どのようなデザイン的工夫がある？

▼

A バラの花状、カイワレ大根状の細かい鉄細工が格子の先端などに施されています。

 マッキントッシュの装飾はアール・ヌーヴォーのような長い曲線を使うものから、アール・デコのような幾何学的なものまであります。特にバラを抽象化した模様は、繰り返し使うモチーフとなっています。

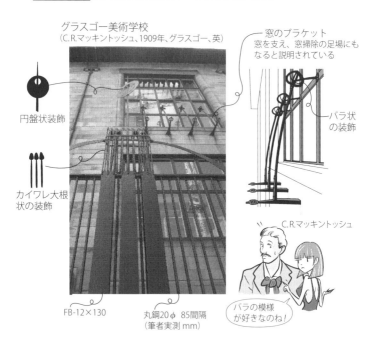

グラスゴー美術学校
（C.R.マッキントッシュ、1909年、グラスゴー、英）

円盤状装飾

カイワレ大根状の装飾

窓のブラケット
窓を支え、窓掃除の足場にもなると説明されている

バラ状の装飾

C.R.マッキントッシュ

バラの模様が好きなのね！

FB-12×130

丸鋼20φ　85間隔
（筆者実測 mm）

- マッキントッシュによるグラスゴー美術学校の図書室とヒルハウス（1904年、グラスゴー近郊）の入口ホールは、必見のインテリアです。建物は組積造に鉄や木の梁を架けたもので、平面構成は見るべきものはありませんが、インテリアの線が細くて華麗な装飾にこそ彼の真骨頂があります。現在でも世界中で使われている細い格子をもつウィローチェア（1903年）やラダーチェア（1904年）など、家具でも優れた作品を残した、女性的で繊細な感性をもつ作家でした。
- 黒い鉄格子の細工はヨーロッパ建築でデザインの対象となりやすい部分で、ガウディも格子をねじったり編んだりしています。

Q シカゴ派の細長いビルでは、立面構成はどのようにした？

▼

A 基部、胴部、頂部（柱礎、柱身、柱頭）の3層構成とするものが多くありました。

下から基部、胴部、頂部と3分割して、胴は単純なデザインの繰り返し、基部と頂部には装飾を多めに入れる、色を胴と変えるなどの工夫をしました。細長い形を柱に見立てて、柱礎、柱身、柱頭と呼ぶこともあります。最上部の出っ張りを含めた部分をコーニス（軒蛇腹）ともいいます。地面や空と接する部分を、そのほかから区別してデザインしたわけです。このような立面構成は、ニューヨークの高層ビルにも引き継がれます。

リライアンスビル（バーナム・アンド・ルート、1890〜95年、シカゴ、米）

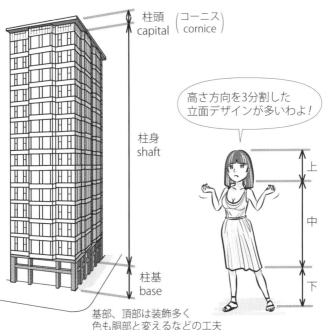

柱頭 capital （コーニス cornice）

高さ方向を3分割した立面デザインが多いわよ！

柱身 shaft

柱基 base

基部、頂部は装飾多く
色も胴部と変えるなどの工夫

上 中 下

4

軸組構造［鉄骨造］

- カーソン・ピリー・スコット百貨店の最上部にも、当初、水平な軒（コーニス）が出ていました。
- 摩天楼（skyscraper）という言葉は、1889年にシカゴの新聞、雑誌で初めて登場しました。空を削り取る（scrape）ものが原義。

＊参考文献　14）

Q リライアンスビルのキャンティレバー（持出し）されたベイ・ウィンドウ（張出し窓）は、どのように支えている？

A 鉄のアングル（断面が山形、L形）などを3角形状トラスにリベットで組むことにより支えています。

◆ 鉄骨ラーメン構造のリライアンスビルでは、ベイ・ウィンドウが3階以上で壁からキャンティレバーされています。このキャンティレバーは、<u>アングルの方杖</u>などで支えられています。組積造や木造では小さな張出ししかできなかったところが、S造やRC造によって大きく張出し可能となる時代が訪れます。そして<u>キャンティレバーは、近代建築の主要なデザインテクニック</u>となります。それにより、<u>柱にじゃまされない大きなガラス面や重力に逆らったダイナミックな造形</u>が可能となります。

リライアンスビル（バーナム・アンド・ルート、1890〜95年、シカゴ、米 寸法はmm）

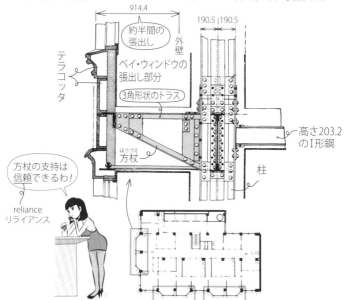

約半間の張出し

外壁

テラコッタ

ベイ・ウィンドウの張出し部分

3角形状のトラス

914.4

190.5｜190.5

高さ203.2のI形鋼

方杖

柱

方杖の支持は信頼できるわ！

reliance
リライアンス

● ベイ・ウィンドウは直訳すると湾曲（bay）した窓ですが、壁から張り出した湾曲状（弓状）、多角形状の窓を指します。特に地上階から上まで張り出した窓を、そのように呼ぶことが多いです。そのなかで湾曲状（弓状）のものをボウ・ウィンドウ（bow：弓）、上階にのみ設ける多角形状のものを<u>オリエル・ウィンドウ</u>（oriel window）といいます。リライアンスビルの場合はオリエル・ウィンドウとなりますが、シカゴ派を解説した本のほとんどはベイ・ウィンドウと称しています。

＊参考文献　14）49）

Q F.L.ライトによるロビー邸の軒やテラスはどのように支えている？

A I形鋼、溝形鋼によって支えられています。

ロビー邸は、長軸方向に長く張り出した軒や左右に長いテラスによる、水平線の強い外観が印象的です。レンガによる組積造、木造が主体の構造ですが、軒の張出しやスパンの大きい部分にI形鋼、山形鋼を使っています。初期のシリーズであるプレーリーハウスのほかの住宅でも、部分的に鉄梁が使われており、ライトの水平線の強い造形は、鉄梁があって初めて成立したことがわかります。

ロビー邸
（F.L.ライト、1909年、シカゴ、米）

草原住宅
プレーリーハウス

長軸方向に張り出した軒
（短軸方向への出は小さい）

水平線を強調する縁
trim

ライトは鉄をよく
使ってるよ！

プレーリードッグ

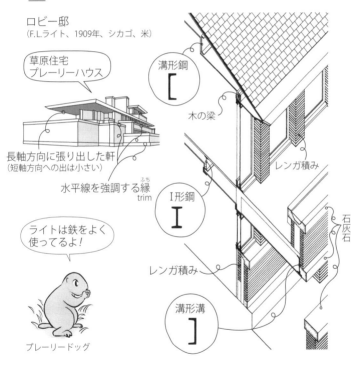

溝形鋼
[

木の梁

レンガ積み

I形鋼
I

石灰石

レンガ積み

溝形溝
]

4
軸組構造〔鉄骨造〕

• ライトの住宅は日本建築との類似がよく語られますが、日本建築の軒は建物の短軸方向（南北方向）に大きく軒を出して開口部を守るのに対し、ライトの軒は長軸方向に出されて軸を強調するもので、まったく異なります。

＊参考文献　61）64）

Q シカゴにおけるトリビューン・レヴュー社設計競技で、当選した建物の様式は？

▼

A ゴシック様式です。

1893年のシカゴ万国博覧会で古典主義建築が数多く建てられ、シカゴ派の合理主義的な傾向が後退します。第一次世界大戦後の1922年にシカゴ・トリビューン・レヴュー新聞社設計競技が行われ、世界中から263案の応募がありました。当選したのはゴシック様式のフッドとハウエルズの案です。グロピウスとマイヤーはフレームを表出して、ところどころにバルコニーを張り出したモダニズムのデザイン。ロースの案は新聞社のコラムに引っかけて円柱（コラム）をそのまま巨大化したものです。ウィットを重んじるポスト・モダニズムの前駆ともとれますが、ロースは1908年に装飾は罪悪と断じているので、コラムにモダニズム批判を込めたのか否かは疑問が残ります。当選したゴシックの摩天楼は、ヨーロッパでモダニズム運動全盛期の1925年に、シカゴの街に姿をあらわすことになります。

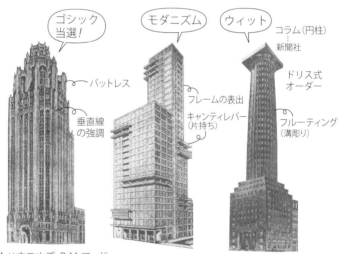

ゴシック当選！　バットレス　垂直線の強調

モダニズム　フレームの表出　キャンティレバー（片持ち）

ウィット　コラム（円柱）　新聞社　ドリス式オーダー　フルーティング（溝彫り）

J.M.ハウエルズ、R.M.フッド　　W.グロピウス、A.マイヤー　　A.ロース

シカゴ・トリビューン・レヴュー社設計競技 (1922年)

● 筆者が現地を見た個人的な感想ですが、退屈なグロピウス案や奇抜なロース案ではなく、緻密な装飾をもち、垂直性を強調したフッドとハウエルズの案が実現され、結果的にシカゴの街並みには良かったのではないかと感じています。

Q ニューヨークのクライスラービル（1930年）、エンパイアステートビル（1931年）の様式は？

▼

A アール・デコまたはニューヨーク・アール・デコと呼ばれています。

1920～30年代にニューヨークのマンハッタンにおいて、アメリカの経済発展とともに、多くの超高層ビルが建てられます。斜線制限による法的な規制もあって足元が階段状となり、それに合わせるように頂部も階段状にしているビルが多く見られます。ビルの外装とエントランスホールまわりには、ギザギザした直線や円弧を組み合わせた、光沢のある金属の幾何学的な装飾が多く付けられていて、ニューヨーク・アール・デコと呼ばれています。1929年の世界恐慌から、ビルラッシュは下火となります。

ギザギザ、キラキラ……商業的した装飾が多いのか

ステンレス

3角形は夜に光る

昼　　　夜

クライスラービル
（W.V.アレン、1930年、ニューヨーク、米）

段々の形で登りやすいわよ！

グィィ

エンパイアステートビル
（R.H.シュリーブ、W.F.ラム、1931年、
ニューヨーク、米）

4

軸組構造［鉄骨造］

• アール・デコ（Art Déco）は1925年に開催されたパリ装飾芸術万国博覧会（Exposition Internationale des Arts Décoratifs et Industriels Modernes）を語源とし、装飾芸術が直訳です。万博の年から1925年様式とか、第一次世界大戦から第二次世界大戦の間に流行したので大戦間様式ともいわれます。建物のほかに客船のインテリアでも流行し、日本では横浜に係留されている氷川丸（1930年）で見ることができます。

Q A.ガウディのカサ・ミラの床はどのような構造？

A 錬鉄のI形梁を並べてレンガのアーチ（ヴォールト）を架け、その上にコンクリートを打って床スラブとしています。

岩山のような彫塑的な形態で有名なカサ・ミラですが、床は錬鉄のI形梁にレンガのアーチを架けて、その上にコンクリートを打った構造です。屋上テラスの床だけ、レンガの放物線アーチで支えています。岩が張り出したような形の部分は、石を支えるためにやはり錬鉄が使われています。錬鉄のI形梁が並んでいるのは、1階ピロティの天井で見ることができ、現地で測ると梁の間隔は約76cm、フランジ幅は約65mmでした。

カサ・ミラ（A.ガウディ、1910年、バルセロナ、スペイン）

石を張り出した部分も、鉄で支えている

A.ガウディ

床は鉄梁を使っているぞ

最上階だけレンガの放物線アーチで支えている

レンガのアーチ
コンクリート
錬鉄のI形梁

組積造の柱

この床システムは、1階ピロティ天井で見ることができる

● 19世紀に多用されたI形の鉄梁とレンガによる床は、20世紀初頭のほかの建物でも確認できます。近代建築史で有名なアムステルダム株式取引所（ベルラーヘ、1903年）、グラスゴー美術学校（C.R.マッキントッシュ、1909年）は、ともに壁はレンガの組積造ですが、床はI形の鉄梁とレンガのアーチで支えています。アムステルダム株式取引所は1階カフェの天井で、グラスゴー美術学校は1階アトリエの天井で鉄梁とレンガのアーチを見ることができます。

＊参考文献 67）

Q 鉄筋コンクリート造（RC造）はいつ頃、どこでつくられた？

A 19世紀後半のフランス、イギリス、アメリカです。

セメント、砂利（粗骨材）、砂（細骨材）を混ぜ、水と反応させて固める
コンクリートは、古代から使われていました。古代ローマではレンガ壁の
間に充塡する材料として、大量に使われています。またローマのパンテオ
ンのドームは、驚くべきことに無筋のコンクリート製です。中世の大聖堂
の交差ヴォールトの上には、コンクリートが充塡されていました。

コンクリートは圧縮には強いけれども引張りには弱く、引張りのかかる梁や
床をつくるのが難しいという重大な欠点をもちます。そのため組積造の建
物でも、梁や小屋組は木か鉄に頼っていました。コンクリートを床に使うと
したら、鉄梁間にレンガでアーチを組んだ上にコンクリートを充塡して平ら
にする方法でした。18世紀末のイギリスの工場から20世紀初頭のビルまで、
この方法に頼って床をつくっています。

引張り側を補強するためにコンクリートの中に鉄の網、ロープ、棒を入れ
る試みが、19世紀後半に同時多発的にあちこちで試みられます。鉄網を
入れたボート（①）、植木鉢（②）から、梁の下側に鉄を入れること（③）
も試みられています。

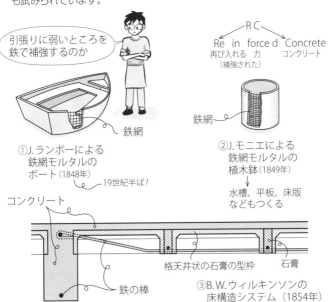

引張りに弱いところを
鉄で補強するのか

R C
Re in force d Concrete
再び入れる　力　　コンクリート
（補強された）

鉄網

①J.ランボーによる
鉄網モルタルの
ボート（1848年）

19世紀半ば！

②J.モニエによる
鉄網モルタルの
植木鉢（1849年）

水槽、平板、床版
などもつくる

コンクリート

鉄の棒

格天井状の石膏の型枠　　石膏

③B.W.ウィルキンソンの
床構造システム（1854年）

4

軸組構造〔鉄骨造／RC造〕

● RCとは Reinforced Concrete の略で、補強されたコンクリートが直訳です。

Q RCラーメン構造はいつ頃、どこでつくられた？

A 19世紀末にフランスでつくられました。

梁に荷重をかけると凸側に引張りが働き、引張りに弱いコンクリートに亀裂が入ってしまいます。梁やスラブの引張り側に鉄筋を入れることから、イギリス、アメリカの多くの技術者が実験をはじめます。決定打はフランスの建設業者フランソワ・エヌビックによってなされます。柱梁接合部を剛にしたRCラーメン構造を、1892年に提唱します。直角はその軸組だけで保たれる、現代のラーメン構造の元祖です。柱梁の軸方向に四隅に主筋を入れ、それに巻き付けるように帯筋、あばら筋（せん断補強筋）も入れています。帯筋、あばら筋は主筋やコンクリートのはらみ出しを防ぐと同時に、軸に直角方向のせん断力への抵抗となります。現代のRC造の配筋に近いものが、すでにあらわれています。

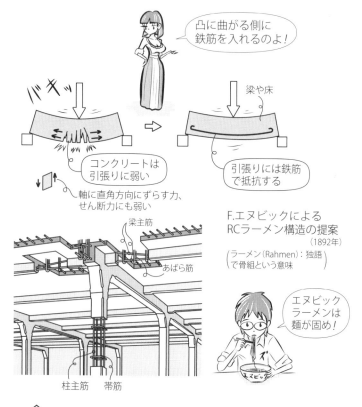

凸に曲がる側に
鉄筋を入れるのよ！

梁や床

コンクリートは
引張りに弱い

引張りには鉄筋
で抵抗する

軸に直角方向にずらす力、
せん断力にも弱い

梁主筋

あばら筋

F.エヌビックによる
RCラーメン構造の提案
（1892年）

（ラーメン（Rahmen）：独語
で骨組という意味）

エヌビック
ラーメンは
麺が固め！

柱主筋　　帯筋

Q 20世紀初頭のRC造に貢献した建築家は？

A F.L.ライト（米）、トニー・ガルニエ（仏）、オーギュスト・ペレ（仏）、ル・コルビュジエ（仏）らです（生誕順）。

RCの歴史のなかで、発案者である**F.エヌビック**の次に登場するのが、フランスでは**ガルニエ**、**ペレ**、少し遅れて**コルビュジエ**で、アメリカでは**ライト**です。そのほかにも多くの建築家たちが、20世紀初頭にRCでつくりはじめます。アメリカのライトは木造、組積造、S造、RC造のどれも使い、混構造も多く見られますが、フランスのガルニエ、ペレ、コルビュジエは、ほとんどがRCとなります。コルビュジエと同時期に活躍したミースは、初めはRCの計画案を出していましたが、その後はS造に専念することになります。

明治維新の前年

F.L.ライト 1867〜1959年
ユニティ教会（1904〜06年、シカゴ、米）

RCは可能性のひとつ！

T.ガルニエ 1869〜1948年
「工業都市」（制作は1901〜、出版は1918年、仏）

RCで都市をつくるのが夢！

A.ペレ 1874〜1954年
フランクリン街のアパート（1903年、パリ、仏）

RCは事業！

ル・コルビュジエ 1887〜1965年
ドミノ・システム案（1914年）

RCで建築の革命！

● ここで登場するトニー・ガルニエはパリのオペラ座を設計したシャルル・ガルニエ（R014参照）とは別人です。

4

軸組構造［RC造］

Q T.ガルニエによる工業都市の建築において、近代建築としての特徴は？

A RC造、キャンティレバー、ピロティ、大ガラス面、ゾーニングなどです。

リヨンにおける仮想の敷地に、人口3万5000人の都市を構想したガルニエの工業都市は、ル・コルビュジエに評価され、彼の雑誌「レスプリ・ヌーヴォー」でも紹介されます。構造はRC造、一部大スパンのS造、キャンティレバー、ピロティ、大ガラス面の多用、工業と住居、保健衛生地区を分離するゾーニング、高速道路や鉄道の交通インフラなどを特徴とする近未来都市の想像図です。ただし、中央に塔を配したり左右対称を基本とするなど、伝統的な構成が多く見られます。

工業都市 (T.ガルニエ、1901〜17年)

中心軸上に配された組積造風の塔

RC造

巨大なデッキの上に載った建物

巨大な ピロティ

大スパン を支える巨大な円柱

● ガルニエはパリのエコール・デ・ボザール（国立高等美術学校）に入学してから10年後に、年齢制限ぎりぎりでローマ賞（受賞するとローマへの旅費が支給）を受賞し、ローマに5年滞在。そこで工業都市を設計し、1901年から発表を続けて1918年にまとめて出版します。工業都市の絵や図面からは異様な情熱が感じられますが、「下層の出自、人並外れた短躯、言語表現の貧しさ、それに恐らくはホモセクシャルの性向という負の属性を、ただ描画によってのみ克服したのではなかろうか」（吉田鋼市著『トニー・ガルニエ』1993年、p.195より）とも語られています。実作が少なく描画への情熱が強烈なことは、ピラネージやルドゥー、ブレーらにも通じます。

＊参考文献 68)

Q RCによる最初の近代建築といわれるのは？

A A. ペレによるフランクリン街のアパートです。

🔹 小さいけれど陸屋根と屋上庭園があり、大きめの窓、1階の全面ガラス、張出し（キャンティレバー）など、近代建築の要素がいくつか見られます。

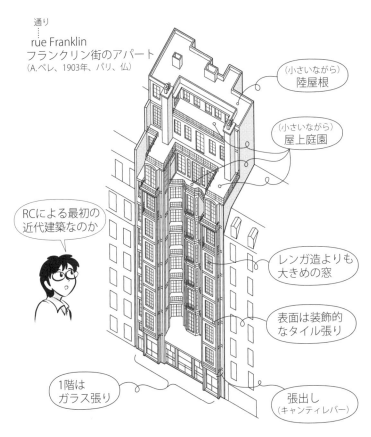

通り
rue Franklin
フランクリン街のアパート
（A. ペレ、1903年、パリ、仏）

（小さいながら）陸屋根

（小さいながら）屋上庭園

RCによる最初の近代建築なのか

レンガ造よりも大きめの窓

表面は装飾的なタイル張り

1階はガラス張り

張出し（キャンティレバー）

4

軸組構造［RC造］

● フランクリン街25番地は、エッフェル塔の鑑賞ポイントとして有名なシャイヨー宮（内部の建築・文化遺産博物館も必見）のテラスから歩いてすぐの場所にあるので、パリに行ったら立ち寄ってください。

通りに対して凹形の古典的な3分割平面で、両側の凸部は少し張り出しています。RCは柱梁と床スラブに限られ、それ以外はレンガを積んで、表面はタイル張りです。壁には当時よく使われたA.ビコ作の葉模様や円形のタイルが張られ、柱梁の平板なタイルと区別され、柱梁状に見えるように工夫されています。コンクリートは内外どこにも露出していません。

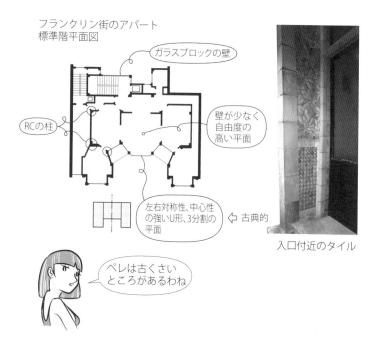

フランクリン街のアパート
標準階平面図

ガラスブロックの壁

RCの柱

壁が少なく
自由度の
高い平面

左右対称性、中心性
の強いU形、3分割の
平面

⇐ 古典的

入口付近のタイル

ペレは古くさい
ところがあるわね

- F.エヌビックはRC造を提唱した後に、紡績工場をRCで1895年に建てており、1900年のパリ万博では多くの展示館の階段やテラスなどにエヌビックのRCが使われています。1901年にはエヌビックは自分の事務所兼アパートをRCで建てており、A.ボーによるゴシック風のサン・ジャン・ド・モンマルトル教会（1894〜1902年）もRC造です。フランクリン街のアパートは最初のRC造の都市建築物でも最初のRC造アパートでもなく、1903年の時期にはRCはかなり普及していたといえます。RCによる近代的デザインをそろえて集成したことによって、このアパートは近代建築の先駆的なモニュメントとして注目されたと考えられます。
- A.ペレは土地を買ってローンを組んでアパートを建て、1階を自分の事務所、最上階を自宅として、その他を賃貸にしました。ペレは事業家でもありました。

＊参考文献　7）69）

Q 打放しコンクリートや吹抜けにブリッジなどのデザインは、いつ頃から？

A 20世紀初頭からです。

コンクリート打放しは、工場やテラス、階段などでは19世紀からありましたが、デザインとして積極的に扱われるようになったのは20世紀初頭からです。都市内で建物全体をコンクリート打放しでつくった早い例は、A.ペレによるポンテュ街のガレージ（車業者の建物、一部に白い塗装、1970年に解体）です。柱梁の構造体を露出して、中央の吹抜けにガラス屋根を付けています。吹抜けには鉄骨のトラス梁のブリッジが架けられて車も載ることができ、構造、デザインともに先進的な作品でした。しかし立面は約3：5：3の3分割で中央に正方形（バラ窓のようなガラス面）、最上部にコーニスのような出っ張り、その下にフリーズのような縦長の窓列があり、内部は中央が吹き抜けた中心性の強い古典的な構成です。

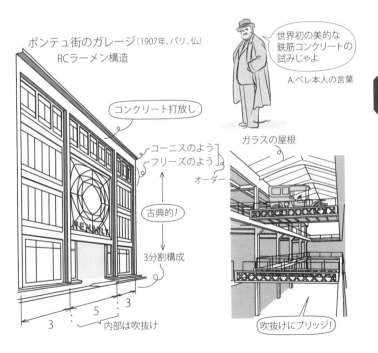

ポンテュ街のガレージ（1907年、パリ、仏）
RCラーメン構造

コンクリート打放し

世界初の美的な鉄筋コンクリートの試みじゃよ

A.ペレ本人の言葉

コーニスのよう
フリーズのよう
オーダー

ガラスの屋根

古典的！

3分割構成

3 ： 5 ： 3

内部は吹抜け

吹抜けにブリッジ！

4

軸組構造［RC造］

• 日本ではアントニン・レーモンド（1888～1976年）自邸（1923年）が、コンクリート打放しによる建物の初期のものと思われます。

＊参考文献　7）69）

Q RCによるシェル構造（貝殻状の曲面構造）はいつ頃つくられた？

A 20世紀初頭です。

組積造によるヴォールト、ドームもシェルの一種ですが、<u>20世紀に入って RCによるシェルも盛んにつくられる</u>ようになります。A.ペレによるランシーのノートルダム教会（1912〜23年）は、その代表例です。高さ（ライズ）の低い扁平なヴォールトを、細長い柱で支えています。また側面の壁に<u>ステンドグラスをはめたブロック</u>を積んでいるところも、先進的な試みです。

ランシーのノートルダム教会（A.ペレ、1912〜23年、ランシー、仏）

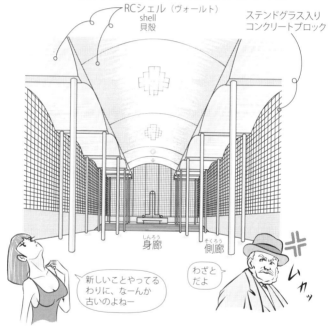

RCシェル（ヴォールト）
shell
貝殻

ステンドグラス入り
コンクリートブロック

身廊（しんろう）　側廊（そくろう）

新しいことやってる
わりに、なーんか
古いのよねー

わざと
だよ

• フランクリン街のアパート、ポンテュ街のガレージ、シャンゼリゼ劇場（1911〜13年）はRCを使いながら、表層表現などは古典主義的色彩が濃厚です。ランシーのノートルダム教会でも、ゴシックの面影を強く残しています。ペレは伝統的なエコール・デ・ボザール（パリ国立高等美術学校。最終試験前に退学してRC造を専門とする家族の会社に入る）で教育を受けたせいか、<u>RC造を専門としながらも、ル・コルビュジエのような抜けきった抽象性を獲得するには至っていません</u>。むしろ<u>新しい技術でつくりながら伝統や街並みとも齟齬を生じさせないデザインで覆っているところが</u>、彼の真骨頂といえます。

＊参考文献　7) 69)

Q F.L.ライトによるユニティ教会のRC構造の使い方は?

▼

A 柱梁構造と壁構造のミックスで、キャンティレバーも使っています。

聖堂と教室棟各ブロックの中央部の吹抜けは4本の柱で支え、上部開口部は細い柱列、その周囲の部屋は壁で支えています。水平の庇が張り出し、各ブロックの軸性を強調しています。

中心性の強い聖堂と教室の2つのブロックによる複核プラン（H形プラン、鉄アレイ形プラン）とし、全体の中心がひとつではなくて二極化された構成です。1900年代のライトは、中心性を解体して遠心性をもつ十字形平面の住宅を多くつくっており、この対称性の強い聖堂からもその傾向は読み取れます。建物に沿って歩いてから巻き込むようにして入るアプローチも、ほかの住宅と似ています。平面、立面で多くの分節、分割がなされており、そのような構成法がライトの大型オフィスビルを使い勝手の悪いものにしています。

ユニティ教会（F.L.ライト、1906年、シカゴ、米）

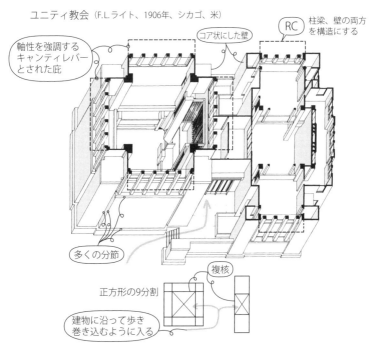

柱梁、壁の両方を構造にする

コア状にした壁

軸性を強調するキャンティレバーとされた庇

多くの分節

複核

正方形の9分割

建物に沿って歩き巻き込むように入る

4

軸組構造［RC造］

• ユニタリアン派はキリストの神性を否定して礼拝する対象は神のみとする教義のため、聖堂内には十字架がなく、ゴシックに縛られない構成が可能となりました。

*参考文献　13)

Q ル・コルビュジエによるRC造の最初の作品は？

▼

A 故郷ラ・ショー＝ド＝フォンの丘の中腹に建つシュウォブ邸です。

コルビュジエはスイスの故郷で、6件の伝統的な住宅をつくりますが、そのなかでシュウォブ邸はRC造、陸屋根、大ガラス面などの近代建築の要素が見られます。平面は正方形を9分割して中央部を吹抜けとし、中心から十字の方向に張り出した、中心性の強い構成です。古典的な9分割構成を、RCラーメン構造でつくっている点が注目すべきところです。

シュウォブ邸（ル・コルビュジエ、1916年、ラ・ショー＝ド＝フォン、スイス）

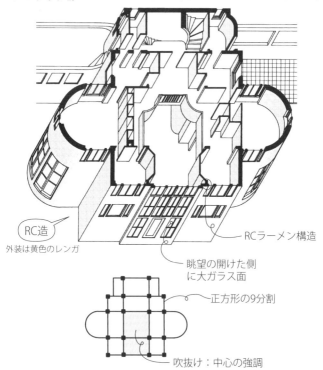

RC造
外装は黄色のレンガ

RCラーメン構造

眺望の開けた側
に大ガラス面

正方形の9分割

吹抜け：中心の強調

• 「ル・コルビュジエ」はペンネームで、本名はシャルル・エドゥアール・ジャンヌレ。彼はこの住宅を設計する前にパリのA.ペレ事務所で約10カ月過ごしており、コルビュジエのRCはペレ譲りです。RCラーメン構造の空間的可能性を引き出す実作をつくるのは、1917年に故郷ラ・ショー＝ド＝フォンを離れてパリに出てからです。

＊参考文献　10）13）70）〜74）

Q トラセ・レギュラトゥール（Les Tracés Régulateurs）とは？

A 各部の比例を規定する規準線（指標線）です。

トラセ・レギュラトゥールとは直訳すると「図を使用した調整」ですが、ル・コルビュジエは主に黄金比をつくる規準線として使っています。シュウォブ邸の立面には、この規準線が多く引かれています。黄金比は約 1：1.618 ですが、その長方形の対角線は同じ角度となります。第二次世界大戦以前の作品には、この規準線による比例の方法が用いられています。コルビュジエはいくつかの建築書から規準線の方法を学び、建築構成に応用した数少ない近代の建築家で、建築の比例に数学的な根拠を求めた理性主義者でした。「心は、理性が満足したとき、すなわち物事が計算されているときでなければ感動しない」*と述べています。

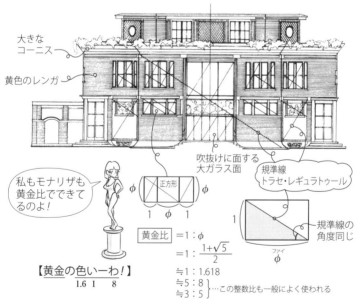

シュウォブ邸　谷側立面図（ル・コルビュジエ、1916年、ラ・ショー＝ド＝フォン、スイス）

大きな
コーニス

黄色のレンガ

吹抜けに面する
大ガラス面

規準線
トラセ・レギュラトゥール

私もモナリザも
黄金比でできて
るのよ！

正方形

ϕ　　　　ϕ

1　ϕ　1

規準線の
角度同じ

1

ファイ
ϕ

黄金比　$= 1 : \phi$

$= 1 : \dfrac{1+\sqrt{5}}{2}$

$\fallingdotseq 1 : 1.618$

$\fallingdotseq 5 : 8$

$\fallingdotseq 3 : 5$ …この整数比も一般によく使われる

【黄金の色いーわ！】
1.6　1　　8

- 古代ギリシャから黄金比は神の比とされ、建築、彫刻、絵画から現代のロゴデザインに至るまでさまざまに使われています。$1 : \phi = \phi : (1+\phi)$ が成り立つ比で、$\phi = (1+\sqrt{5})/2 \fallingdotseq 1.618$ となります。黄金比に近い整数比 3：5、5：8 も、建築ではよく使われます。
- ＊『建築をめざして』（1967年）p.182 から引用。

4

軸組構造［ル・コルビュジエ、ライト、ミースほか］

Q ル・コルビュジエのドミノ・システム（ドミノ住宅）の命名理由は？

A ドミノ・ブロックのように量産され、数多くの組み合わせが可能で、組立てが容易なシステムを目指して命名された造語です。

ドミノ・システムはドミノ・ブロックとドムス（domus：ラテン語で家）とを掛け合わせた造語で、床を柱だけで支える標準化した構造システムです。ドミノを並べるように住宅を連結して、大型の集合住宅もつくれるとして、そのスケッチも残しています。レンガを積んでつくる組積造に比べて、構造を支える壁がなくて平面に自由度があり、構造体は標準化されていて施工も容易となります。

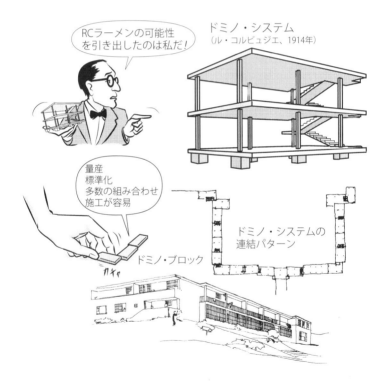

RCラーメンの可能性を引き出したのは私だ！

ドミノ・システム
（ル・コルビュジエ、1914年）

量産
標準化
多数の組み合わせ
施工が容易

ドミノ・ブロック
ガチャ

ドミノ・システムの
連結パターン

● コルビュジエは A. ペレの影響を受け、友人の技師 M. D. ボア（チューリヒ工科大学で E. モルシュに教えを受ける）と共同でこのプロジェクトをつくりました。

＊参考文献　10）13）70）〜74）

Q ドミノ・システムに梁はない（無梁版：むりょうばん）？

▼

A 小梁を多く架けて梁成を小さくして、梁は床版（しょうばん）の中に隠しています。

木造の根太（ねだ：joist）のように小梁を梁間に多く架け、天井は梁下、小梁下すぐに設けて、床版だけのように見せています。小梁を多く架ける分、梁成を小さくしています。現在のジョイストスラブ、中空スラブに構造が似ています。ドミノ・システムには梁がないと記した本もありますが、『ル・コルビュジエ全集』（1964年）の梁伏図、断面図には梁がしっかりと描かれています。ル・コルビュジエは梁で空間を規定されるのを避けるために、床版の中に吸収して見た目は平滑な床版だけの構造にしたものと思われます。

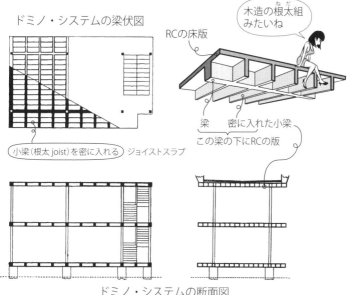

ドミノ・システムの梁伏図

木造の根太組みたいね

RCの床版

小梁（根太 joist）を密に入れる　ジョイストスラブ

梁　密に入れた小梁
この梁の下にRCの版

ドミノ・システムの断面図

4

軸組構造［ル・コルビュジエ、ライト、ミースほか］

Q ドミノ・システムの利点を生かした、ル・コルビュジエの近代建築の5原則（1926年）とは？

▼

A 1) 自由な平面：内部に重さを支える壁がないので、平面の自由度が高い
2) 自由な立面：外周に壁が不要なので、立面の自由度が高い
3) ピロティ：1階をピロティとして公に開放できる
4) 横長連続窓：縦長ではなく横長の連続窓が可能で、室内を明るくできる
5) 屋上庭園：平らな屋根が可能で、屋上を庭園にできる

🔲 サヴォア邸（1931年）で、近代建築の5原則すべてが盛り込まれた作品が完成します。

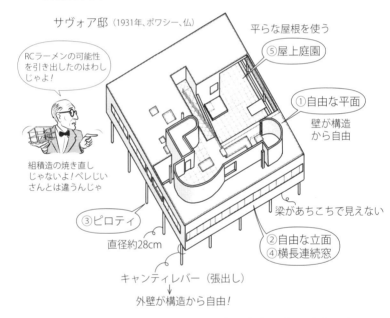

サヴォア邸（1931年、ポワシー、仏）

平らな屋根を使う

⑤屋上庭園

RCラーメンの可能性を引き出したのはわしじゃよ！

組積造の焼き直しじゃないよ！ペレじいさんとは違うんじゃ

①自由な平面

壁が構造から自由

③ピロティ

直径約28cm

梁があちこちで見えない

②自由な立面
④横長連続窓

キャンティレバー（張出し）

外壁が構造から自由！

- コルビュジエが暗いとした組積造の窓ですが、組積造でも構造壁を残すように縦長にしたり、窓の縦桟（方立）で重さを支えるなどの工夫により、十分明るくすることができます。後期ゴシックでは組積造でありながら、ほとんど壁のないものもあります。横長連続窓は開放感をもたらす半面、壁が囲う安心感をなくすもので、落ち着きのなさをもつくり出します。陸屋根は雨漏りの可能性が大きく、現に屋根スラブ端部の立ち上がりの少ないサヴォア邸では雨漏りが頻発して、サヴォア婦人から苦情が何度も寄せられています。またコルビュジエの個人住宅はフェンスに囲まれていてピロティは公に開放されておらず、アーケードをもつ都市内の古い建物の方がピロティとしての開放度は高いといえます。

Q サヴォア邸の梁が一部分しかないのは?

A 多くの小梁が床版の中に隠されていて、梁成の大きい梁が床版の下に露出しているからです。

サヴォア邸もドミノ・システムの根太のような小梁の架け方、ジョイストスラブとされていますが、床版が280mmと薄く設定されているので一部の梁が露出しています。施工は中空レンガを置いて配筋し、その上からコンクリートを打つことで床版をつくっています。柱梁、床スラブはRC、壁はレンガを充填してモルタルで平滑にしたものです。レンガで壁を充填するのは、A. ペレのフランクリン街のアパートでも同様で、当時としては一般的なコストを抑えるための建設法です。最終的にはすべて白く塗装して、ホワイト模型のように仕上げています。

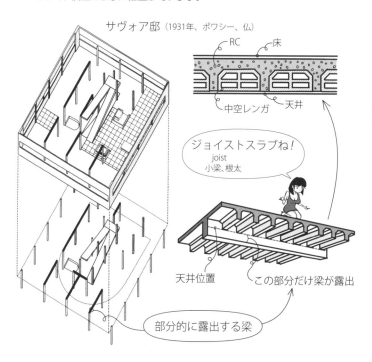

サヴォア邸 (1931年、ポワシー、仏)

RC　床

中空レンガ　天井

ジョイストスラブね!
joist
小梁、根太

天井位置　この部分だけ梁が露出

部分的に露出する梁

4

軸組構造 [ル・コルビュジエ、ライト、ミースほか]

*参考文献　10) 13) 70)～74)

Q キャンティレバー（片持ち、持送り式構造）のデザイン的な効果は？
▼

A 柱にじゃまされない横長連続窓、全面ガラス窓、コーナーガラス窓や、前後左右に張り出すダイナミックな造形などが可能です。

◈ シカゴ派では出窓（ベイ・ウィンドウ）にしか使われなかったキャンティレバーは、20世紀に入って一気に普及します。サヴォア邸、落水荘、ファンズワース邸という近代の名作3住宅は、みなRC造、S造によるキャンティレバーによって可能となりました。レンガを積んだ組積造のデザインではできない、重力に逆らう造形です。

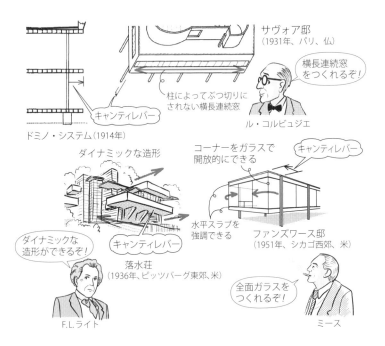

ドミノ・システム（1914年）

サヴォア邸
（1931年、パリ、仏）

柱によってぶつ切りにされない横長連続窓

キャンティレバー

横長連続窓をつくれるぞ！

ル・コルビュジエ

ダイナミックな造形

コーナーをガラスで開放的にできる

キャンティレバー

水平スラブを強調できる

ファンズワース邸
（1951年、シカゴ西郊、米）

ダイナミックな造形ができるぞ！

キャンティレバー

落水荘
（1936年、ピッツバーグ東郊、米）

全面ガラスをつくれるぞ！

F.L.ライト

ミース

• 3作品ともに保存展示されていて、内部見学ができます。筆者は3作品ともに何度か訪れていますが、現地訪問を最もおすすめしたいのは、谷と一体となった落水荘です。サヴォア邸、ファンズワース邸は草地の上に建った白い建物のためもありますが、大きな模型を見る感じでした。最小のディテールの抽象的な立体は、写真や模型と印象は同じなんだと思った次第です。また最小限の壁または横長窓が切られている壁では、開放感はありますが、住宅としての落ち着きが感じられませんでした。

*参考文献 10）13）70)～74)

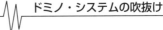

Q ドミノ・システムの床スラブに孔をあける吹抜けや屋上庭園は、全体に対してどのような配置とされる?

A 主軸に対して前方か左右に偏心した配置にして、全体に偏心性、遠心性をもたせています。

ドミノ・システムでは壁の間仕切りをしただけだと、床スラブで上下階が分断され、退屈な印象の建物になりがちです。ル・コルビュジエは、床の一部を吹抜けやテラスなどのために抜いて、上下階を連続させています。その際に主軸*に対して、吹抜けなどを前方に片寄らせるか、左右に片寄らせるかの方法をとります。中央に孔をあけると、中心性が強くなりすぎるため、吹抜けやテラスを端に寄せて、平面の端部に重要度をもたせる傾向にあります。これは近代建築一般に行われる構成で、偏心性、遠心性をつくる常套手段です。

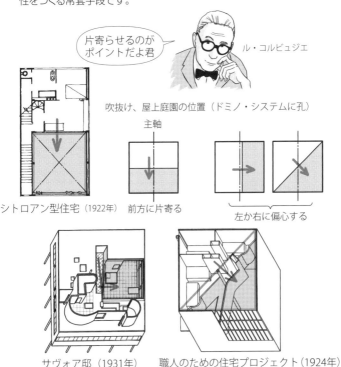

片寄らせるのが
ポイントだよ君

ル・コルビュジエ

吹抜け、屋上庭園の位置 (ドミノ・システムに孔)

主軸

シトロアン型住宅 (1922年)　前方に片寄る

左か右に偏心する

サヴォア邸 (1931年)　職人のための住宅プロジェクト (1924年)

4

軸組構造 [ル・コルビュジエ、ライト、ミースほか]

*主軸とは、左右対称となる要素の数が、その建物において最も多い左右対称軸のことです。

Q 主軸に対して前方に吹抜けをつくる早い例は？

A F.L.ライトによる1900年代の住宅にいくつかあります。

シトロアン型住宅の前方吹抜けの断面構成は、ライトのミラード邸（1923年）に類似していると指摘されていますが[1]、さらにさかのぼってハーディ邸（1905年）、イザベル・ロバーツ邸（1908年）などの1900年代の住宅にもあります。ハーディ邸、イザベル・ロバーツ邸は全体が十字の軸性をもつ平面ですが、中央部だけ見ると主軸に対して前方吹抜けとした構成です。ル・コルビュジエのシュウォブ邸（R176参照）が、ライトのハーディ邸と類似しているとする指摘[2]もあります。ライトの住宅の空間構成は、近代において先駆的なものが多々あります（R196、R197参照）。

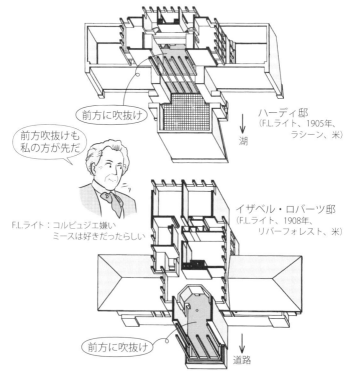

前方に吹抜け

ハーディ邸
(F.L.ライト、1905年、ラシーン、米)
↓
湖

前方吹抜けも私の方が先だ

F.L.ライト：コルビュジエ嫌い
ミースは好きだったらしい

イザベル・ロバーツ邸
(F.L.ライト、1908年、リバーフォレスト、米)

前方に吹抜け

↓
道路

1) H.R.Hitchicock ″Architecture : 19th, 20th Century Architecture″(1958) p.494より。
2)『ル・コルビュジエの生涯』(1981年) p.51より。

＊参考文献　10)

Q ドミノ・システムに設置される斜路やメインの階段は、どのような配置とされる?

A 吹抜けや屋外庭園と関係するように配置されます。

床スラブに孔をあけて吹抜けや屋外庭園とし、それに斜路（slope、仏語でrampe）やメインの階段をからめる配置は、ル・コルビュジエの好む構成です。吹抜けや屋外庭園を眺めながら歩き回ることができ、旋回するようなスパイラル状の動きが出て、水平スラブで分断されがちな上下階の空間を統合します。サブの階段も用意されて、家の中を立体的に周遊できるようにされるケースもあります。

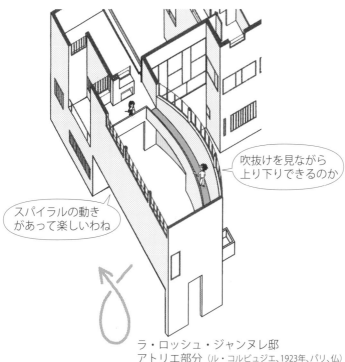

吹抜けを見ながら
上り下りできるのか

スパイラルの動き
があって楽しいわね

ラ・ロッシュ・ジャンヌレ邸
アトリエ部分（ル・コルビュジエ、1923年、パリ、仏）

4

軸組構造［ル・コルビュジエ、ライト、ミースほか］

● 斜路の勾配は、ラ・ロッシュ・ジャンヌレ邸で約1/3.4、サヴォア邸で約1/5.6であり、日本の建築基準法（1/8以下）ではつくれません。また実際に現地で歩いてみると上りにくく、1/8勾配でも3m上がるのに24mもの長さが必要となり、日本の住宅では現実的ではありません。

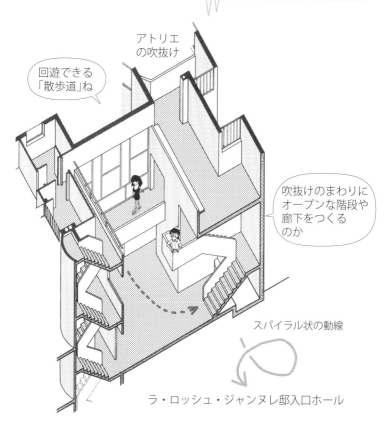

アトリエ
の吹抜け

回遊できる
「散歩道」ね

吹抜けのまわりに
オープンな階段や
廊下をつくる
のか

スパイラル状の動線

ラ・ロッシュ・ジャンヌレ邸入口ホール

- 斜路とサブの階段、メインの階段とサブの階段とは直交する向きに配される傾向にあり、動きが一定方向に向かないような配慮がされています。サヴォア邸の初期スケッチでも、スロープとサブの階段は直交するようにスタディされています。
- 周遊できるような動線を、ル・コルビュジエ自身は「サーキュレーション（循環）」といい、富永譲は「ル・コルビュジエを一生涯とらえ続けた螺旋状の上昇運動〈建築的プロムナード（散策路）〉」（建築文化 1996 年 10 月号、p.90）と表現しています。斜路や斜めの床、ゆるい階段状の床は、現代の建築家も大型建築に好んで用いる重要なデザイン要素となっています。
- コルビュジエとは対照的に、ミースは後期では水平スラブで空間を躊躇せずに分断するようになります。ミースの空間が退屈に感じるのは、その辺に理由がありそうです。

＊参考文献　10）13）70）〜74）

Q ル・コルビュジエのシトロアン型住宅の命名理由は？

A 車のように量産され、スペースに無駄がなく、組立てが容易な「住むための機械のように考えて」[1] 計画された住宅です。

　シトロエン（CITROËN）はフランスの車メーカーですが、コルビュジエはシトロアン（Citrohan）型住宅と命名しています。間口が狭くて奥行の深い縦長の平面で、居間は吹抜けとして前面に大ガラス面を設け、吹抜けに面するように現在ロフトと呼ばれるような個室を配しています。1920年、1922年と2つの計画案の後に、1927年にシュトゥットガルトの家にて実現されます。下図の1922年のタイプでは、ピロティが登場しています。

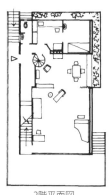

2階平面図

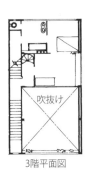

3階平面図

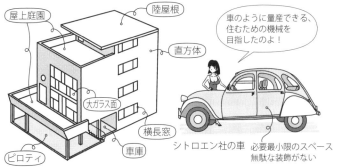

シトロアン型住宅 （ル・コルビュジエ、1922年）

1)『建築をめざして』（1967年）p.182 から引用。

Q シトロアン型住宅を応用した住戸ユニットを、片廊下でつないだ集合住宅は？

▼

A ヴィラ型集合住宅（イムーブル・ヴィラ、1922年）です。

ル・コルビュジエの「300万の現代都市」（1922年）は、高層集合住宅群のまわりに中層集合住宅を置いていますが、中層集合住宅はシトロアン型住宅を応用した住戸ユニットを120戸集めて片廊下でつないで積み重ねたものです。住戸ユニットは、シトロアン型住宅のように前方吹抜けを有するブロックをL形に曲げて、2層分の屋上庭園を囲い込んでいます。住戸ユニットは2層分なので、現在でいうメゾネットです。南北軸に棟を配し、各住戸は主に東西に向け、棟の中央は中庭とし、棟のまわりに道路を配して街区を形成しています。住戸→住棟→街区→都市と、小さなスケールの積み重ねから街区ができ、そこから都市ができるという壮大な計画です。

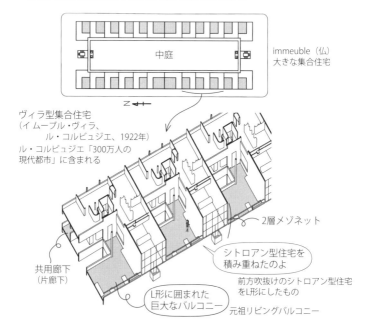

中庭

immeuble（仏）
大きな集合住宅

Z ←←

ヴィラ型集合住宅
（イムーブル・ヴィラ、
　　　ル・コルビュジエ、1922年）
ル・コルビュジエ「300万人の
現代都市」に含まれる

2層メゾネット

シトロアン型住宅を
積み重ねたのよ

前方吹抜けのシトロアン型住宅
をL形にしたもの

共用廊下
（片廊下）

L形に囲まれた
巨大なバルコニー

元祖リビングバルコニー

● この住戸ユニットは1925年のパリ装飾芸術万国博覧会で実際につくられ、現在はボローニャに移築されて見ることができます。装飾芸術博覧会に展示しながら、妻面の大きなグラフィック文字以外はなんら装飾は施されないというコルビュジエの真骨頂が発揮されています。シトロアン型住宅（1922年）の石膏模型をサロンに展示したのも、1925年です。

Q シトロアン型住宅を応用した住戸ユニットを、中廊下でつないだ集合住宅は?

▼

A ユニテ・ダビタシオン（1952年、マルセイユ、仏）です。

ユニテ・ダビタシオンは、前方吹抜けをもつシトロアン型住宅を応用した住戸ユニットを、中廊下でつないで積み重ねたものです。メゾネットの1階から入るユニットと、2階から入るユニットを、断面を互い違いに組み合わせています。棟を南北軸に配置し、各住戸は東西に向けています。1階はピロティとして、公に開放されています。

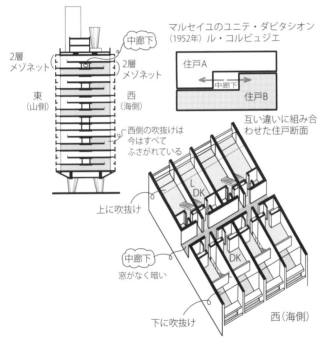

マルセイユのユニテ・ダビタシオン
（1952年）ル・コルビュジエ

中廊下

2層メゾネット / 2層メゾネット

東（山側） / 西（海側）

西側の吹抜けは今はすべてふさがれている

住戸A / 中廊下 / 住戸B

互い違いに組み合わせた住戸断面

上に吹抜け

中廊下　窓がなく暗い

下に吹抜け

西（海側）

- ユニテ・ダビタシオン（Unité d'Habitation）は「住むことの統一一体」が原義で、ベルリン、フィルミニなど全部で5カ所に建てられています。パリの建築・文化遺産博物館（シャイヨー宮）に東側住戸ユニットの実物大模型があり、必見です。
- マルセイユのユニテ・ダビタシオンでは見学させてくれる住戸があり、また中間階にはホテルがあって泊まることができます。住戸の個室の幅は現地で測ると内・内184cmと、若干狭く感じました。2階から入る西にLのあるユニットでは、現在は吹抜けがすべてふさがれています。2階のDKと1階のLとのつながりが悪く、吹抜けをふさいで2階をLDKとして使っていました。

＊参考文献　10) 13) 70)〜74)

4

軸組構造〔ル・コルビュジエ、ライト、ミースほか〕

Q モジュール（module）とル・コルビュジエのモデュロール（Modulor）は
どう違う？

A モジュールは基準寸法のことで、モデュロールはコルビュジエが人体寸法
と黄金比から導いた寸法体系のことです。

木造で910mmグリッド（格子）で柱や壁を立てる場合、910mmがモジュー
ルとなります。モデュロールは、モジュールと section d'or（黄金分割）
からコルビュジエがつくった造語で、彼独自の寸法体系です。人が立って
手を挙げた寸法を226cmとして、黄金比で割り込んで出た寸法を基準とし
ます。ユニテ・ダビタシオンなどのコルビュジエの後期の作品に、このモ
デュロールが使われています。

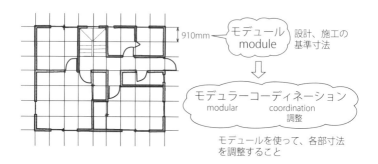

910mm

モジュール
module

設計、施工の
基準寸法

↓

モデュラーコーディネーション
modular　　　　coordination
　　　　　　　　　　　　　　調整

モジュールを使って、各部寸法
を調整すること

モデュロール
Modulor

ル・コルビュジエが、人体寸法と
黄金分割から導いた寸法体系

モデュロールは私の
つくった寸法体系だ！

蝶ネクタイは前川國男、
丹下健三らもよくまね
していた

＊参考文献　10）13）70）〜74）

Q ル・コルビュジエのモノル型住宅（1920年）とは？

A ヴォールトを並列に並べた住宅です。

A・ペレはドック（1915年、カサブランカ、モロッコ）などでRCの薄い（ライズの低い）ヴォールトを並列にした建物を設計し、後にランシーのノートルダム教会（1912〜1923年）では身廊は軸方向、側廊ではそれと直交方向に薄いヴォールトを架けています（R174参照）。コルビュジエはRCラーメンのほかにヴォールトのRCシェルでもペレの影響を受け、ヴォールトを並べたモノル型住宅の計画案を1920年に発表します。1920年代の白い箱の時代の後に、30年代にはRC打放しや石、レンガなどの素材をあらわした表現に移行し、それに合わせてヴォールトを並べた住宅がパリやインドなどでつくられます。ヴォールトを並べた場合、空間の方向性や幅が規定されて単調な構成になりがちなので、ドミノ・システムほどの汎用性はありません。

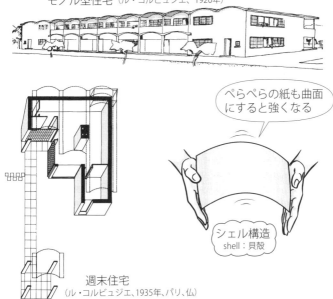

モノル型住宅（ル・コルビュジエ、1920年）

ぺらぺらの紙も曲面にすると強くなる

シェル構造
shell：貝殻

週末住宅
（ル・コルビュジエ、1935年、パリ、仏）

4

軸組構造 ［ル・コルビュジエ、ライト、ミースほか］

- monolとはmonolith（1本石、一体構造）からとられた造語と思われます。
- ヴォールトを並べた構成では、ルイス・カーンのキンベル美術館（1972年、フォートワース、米）が有名ですが、キンベルのヴォールトは中央のキーストーンの位置が抜けてトップライトとされていて、ヴォールトは両側から持送りとされたアクロバットな構造となっています。

Q ロンシャンの礼拝堂の彫塑的な造形は、どのようにつくられている？

A RCの骨組みで支え、曲面の壁は組積造で埋めています。

ル・コルビュジエの作品は、大きくは以下のように3つにグループ分けされます。

1910年代………組積造の壁と屋根による一般的な建築
1920年代………白い直方体　（サヴォア邸で終了）
1930年代以降…コンクリート、石、レンガなどの素材を出した彫塑的造形

モノル型住宅の実現作であるヴォールト屋根の作品群も、30年代以降のグループに所属します。ロンシャンの礼拝堂は、この時代を象徴する作品です。RCの骨組で支え、壁は以前あった教会のがれきを再び積んで、表面をモルタルで均したものです。コンクリートの彫塑性とよくいわれますが、曲面の型枠をつくるのが難しく、粘土をこねるようにはつくれません。ロンシャンの礼拝堂や、ドイツ表現主義の代表作であるアインシュタイン塔は、石やレンガを積んで曲面をつくっています。

RCを粘土のようには扱えないな

E.メンデルゾーン
コルビュジエと同年齢

実はレンガを積んでいる

アインシュタイン塔
（E.メンデルゾーン、1921年、ポツダム、独）

ロンシャンの礼拝堂
（ル・コルビュジエ、1955年、ロンシャン、仏）

RC造

屋根は壁から浮いていて、ガラスが入っている

壁はRC造＋組積造
特に開口のあるところ

実は石やレンガを積んでいる！

組積造は曲面が簡単につくれるんだよ

ル・コルビュジエ　A.ガウディを見ろよ

- 表現主義（expressionism）とは主に第一次世界大戦前のドイツで展開した、一般には感情を反映させて表現する芸術の傾向で、建築では鋭角的、曲線的な造形が多く見られます。
- コルビュジエの1930年代以降の作品では、ブルータリズムの傾向をもっとよく表現されます。ブルータリズム（brutalism）とは、獣のように（brutal）荒々しく大胆、率直な表現、生の素材による表現を目指す芸術思潮のことで、1950年代にイギリスのスミッソン夫妻により提唱されました。コンクリート打放し、設備の露出などが特徴的です。

　　　　　　　　　　　　　　　＊参考文献　10）13）70）〜74）

Q ル・コルビュジエは日射を避けるための装置として、どのような工夫をした?

A ブリーズ・ソレイユ（brise-soleil）とパラソル（parasol）です。

ブリーズとは英語のbreak、ソレイユはsunで、ブリーズ・ソレイユは太陽の日射を壊す、さえぎるものとなり、建築化された格子状の日除け（手で開閉するブラインドではなく）を指します。またパラソルは浮き屋根の日除けです。ユニテ・ダビタシオンのバルコニー部分は、巨大な格子状のブリーズ・ソレイユとなっています。コルビュジエは後期の作品に好んで用い、日射の激しいインドでは、ブリーズ・ソレイユとパラソルが大活躍しています。RCラーメンによって組積造の壁から自由になった近代建築は、横長連続窓、大ガラス面と単純化を進め、ミースによるガラスのシンプルな箱へと収束します。箱の表層が最小限のフラットなガラス面となることを避けるため、コルビュジエは表層や屋根に、新たな要素をつけ加えるようになります。ブリーズ・ソレイユとパラソルは、装飾をなくした近代建築において、箱の周囲につけ加えられる重要なデザイン要素となります。

チャンディーガル州議事堂（ル・コルビュジエ、1962年、チャンディーガル、インド）

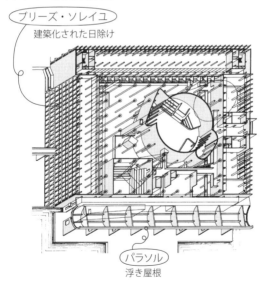

ブリーズ・ソレイユ
建築化された日除け

パラソル
浮き屋根

- 現代建築においても、表層を限りなくフラットにしてミニマルな（最小限の）箱を目指すのか、箱に格子状、浮き屋根状の要素をつけて奥行と陰影をつけるのかで、デザインが大きく2つに分かれます。住宅に限っては日射や雨を避けるためにも、後者の方が適していると思われます。

＊参考文献　10）13）70）〜74）

4

軸組構造〔ル・コルビュジエ、ライト、ミースほか〕

Q L.カーンによるダッカの作品群では、日射を避けるためにどのようにしている？

A 壁に大きな孔をあけ、その後ろに距離をおいてガラス面を付ける2重被膜の方法で、日射を避けています。

カーンは均質なフレーム内を間仕切る近代建築の構成からはじめ、各々光をとり入れた空間単位を分離して並べる構成を試し、ダッカでは空間単位を中心の議事堂の周囲に集めた構成としています。柱によって床スラブを支えて、その均質な場に偏差を与えるように議事堂を配置したル・コルビュジエの方法とは対照的です。壁に円形や3角形などの大きな孔をあけ、その内側に距離を置いてガラス面を配し、日射を避けると同時に外観に奥行と象徴性を与えています。ソーク生物学研究所のコミュニティ・センター計画案でも、同様の2重被膜の構成が見られます。

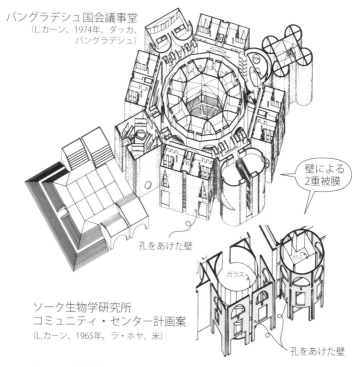

バングラデシュ国会議事堂
（L.カーン、1974年、ダッカ、
　バングラデシュ）

壁による
2重被膜

孔をあけた壁

ガラス

ガラス

ソーク生物学研究所
コミュニティ・センター計画案
（L.カーン、1965年、ラ・ホヤ、米）

孔をあけた壁

● カーンの空間構成に関しては、拙著『ルイス・カーンの空間構成　アクソメで読む20世紀の建築家達』（1998年）を参照のこと。

Q ミースによる初期のオフィスビル計画案には、どのようなものがある?

A 計画案は3案あり、うち2案はS造全面ガラスで、平面が曲面か鋭角の多角形とされたもの。もう1案はRC造で、横長連続窓をもつ直方体です。

どのオフィスビルも、水平スラブの積層がよく見えるパースが描かれている点が注目に値します。1950年代にミースは「水平スラブの空間」と呼べるような、2枚の水平スラブに挟まれただけの均質な空間にたどり着きますが、その前触れとも思えるパースです。またS造全面ガラスの2案は、平面がオフィスビルとしては極端に分節されており、使い勝手よりも外観の表現に重きを置いた、鋭角と曲面による表現主義[1]的な造形です。

フリードリヒ街駅前
オフィスビル計画案(1921年、ベルリン、独)

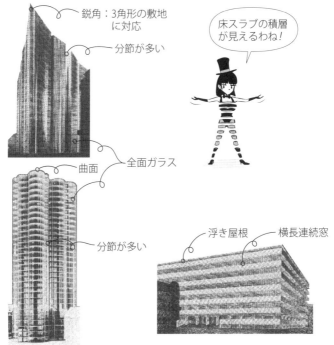

鋭角:3角形の敷地に対応

分節が多い

床スラブの積層が見えるわ!

全面ガラス

曲面

分節が多い

浮き屋根　　横長連続窓

ガラスのオフィスビル計画案(1922年)　　コンクリートのオフィスビル計画案(1922年)

1)主に第一次世界大戦前のドイツで展開した、一般には感情を反映させて表現する芸術の傾向で、建築では鋭角的、曲線的な造形が多く見られます。

4

軸組構造［ル・コルビュジエ、ライト、ミースほか］

Q ミースによる初期の住宅計画案には、どのようなものがある？

A レンガ造の長大な壁を十字形に組み合わせたレンガ造田園住宅と、RCの直方体を卍形に組み合わせたコンクリート造田園住宅です。

レンガ造田園住宅の壁は非常に長く、モンドリアンの絵のように、<u>エッジを見せた分離された壁を十字形に配置した構成</u>です。コンクリート造田園住宅は、RC造の<u>直方体を卍形に組み合わせた構成</u>で、2作品とも動的なレイアウトで遠心性をもつものです。<u>伝統的な左右対称で中心を明示した静的な構成から、中心を解体して、逆に外へと向かう遠心性を有する動的な構成に移行しようとした</u>ものです。コンクリート造田園住宅は、グロピウスによるバウハウス校舎（1925〜26年）と似た卍形配置ですが、こちらの方が数年早い発表となります。

レンガ造田園住宅（1922年）

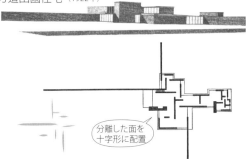

分離した面を
十字形に配置

コンクリート造田園住宅（1923年）

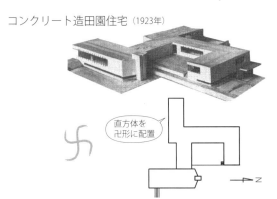

直方体を
卍形に配置

━━▶Z

- 1920年代初頭、T. v. ドゥースブルフらとの親交から、形態を要素に分解して再構成する造形運動グループ、<u>デ・ステイル</u>などの影響を受けます。

　　　　　　　　　＊参考文献　10）13）75）〜80）

Q 20世紀で十字形の平面を多くつくったのは誰?

A F.L.ライトが1900年代のプレーリーハウスで、十字形平面を数多くつくりました。

ウィリッツ邸は、中心を空間ではなく暖炉の量塊にし、そこから十字方向に空間を引き延ばした十字形平面としています。アプローチは中心軸上にはなく、建物に沿って歩いた後に巻き込むように入る形です。暖炉の周囲で、入口、居間、食堂をドアを介さずにあいまいに連結しています。部屋と部屋が交わるところに縦格子を立て、人をそれに沿って歩かせると同時に、暖炉脇のベンチのスペースを囲っています。ライトの空間が流動的といわれるゆえんがここにあります。

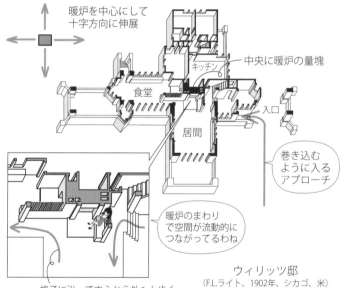

暖炉を中心にして
十字方向に伸展

キッチン

中央に暖炉の量塊

食堂

入口

居間

巻き込む
ように入る
アプローチ

暖炉のまわり
で空間が流動的に
つながってるわね

ウィリッツ邸
（F.L.ライト、1902年、シカゴ、米）

・格子に沿って中心から外へと歩く
・部屋が連続

- 道に平行な1階建ての棟と、道に直交する2階建ての棟を組み合わせて、十字形平面としている例が多いです。道に平行な1階建ての棟は、左右の軒を大きく引き延ばし、水平性を強調しています。

- ライトのプレーリーハウスは1910年にベルリンで開かれた作品展で紹介され、1910年、11年にはドイツのヴァスムート社版の作品集が出版されています。H.P.ベルラーヘは1911年にアメリカを訪れ、帰国後にライトに関する講演を行っています。こうしてライトはヨーロッパの近代運動に大きな影響を与え、十字形平面、遠心的性格など、ミースの2つの住宅計画にもその影響を感じます。

4

軸組構造［ル・コルビュジエ、ライト、ミースほか］

Q F.L.ライトの十字形平面へ至る経緯は？

▼

A 3分割構成の中心に暖炉の量塊を置き、空間の中心を壊し、経路を迂回させて、伝統的な中心性に対して遠心性を生じさせました。

アンドレア・パラディオのヴィラ・ロトンダ（1567年、ヴィチェンツァ）は正方形の9分割、ヴィラ・フォスカリ（1560年、ヴェネツィア）は長方形の3分割で、いずれも中央軸線上から入り、中央に天井の高い空間としての中心がつくられています。周囲の諸室へは、中心から振り分ける形で入ります。中央から入って振り分ける動線とした3分割、9分割は、中心を空間で強調したもので、古典主義建築によく用いられた構成です。

ライトは1890年代に、伝統的な平面構成である3分割や9分割を試しています。ブロッサム邸（1892年）は正方形の9分割、次頁のウィンズロー邸（1893年）は長方形の3分割です。ブロッサム邸は中心が空間とされている点も伝統的な構成で、入口のポルティコにはイオニア式のオーダーまで立っていて、古典主義といってもいいくらいです。しかし建物に沿ってポルティコに上がり、そこから左に折れてから入るアプローチには、後の巻き込むようなアプローチを思わせるものもあります。

正方形の9分割	長方形の3分割

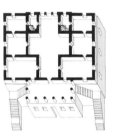

ヴィラ・ロトンダ
（A.パラディオ、1567年、ヴィチェンツァ、伊）

ヴィラ・フォスカリ
（A.パラディオ、1560年、ヴェネツィア、伊）

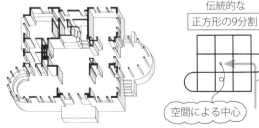

ブロッサム邸（F.L.ライト、1892年、シカゴ、米）

伝統的な
正方形の9分割

空間による中心

建物に沿って
入るアプローチ

ウィンズロー邸（1893年）では伝統的な3分割構成ですが、その中心に暖炉の量塊を置いて空間としての中心を壊し、入口からのアプローチはその量塊の周囲を迂回させます。そして量塊を中心とした十字の軸に沿って、ベイ・ウィンドウや車寄せなどの建物の輪郭を崩す形態操作がされます。その後、十字方向に大きく伸展し、プレーリーハウス計画案Ⅱ（1900年）やR196のウィリッツ邸（1902年）などの十字形平面に至ります。この中心の量塊から十字方向に空間を引き延ばす構成は、伝統的な中心性に対して遠心性と呼べるものです。輪郭を不規則に崩した建物は多く存在しましたが、量塊を中心とした十字の軸性に沿った遠心的な空間、その周囲をめぐる動線、流動的な空間といった法則性をもつ箱の解体は、F.L.ライトが初めてでした。

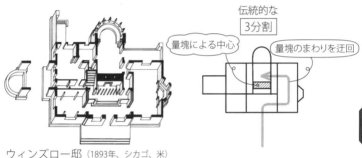

ウィンズロー邸（1893年、シカゴ、米）

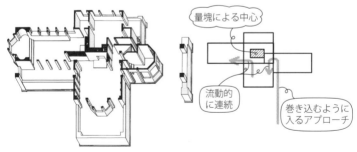

プレーリーハウス計画案Ⅱ（1900年）

- 1900年代の十字形平面の住宅は内部見学ができるものは限られますが、シカゴ南郊カンカケーにあるレストランになっているブラッドレー邸（1900年）、時代は後になりますがロサンゼルスのバーンズドール邸（1921年）は内部に入れます。

＊参考文献　10）13）75）〜80）

4

軸組構造［ル・コルビュジエ、ライト、ミースほか］

Q ミースによる組積造の住宅は、どのようなものだった？

A 初期は古典主義的な対称性、中心性の強い直方体でしたが、1920年代では量塊を対角方向に連結した複雑な輪郭の建物をつくります。

ミースの出発点は組積造の伝統的な、対称性、中心性の強い建物でした。その対称性、中心性を崩すために<u>量塊を対角方向に連結して、雁行配置</u><u>としています</u>。次に内部の部屋も対角方向に連結して雁行する流動的な空間とします。そして部分的にですが、壁が四角い部屋の輪郭から分離して、壁のエッジを出します。ミースは2つの計画案では自由に壁を引き延ばして十字形に配置したり、直方体を卍形に連結したりしましたが、実施設計では<u>伝統的な中心を解体するために、雁行配置で斜め方向に空間を展開</u>しています。

伝統的な組積造の直方体（屋根付き）

ペールス邸(1911年、ベルリン、独)　　ウルビッヒ邸(1914年、ベルリン、独)

直方体を対角方向に連結：外部の対称性を壊す

ピーターマン邸(1921年、ベルリン、独)　　デクセル邸(1925年、イエーナ、独)

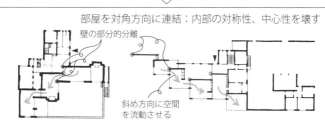

部屋を対角方向に連結：内部の対称性、中心性を壊す

壁の部分的分離

斜め方向に空間
を流動させる

ヴォルフ邸(1925〜26年、グーベン、独)　　エスターズ邸(1927〜30年、クレフェルト、独)

＊参考文献　10)

Q 要素主義（エレメンタリズム）とは？

A 面、線、三原色（赤、青、黄）と無彩色（白、黒、灰）などを組み合わせて造形しようとする考え方です。

 T.v.ドゥースブルフが中心となって結成されたオランダの芸術運動のグループ、デ・ステイルでは、抽象的な要素（element）を集めることで造形しようとする要素主義（elementalism）が提唱されます。1923年にパリでも展覧会が開かれ、ル・コルビュジエが見学に訪れています[1]。デ・ステイルは分離された面による構成ではミースに、立体の面で色分けする方法はコルビュジエに影響を与えています。ドゥースブルフの計画案「住宅のエチュードと面の相互貫入」は、コンセプト図では分離された面の集合が明らかですが、建物となるとF.L.ライトから影響[2]された十字形の立体の周囲に、張り出された庇が付いただけのものとなっています。部屋を囲うこと、重さを支えることを考えると、建築では要素主義を徹底するのが困難であることがわかります。

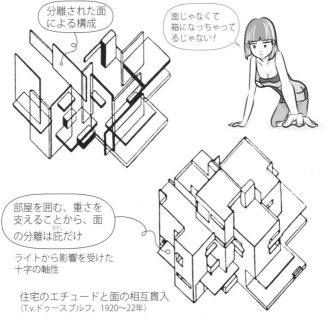

分離された面による構成

面じゃなくて箱になっちゃってるじゃない！

部屋を囲む、重さを支えることから、面の分離は庇だけ

ライトから影響を受けた十字の軸性

住宅のエチュードと面の相互貫入
（T.v.ドゥースブルフ、1920～22年）

1)『ル・コルビュジエの生涯』（1981年）p.117の注から。
2)ライトのベルリンにおける作品展は1910年、ヴァスムート社版作品集の出版は1910年、11年、H.P.ベルラーへのライトについての講演は1911年です。

4

軸組構造［ル・コルビュジエ、ライト、ミースほか］

Q 1920年代で抽象的な面、線の組み合わせによって構成しようとした最初の建物は?

A ヘリット・トーマス・リートフェルトによるシュレーダー邸です。

オランダの近代運動のグループ、デ・ステイル（雑誌名でもある）が抽象絵画で実現した面、線による構成ですが、重力のかかる建築では面を直方体から完全に分離するのが困難でした。シュレーダー邸でも輪郭の周辺で面のエッジを出し、色分けすることでなんとか実現していますが、レンガ、木、鉄を使ったあいまいな構造で無理につくられた感があります。椅子やテーブルなどの方が軽い分、抽象的構成がしやすかったものと思われます。

シュレーダー邸（G.T.リートフェルト、1924年、ユトレヒト、オランダ）

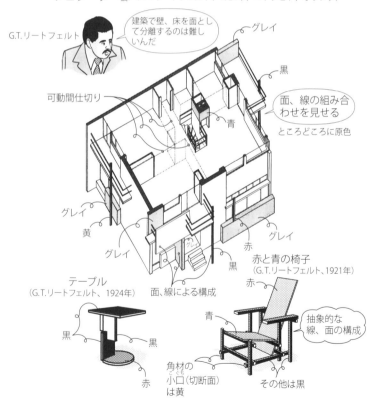

G.T.リートフェルト

建築で壁、床を面として分離するのは難しいんだ

グレイ

黒

可動間仕切り

青

面、線の組み合わせを見せる
ところどころに原色

グレイ

黄

グレイ

グレイ

赤

黒

赤と青の椅子
（G.T.リートフェルト、1921年）

テーブル
（G.T.リートフェルト、1924年）

面、線による構成

黒

黒

赤

青

赤

抽象的な線、面の構成

角材の小口（切断面）は黄

その他は黒

*参考文献 10)

Q 初めて面を箱から完全に分離して構成したのは誰？

A ミースがバルセロナ・パヴィリオン（1929年）において、初めて面を箱から完全に分離しました。

分離した面による構成は、オランダのデ・ステイルによって指向されていました。G.T.リートフェルトによるシュレーダー邸にもその傾向が見られますが、面の分離は建物外周部で、それも部分的になされただけでした。鉄の柱で屋根面を浮かし、その中に分離した壁面を差し込んだ抽象的な構成を達成したのは、ミースによるバルセロナ・パヴィリオンが最初です。壁や屋根のエッジ（端部）を露出して見せて面としての抽象性を獲得し、壁で囲んだ箱としての建築は、ここにきて完全に解体されました。ミースは1920年代に組積造の箱を対角方向へ連結して中心性、軸性を崩すなどの試行錯誤を繰り返しますが、バルセロナ・パヴィリオンで鉄骨フレームを使って一気に抽象的な構成へと突き抜けました。

バルセロナ・パヴィリオン
（1929年、バルセロナ、スペイン）

水平面のエッジ（端部）

垂直面のエッジ

抽象的な面による構成よ！

箱を完全に壊したのは私だよ！

ミース

4

軸組構造［ル・コルビュジエ、ライト、ミースほか］

● バルセロナ・パヴィリオンは再建されていて、見学が可能です。

＊参考文献　10）13）75）～80）

Q バルセロナ・パヴィリオンの細い柱は何でできている？

A 鋼のアングルを4本束ねて十字形にし、周囲をクロムメッキ鋼板で覆ったものです。

屋根面はRCではなく鉄骨の梁を組んで板を張った軽いスラブ（張りぼて）とされ、それゆえに細い鉄骨の柱で支えることができています。部材の細さは、現在の感覚では軽量鉄骨造です。柱はアングルを集めた十字形で、外法は16cm角と、非常に細い柱です。壁、ガラス面は8本の柱から離され、壁、ガラス面が独立した抽象的な面であることを強調しています。

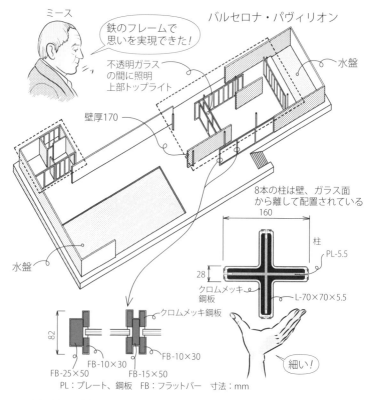

ミース

鉄のフレームで思いを実現できた！

バルセロナ・パヴィリオン

水盤

不透明ガラスの間に照明
上部トップライト

壁厚170

8本の柱は壁、ガラス面から離して配置されている

160

柱

PL-5.5

28

クロムメッキ鋼板

L-70×70×5.5

水盤

クロムメッキ鋼板

82

FB-10×30

FB-10×30

FB-25×50

FB-15×50

PL：プレート、鋼板　FB：フラットバー　寸法：mm

細い！

- 柱の図面と寸法は "Fundacio' Mies van der Rohe Barcelona" の再建建物の資料、壁厚の170は再建建物の現地測量、ガラスまわりの寸法は「建築文化」1998年1月号によります。

Q バルセロナ・パヴィリオンと同時期に建てられたテューゲントハット邸は、クロムメッキ鋼板で巻かれた十字形の柱と分離された壁面による構成で共通していますが、そのほかに平面上で似ている点は？

A 外階段とテラスの付き方、斜め方向に雁行状に置かれた壁（①）、メインの部分と雁行状に置かれたサブの部分（②）、建築化された緑のスペースと水盤の位置（③）、2重ガラス＋照明（または自然光）による光の壁（④）などが共通しています。

外部階段の上がり方と、上がったところのテラスのとり方、階段を上がった先にある緑と水盤、一番奥にある緑のスペースと水盤などが共通しています。<u>長軸の端部を強調する、雁行配置で対称性、中心性を避けると同時に空間を流動化させること</u>は、当時ミースが好んで行った空間構成です。

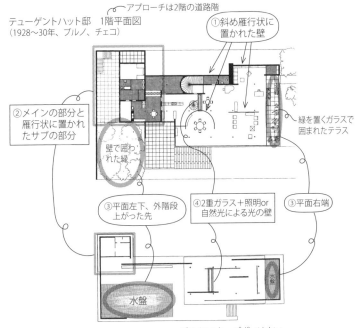

アプローチは2階の道路階

テューゲントハット邸　1階平面図
（1928〜30年、ブルノ、チェコ）

①斜め雁行状に置かれた壁

②メインの部分と雁行状に置かれたサブの部分

壁で囲われた緑

緑を置くガラスで囲まれたテラス

③平面左下、外階段上がった先

④2重ガラス＋照明or自然光による光の壁

③平面右端

水盤

バルセロナ・パヴィリオン
（1928〜29年、バルセロナ、スペイン）

4

軸組構造［ル・コルビュジエ、ライト、ミースほか］

● テューゲントハット邸の居間のガラス窓は、電動で床下にすべて収納できます。また外階段とテラスで全体の対称性を崩す方法は、ル・コルビュジエによるガルシュの家（1929年、パリ、仏）と類似しています。

Q ミースが住宅でコアを初めて使ったのは?

A ベルリン建築展モデル住宅（1931年）の寝室部分においてです。

バルセロナ・パヴィリオンはバルセロナ万博での展示施設なので、壁の配置はオープンなものでした。住宅では、プライベートな部分は壁で囲う必要が生じます。分離された独立壁がカードボードのように置かれた抽象的な構成が、壁で囲うことで開放感が減じ、マイナスの効果となります。ベルリン建築展モデル住宅では、トイレ、バスルーム部分を壁で囲んで空間内に浮かんだ島状のコア（core：芯）にすることで、開放的な平面を確保しています。ただし寝室のまわりには、壁の囲みが多くなっています。20年後のアメリカで、コアが大活躍することになります。

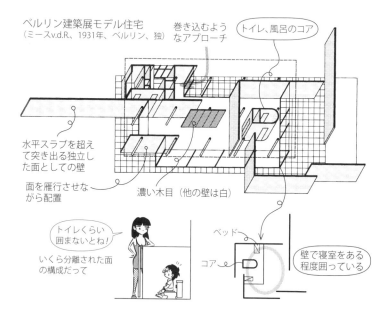

ベルリン建築展モデル住宅
（ミースv.d.R.、1931年、ベルリン、独）

巻き込むようなアプローチ

トイレ、風呂のコア

水平スラブを超えて突き出る独立した面としての壁

面を雁行させながら配置

濃い木目（他の壁は白）

トイレくらい囲まないとね！

いくら分離された面の構成だって

ベッド

コア

壁で寝室をある程度囲っている

＊参考文献　10）13）75）〜80）

Q 分離された抽象的な面の構成を住宅で行うために、ミースはどんな工夫をした?

A 住宅全体を壁で囲って、プライバシーを確保してから内部に壁を挿入するコートハウスとしました。

1930年代に多くのコートハウス計画案が、ミースがアメリカに移住する1938年までの不遇時代につくられました。まずコート周壁によって明確な輪郭をつくり、その内部で壁体の分離を徹底してできるようになります。ベルリン建築展モデル住宅で寝室のプライバシーを確保するために囲っていた壁も、コート周壁によってカバーされ、その内部は開放的な空間とされます。屋根スラブを超えて延びていた壁は屋根スラブ内に納まり、壁は短くなります。中心には閉鎖的な水回りの部屋が置かれ、そのまわりに人の動きを受けて流すように壁面が置かれ、外側へと向かう動き、遠心性がつくられています。これは、F.L.ライトの住宅の空間構成に近いものです。

3つの中庭をもつコートハウス計画案 (ミースv.d.R.、1934年)

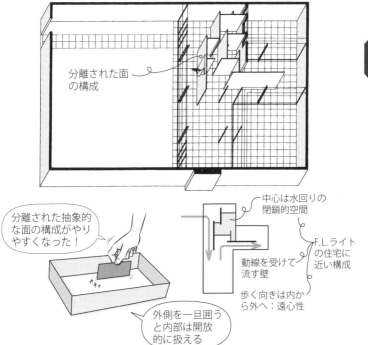

分離された面の構成

中心は水回りの閉鎖的空間

F.L.ライトの住宅に近い構成

分離された抽象的な面の構成がやりやすくなった!

動線を受けて流す壁

歩く向きは内から外へ：遠心性

外側を一旦囲うと内部は開放的に扱える

4

軸組構造［ル・コルビュジエ、ライト、ミースほか］

Q 均質空間、ユニバーサル・スペースと呼ばれる2枚の水平スラブに挟まれた空間は、いつつくられた？

▼

A ミースがファンズワース邸（1951年）で初めて実現させました。

バルセロナ・パヴィリオン、ベルリン建築展モデル住宅で屋根スラブを超えて延びていた壁は、コートハウスで周壁で囲うことによりプライバシーを確保されたために短くされて屋根スラブ内に納まり、ファンズワース邸ではついにコアまわりの最小限の壁になります。シカゴ郊外の広い敷地内に置かれ、プライバシーに関係なく周囲は全面ガラス張りが可能となり、水平スラブのエッジをはっきりと出すことができました。<u>空間は2枚の水平スラブに挟まれ、コアと家具だけであいまいに区切られた、「水平スラブの空間」</u>と呼べるようなものとなります。これ以後、ミースは大学、教会、集合住宅、オフィスと、同じパターンを繰り返すことになります。

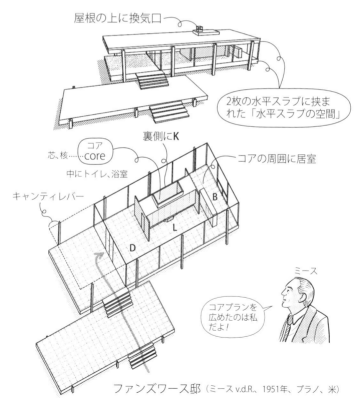

屋根の上に換気口

2枚の水平スラブに挟まれた「水平スラブの空間」

裏側にK

コア
core
芯、核……
中にトイレ、浴室

コアの周囲に居室

キャンティレバー

B
L
D

ミース

コアプランを広めたのは私だよ！

ファンズワース邸（ミース v.d.R.、1951年、プラノ、米）

＊参考文献　10）13）75）〜80）

Q ファンズワース邸のガラスの押さえ方は?

A 平形鋼でガラスを挟み、平形鋼のエッジ(小口)を見せることでシャープなディテールとしています。

平形鋼(ひらがたこう:フラットバー)でガラスを挟んで、平形鋼のエッジ =刃を見せてシャープさを出す方法は、バルセロナ・パヴィリオンでも使われており、多くの近代建築で応用されています。ミースは「神は細部に宿る God is in the details.」(原典不明)をよく語っており、最小限に抑えた鉄のディテールで、きれいに納めています。H形鋼のフランジのエッジを見せるのは、バルセロナ・パヴィリオンで十字形の柱でエッジを見せるのと同様に、鉄骨特有のシャープさを醸し出します。角形鋼管を使わないのは、角が丸くて見た目が鈍重になるからです。

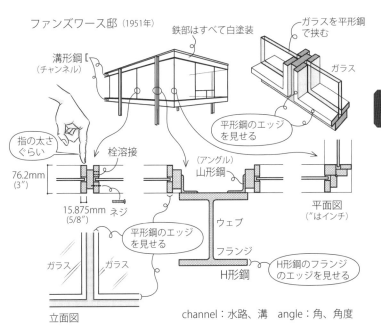

ファンズワース邸 (1951年)

鉄部はすべて白塗装

ガラスを平形鋼で挟む

ガラス

溝形鋼 [
(チャンネル)

平形鋼のエッジを見せる

指の太さぐらい

栓溶接

(アングル)
山形鋼

平形鋼のエッジを見せる

76.2mm
(3″)

平面図
(″はインチ)

15.875mm
(5/8″) ネジ

平形鋼のエッジを見せる

ウェブ

ガラス   ガラス

フランジ

H形鋼

H形鋼のフランジのエッジを見せる

立面図

channel:水路、溝　angle:角、角度

- 栓溶接とは、孔の中に溶着金属を流して孔に栓をして、溶接する方法です。
- バルセロナ・パヴィリオンでは方立や框(かまち)は平形鋼にクロムメッキ鋼板を巻き付けたものを使っていますが、ファンズワース邸では平形鋼に直接、白い塗装をしています。

*参考文献 10) 13) 75)〜80)

Q ミースの独立住宅は、1950年代に向けて常に単純化する変遷過程だった？
▼
A いいえ。1920年代の複雑化の過程を経ています。

"Less is more." （より少ないことはより多いこと）は、ミースのキャッチコピーで有名です。しかし最初からより少ない方向にデザインしたわけではありませんでした。ミースの独立住宅は全体の輪郭だけに注目すると、<u>1910年代の明確な輪郭（I期）</u>が、<u>1920年代で雁行したり、屋根スラブから延びる壁によって、輪郭は複雑（II期）</u>になります。これは古典主義の<u>直方体（＋屋根）</u>の対称性、中心性を、雁行や屋根スラブを超えて延びる壁によって壊して、偏心性、遠心性を生むための操作がされたからです。これは近代運動の造形一般に見られるもので、<u>「近代の複雑化」</u>とも呼べます。単純化の過程だけでは、ファンズワース邸への変遷は語れません。1930年代に<u>コート周壁で輪郭が明確（III）</u>になり、壁も短くされ、アメリカに移住後のファンズワース邸で<u>「水平スラブの空間」</u>にまで単純化され、明確な輪郭をもつ箱（IV）が復活します。ただしその箱は、<u>壁の箱ではなく、ガラスの箱</u>です。

　　I期（古典期）1907〜1921年　外壁による明確な輪郭
　　II期（変革期）1921〜1931年　複雑な輪郭 ←「複雑化」の過程を経る！
　　III期（過渡期）1931〜1935年　コート周壁による明確な輪郭
　　IV期（完成期）1937〜1952年　水平スラブによる明確な輪郭

I期　外壁による明確な輪郭

ペールス邸（1911年、ベルリン、独）

複雑化！
⇒

II期　複雑な輪郭

壁の分離がはじまっている

ヴォルフ邸（1925〜26年、イエーナ、独）

III期　コート周壁による明確な輪郭

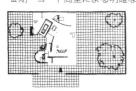

ガレージをもつコートハウス計画案（1934年）

IV期　水平スラブによる明確な輪郭
　　　「水平スラブの空間」

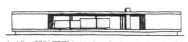

レザー邸計画案（1938年、ジャクソン・ホール、米）

● 詳しくは、拙著『20世紀の住宅』（1994年）のp.52〜57を参照のこと。

＊参考文献　10）13）75）〜80）

Q 構造のH形鋼が耐火被覆で露出できない場合、ミースはどうした？

A 窓の方立にH形鋼を使いました。

全面ガラス張りの高層マンションであるレイクショアドライブ・アパートメント（1951年）では、構造のH形鋼はコンクリートなどで耐火被覆されています。鋼は500℃の熱で強度が約半減してしまうため、高層ビルでは耐火被覆が必須です。同時期のファンズワース邸と同じようにH形鋼を露出したいために、ガラスを支える方立（マリオン：mullion）にH形鋼を使い、黒く塗ることで縦線の多いシャープなデザインとしています。

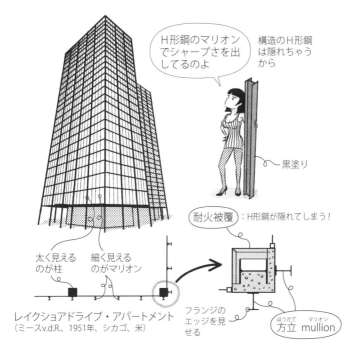

H形鋼のマリオンでシャープさを出してるのよ

構造のH形鋼は隠れちゃうから

黒塗り

耐火被覆：H形鋼が隠れてしまう！

太く見えるのが柱　　細く見えるのがマリオン

レイクショアドライブ・アパートメント
（ミースv.d.R.、1951年、シカゴ、米）

フランジのエッジを見せる

ほうだて　マリオン
方立　mullion

4

軸組構造［ル・コルビュジエ、ライト、ミースほか］

- シカゴのミシガン湖沿いに走るレイクショアドライブという道沿いに、ガラスの2つの同じタワーが向きを変えて立っています。以前学生を引率して現地を訪れたとき、ドライバーに「この建物は何がいいのか？」と素朴な質問を受けたことがあります。その時は「総ガラス張りの高層集合住宅は歴史上初めてで、見る価値がある」とお茶を濁しました。ミースのような総ガラスの建築は、一般には退屈なビルと映るようです。シカゴでは、トウモロコシ状のマンションやゴシッククリバイバルのオフィスビルの方が、人気があります。

Q ミースによるIITのクラウン・ホール（1956年）では、水平スラブに挟まれた均質な空間を実現するために、どのような工夫がなされた？

A トイレ、小さな教室などの壁で囲う必要のある部屋を半地下に納めて上部の空間には壁を最小限とし、大きな梁は屋根の上に出すことで天井面を平滑にしています。

壁で囲う部屋を多くつくると、均質性、開放性が損なわれるので、小部屋を半地下に押し込んで、上階の空間を開放的にしています。また大きな梁は屋根スラブの上に出し、屋根スラブを吊る形にして、梁によって空間が区切られることのない、平滑な天井面を実現しています。床、屋根スラブの厚みは外周に出されて、2つの面によって挟まれた空間という構成が、外からもわかるようにされています。

IITクラウン・ホール（ミースv.d.R.、1956年、シカゴ、米）

天井は梁がなくて平坦

方立柱
両方ともH形鋼、黒塗り

水平スラブに挟まれた空間

小部屋は半地下に集めて上階はオープンに

大きな梁を上に出して天井を吊る

1階に下りて、教室やトイレなどに行く

天井まで届かない間仕切り壁

● ミースは1939年からIIT（Illinois Institute of Technology：イリノイ工科大学）の全体計画に関与し、いくつかの教室棟や教会が実施されています。クラウン・ホールは建築・都市計画・デザイン棟です。

＊参考文献　10）13）75）〜80）

Q クラウン・ホールで、外から見た屋根スラブを薄く見せる工夫とは？

▼

A 天井を窓際で上に上げて、外から見たスラブを薄く見せています。

天井面を窓際で切り上げることで、外から見た屋根スラブを薄く見せています。バルセロナ・パヴィリオンでは、屋根スラブ上面を端部で斜めに下げて、やはりスラブを薄く見せています。見かけ上、薄くて軽くシャープな水平面をつくるテクニックです。なお再建されたバルセロナ・パヴィリオンは、屋根スラブは平坦とされています。

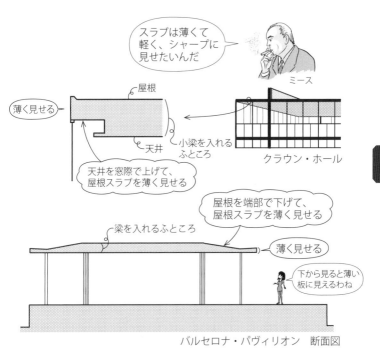

スラブは薄くて
軽く、シャープに
見せたいんだ

ミース

屋根

薄く見せる

天井

小梁を入れる
ふところ

クラウン・ホール

天井を窓際で上げて、
屋根スラブを薄く見せる

屋根を端部で下げて、
屋根スラブを薄く見せる

梁を入れるふところ

薄く見せる

下から見ると薄い
板に見えるわね

バルセロナ・パヴィリオン　断面図

4

軸組構造［ル・コルビュジエ、ライト、ミースほか］

● バルセロナ・パヴィリオンの断面図は、「建築文化」（1998年1月号、p.105）より作成。

Q ミースのベルリン新国立美術館における、8本の柱で支えられた巨大な屋根スラブはどのような構造？

A 梁を格子状に架けたワッフルスラブです。

お菓子のワッフルのように正方形グリッド（grid：格子）に梁を架け、スラブ厚を薄くすると同時に、空間の均質性を強調しています。<u>ミースは正方形グリッドを1920年代から使っています</u>が、ここでは天井の構造で正方形グリッドが表されています。クラウン・ホールと同様に、壁で囲まれた部屋は地階に入れ、上階は開放的な「水平スラブの空間」としています。

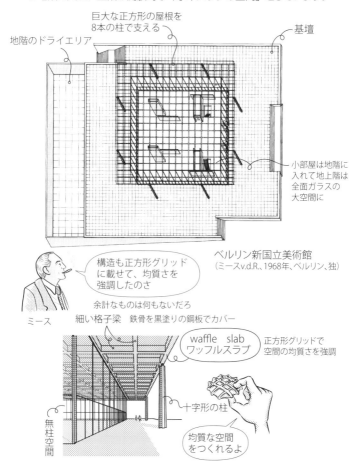

巨大な正方形の屋根を8本の柱で支える

基壇

地階のドライエリア

小部屋は地階に入れて地上階は全面ガラスの大空間に

構造も正方形グリッドに載せて、均質さを強調したのさ

余計なものは何もないだろ

ミース

ベルリン新国立美術館
（ミースv.d.R.、1968年、ベルリン、独）

細い格子梁　鉄骨を黒塗りの鋼板でカバー

waffle slab
ワッフルスラブ

正方形グリッドで空間の均質さを強調

十字形の柱

均質な空間をつくれるよ

無柱空間

＊参考文献　10）13）75）〜80）

Q 建築の機能と形や空間との対応は、どのように考えられてきた？

A 大きく分けて①機能別に形や空間を対応させる、②さまざまな機能を単一の形や空間に入れるの2種類です。

バウハウス校舎は、宿舎、教室、工房をブロックに分けて動的な構図で集合させた①の例です。同じ校舎でもクラウン・ホールは、大きな単一空間にさまざまな機能を入れた②の例です。②を実現するために、半地下に小部屋を押し込んでいます。ミースはコンクリート造田園住宅案で①を試しますが、アメリカに移るまでに②で考えるようになります。複雑な全体の輪郭線は、年を追うごとに単純な輪郭になり、**1950年代には壁も最小限にされた「水平スラブの空間」に到達します。**

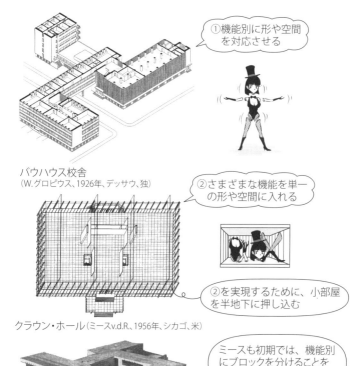

①機能別に形や空間を対応させる

バウハウス校舎
（W.グロピウス、1926年、デッサウ、独）

②さまざまな機能を単一の形や空間に入れる

②を実現するために、小部屋を半地下に押し込む

クラウン・ホール（ミースv.d.R.、1956年、シカゴ、米）

ミースも初期では、機能別にブロックを分けることをやっていた

初期では複雑だった輪郭は、除々に単純化される

コンクリート造田園住宅（ミースv.d.R.、1923年）

4
軸組構造［ル・コルビュジエ、ライト、ミースほか］

ベルリン新国立美術館でもクラウン・ホールと同様に、1階の水平スラブで覆われた大空間は状況に応じてなんでもやってくれという②の考え方で、それを実現するために小部屋は地下に押し込んでいます。均質に広がる空間の中に適宜、間仕切りをして、その時その時の機能に対応させる「水平スラブの空間」、ユニバーサル・スペース（普遍的空間）、均質空間は、オフィスビル、商業ビルの分野で世界中に広まります。

ベルリン新国立美術館 （ミースv.d.R.、1968年、ベルリン、独）

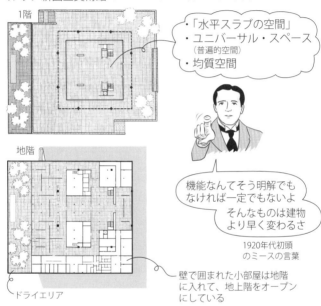

1階

・「水平スラブの空間」
・ユニバーサル・スペース （普遍的空間）
・均質空間

機能なんてそう明解でもなければ一定でもないよ
そんなものは建物より早く変わるさ

1920年代初頭のミースの言葉

地階

壁で囲まれた小部屋は地階に入れて、地上階をオープンにしている

ドライエリア

- ミースは1920年代初頭、同世代の建築家フーゴ・ヘーリングと次のような議論をした。「君、空間を存分に大きくしろよ」とミースはヘーリングに言っていた。「中を自由に歩き回れるようにさ、しかも一定の方向じゃなく！ それとも、連中がどう使うか、すっかりわかってるのかい？ 人々が我々の望むように使ってくれるかどうか、全然わからないじゃないか。機能なんてそう明快でもなければ一定でもないよ。そんなものは建物より早く変わるさ」（『評伝ミース・ファン・デル・ローエ』2006年、p.118から引用、下線筆者加筆）建築の機能は大雑把なもので、空間を大きく、そして均質にして対応すべきと、初期の段階で指摘しています。
- 近代建築のスローガンに機能主義という言葉がありますが、建築の形を機能的につくろうとするのは、古代建築からある考え方です。「形は機能に従う」と言ったサリヴァンは、機能とは関係ない装飾を鋳鉄やテラコッタで熱心につくっており、その装飾が彼の建築を他から抜きん出たものとしています。

Q L.カーンによるリチャーズ医学研究所（1957～64年）では、空間はどのように扱われている？

▼

A 空間はそれぞれの構造で支えられた単位に分離されています。

研究所、実験室などはミースのように、柱はじゃまにならないように隅にやり、大スパンで大めの空間をつくり、それを間仕切りで区分して使うのが近代建築では一般的です。しかしリチャーズ医学研究所では、井桁状に梁で支えた正方形の単位を連結したもので、空間には最初から多くの分節が入れられています。さらに各ユニットには塔状の階段や設備のコアが付けられ、全体として塔の集合体という外観を呈しています。このコアと塔状の形は、形だけの模倣作を多く生むことになります。

カーンの歩みは大雑把には、①1930～50年：近代建築の構成、②1950～60年：空間単位の分離、③1960年～中心による空間単位の統合と進みます。各々独自の構造と光を与えられた空間単位に分離し、それを集合させたものであり、近代建築の進化とは逆行するような考え方でした。

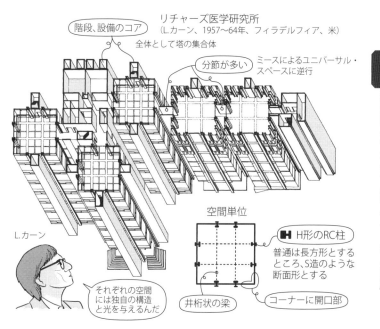

リチャーズ医学研究所
（L.カーン、1957～64年、フィラデルフィア、米）

階段、設備のコア

全体として塔の集合体

分節が多い　　ミースによるユニバーサル・スペースに逆行

L.カーン

それぞれの空間には独自の構造と光を与えるんだ

空間単位

H H形のRC柱
普通は長方形とするところ、S造のような断面形とする

井桁状の梁　　コーナーに開口部

4

軸組構造［ル・コルビュジエ、ライト、ミースほか］

• L.カーンの空間構成については、拙著『ルイス・カーンの空間構成　アクソメで読む20世紀の建築家たち』（1998年）を参照。

Q アルヴァ・アアルトの空間構成を特徴づけるものは？

A ①波打つ曲面と②扇形の長方形平面への挿入です。

アアルトは初期では、オーソドックスな古典主義建築や近代建築を試し、次第に波打つ曲線や扇形などの特徴的なデザインをするようになります。硬直した近代建築の直方体に、曲線や異種の材料を適度に即興的に用いることで、デザインを優雅なものとしています。

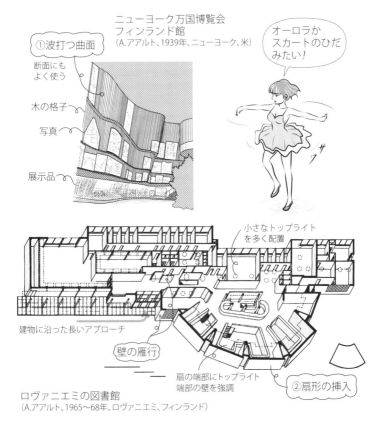

ニューヨーク万国博覧会
フィンランド館
(A.アアルト、1939年、ニューヨーク、米)

オーロラか
スカートのひだ
みたい！

①波打つ曲面

断面にも
よく使う

木の格子

写真

展示品

小さなトップライト
を多く配置

建物に沿った長いアプローチ

壁の雁行

扇の端部にトップライト
端部の壁を強調

②扇形の挿入

ロヴァニエミの図書館
(A.アアルト、1965〜68年、ロヴァニエミ、フィンランド)

● ロヴァニエミは寒いところ（筆者が訪れた9月末に粉雪が舞っていました）にあるわりに、多数の小さなトップライトのおかげで全体的に明るい室内でした。扇形はホールや大学など多くの建物で使われていますが、ロヴァニエミの図書館の扇形が、最も筆者の印象に残っています。

＊参考文献　13)

Q A. アアルトはどういう素材を使う？

A レンガや木などの自然の素材をよく使います。

1920年代では外壁を白く塗ったこともありますが、1930年代以降、アアルトはレンガや木を好んで使うようになります。メゾン・カレは天井、壁、窓の要所に木を用いて白い壁と対比させ、近代建築がそぎ落としたやさしさ、優雅さを住宅に復活しています。

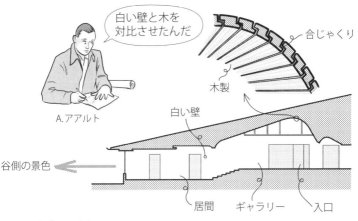

白い壁と木を
対比させたんだ

A. アアルト

合じゃくり

木製

白い壁

谷側の景色 ←

居間　　ギャラリー　　入口

メゾン・カレ（A. アアルト、1959年、パリ郊外、仏）

maison：仏語で家
ニームにある古代ローマの神殿
にも同名あり。そのカレは長方
形に由来する。

- パリ近郊に建つメゾン・カレは、ル・コルビュジエと親しかったカレが、コルビュジエではなくアアルトに依頼したギャラリー兼住宅です（筆者はこの選択が正解だったと思います）。アアルトの作品をフィンランドまで見にいけないという方は、内部見学ができるメゾン・カレがおすすめです。

- 1930～50年代には近代建築が様式建築を駆逐し、無装飾で抽象的な「ヴォリュームとしての建築」が、破壊的な勢いで世界中の都市に広がります。一様な近代建築のデザインを補うように、地方固有のデザイン、素材を生かしたデザイン、曲線、曲面のデザインが箱につけ加えられます。フィンランドで活躍したアアルトは、ヨーロッパ中央部で起きた近代建築に対して、独自の味つけをしました。筆者がアアルトを見たとき、理屈からではなく感覚的で即興的な各部の素材の使い方、曲面の使い方に驚かされ、建築界にアアルトがいてよかったとまで感じました。

4

軸組構造［ル・コルビュジエ、ライト、ミースほか］

Q バルーン・フレームとは？

▼

A 18世紀末にシカゴで発明されてアメリカで一般化した、木造の構法です。

木造は柱と梁を組む軸組構法が、日本でもヨーロッパでも行われていました。その場合は柱と梁を組み合わせる仕口に、工夫が必要でした。バルーン・フレームは、柱を2〜3等分したような間柱を50cm程度間隔に並べ、それに板を打ちつけることで固めて組み立てる構法です。切断と釘打ち作業だけでつくれるので、熟練した職人は不要となります。

バルーン・フレームの発明者は、建築史家S.ギーディオンによると、シカゴ行政府の技術職をしていたジョージ・ワシントン・スノウとされています[1]。釘の大量生産化と製材機械の改良とも、時期を同じくしていました。バルーン・フレームは、1870年代まではシカゴ構造とも呼ばれていました。Sラーメン構造とは別の、もうひとつのシカゴフレームだったわけです。最初は風船（バルーン）のようなフレームだと嘲笑されていましたが、簡易で合理的なうえに頑丈なので一気に広まり、今ではアメリカにおける木造住宅の主流となっています。日本では、バルーン・フレームは明治初期に、北海道開拓使庁舎の建築で初めて使われます。本格的な導入は、20世紀末に建設省が告示化し、住宅金融公庫が規格化して、三井ホームが量産しはじめてからです。日本ではツーバイフォー構法が通称で、枠組壁構法が正式名称です。

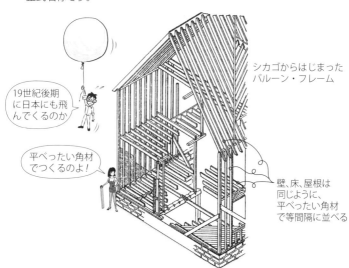

シカゴからはじまった
バルーン・フレーム

19世紀後期に日本にも飛んでくるのか

平べったい角材でつくるのよ！

壁、床、屋根は同じように、平べったい角材で等間隔に並べる

1）ギーディオン著『空間　時間　建築　1』（1976年）p.418より

　　　　　　　　　＊参考文献　58）

Q 床組材の上端の高さは、ツーバイフォー構法と在来軸組構法でどう違う?

A ツーバイフォー構法はすべての床組材の上端が同じ高さにそろいますが、在来軸組構法では梁と根太の上面はそろいません。

従来の床組では、梁と根太は直角に交差させながら組みます。根太の上端は梁の上端より上にあるので、その上に板を張って釘打ちしても、それだけでは部材どうしの直角を維持できません。そこで水平方向の筋かいである<u>火打</u>を入れることになります。

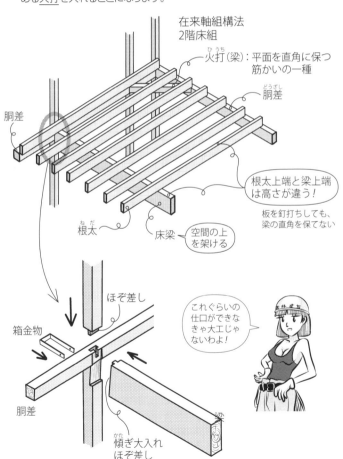

在来軸組構法
2階床組

火打(梁):平面を直角に保つ筋かいの一種

胴差

胴差

根太上端と梁上端は高さが違う!

板を釘打ちしても、梁の直角を保てない

根太

床梁 [空間の上を架ける]

ほぞ差し

箱金物

これぐらいの仕口ができなきゃ大工じゃないわよ!

胴差

梁

傾き大入れほぞ差し

ツーバイフォー構法では根太はなく梁だけで壁から壁へ渡してしまうので（その部材をツーバイフォーでは根太と呼んでいますが）、梁上面はそろいます。その上に板を載せて打ち付ければ、それだけで直角を保つことができます。また梁の壁端部での仕口ですが、壁上の水平材に載せているだけで、なんら仕口の工夫も必要ありません。正確な長さに切断できれば、後は組み立てて釘を打つだけです。

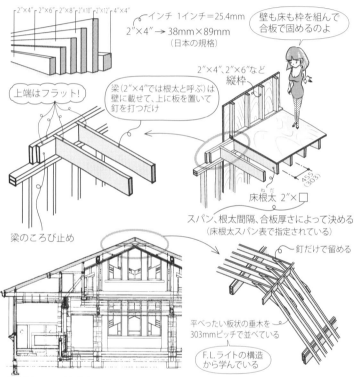

2″×4″ 2″×6″ 2″×8″ 2″×10″ 2″×12″ 4″×4″

インチ 1インチ＝25.4mm
2″×4″ → 38mm×89mm
（日本の規格）

壁も床も枠を組んで
合板で固めるのよ

2″×4″、2″×6″など
縦枠

上端はフラット！

梁（2″×4″では根太と呼ぶ）は
壁に載せて、上に板を置いて
釘を打つだけ

（455）
（303）

床根太 2″×□

梁のころび止め

スパン、根太間隔、合板厚さによって決める
（床根太スパン表で指定されている）

釘だけで留める

平べったい板状の垂木を
303mmピッチで並べている

F.L.ライトの構造
から学んでいる

自由学園明日館講堂 （遠藤新、1927年、2017年修理、東京）

- ツーバイフォーとは2インチ×4インチ材のことですが、日本での規格は38mm×89mmとされています。また最近の壁にはツーバイフォーではなく、ツーバイシックス（38mm×140mm）が使われる傾向にあります。
- F.L.ライトの弟子、遠藤新による自由学園明日館の平べったい板状の垂木を303mmピッチに並べて釘だけで留める方式は、まさにツーバイフォー構法です。ライトから学んだため、早い時期でこのような構造方法としたと思われます。

Q 木造のプレファブリケーションには、なぜツーバイフォーが適している？

A 平べったい材（枠）を合板に打ち付けてパネル化するまで工場でつくれば、現場ではパネルの組み立てだけで構造体が出来上がるからです。

プレ（pre）とは事前に、ファブリケート（fabricate）とはつくるの意味で、事前に工場である程度つくってから現場にもち込むことをプレファブリケーション、略してプレファブと呼びます。在来軸組構法だと柱、梁を組み立てるので、どうしても現場作業が多くなりますが、ツーバイフォーではパネル化すればかなりの部分を工場でつくれます。床をつくってからその上にパネルを組み立てるので、プラットフォーム構法とも呼ばれます。もちろん工場でパネルをつくらずに、現場で枠を1本1本立ててつくることもできます。

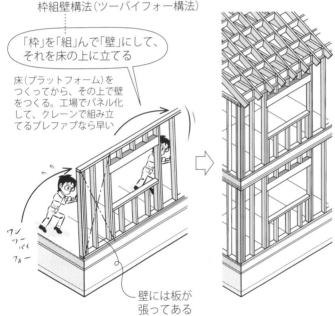

枠組壁構法（ツーバイフォー構法）

「枠」を「組」んで「壁」にして、それを床の上に立てる

床（プラットフォーム）をつくってから、その上で壁をつくる。工場でパネル化して、クレーンで組み立てるプレファブなら早い

ワンツーバイフォー

壁には板が張ってある

壁、床：板を釘打ちして、平行4辺形にゆがまないようにする
（面剛性をつくる）

4
軸組構造 ［ツーバイフォー構法］

Q 木造在来軸組構法の耐震壁は、ツーバイフォー構法の影響で、どのように変わった？

A 合板を釘打ちすることで面剛性をつくる方法が取り入れられました。

近世までの軸組構法では、長押（なげし）、貫（ぬき）、竹小舞壁（竹を編んでその上に土壁を塗る）などで柱の倒れを防いでいました。近代になって部材が細くなったため、筋かいの釘打ちで壁の剛性をつくるようになります。筋かいは古代からありましたが、斜め線を嫌う日本人の感性からか、あまり採用されていません。阪神・淡路大震災（1995年）では筋かいや柱が抜けたことで倒壊する建物が多く出て、筋かい金物、ホールダウン金物（柱を土台ではなく基礎に直接つなぐ金物）などが積極的に使われるようになります。さらに筋かいだけでは不十分なところは、ツーバイフォー構法のように、柱に合板を当て15cmピッチなどに釘打ちして、硬さ（面剛性）を出す工夫がされるようになります。

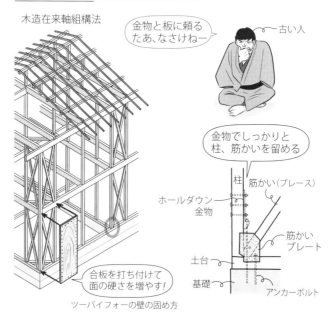

木造在来軸組構法

金物と板に頼るたあ、なさけねー — 古い人

金物でしっかりと柱、筋かいを留める

柱／筋かい（ブレース）／ホールダウン金物／筋かいプレート／土台／基礎／アンカーボルト

合板を打ち付けて面の硬さを増やす！

ツーバイフォーの壁の固め方

● ヨーロッパやアメリカの木造建築を見ると、その納まりの粗さから、日本の大工技術の高さを思い知らされます。ヨーロッパでは木造は二流建築扱いでしたが、日本では一流も木造でした。そのため木造の技術は古代から近代に至るまで世界最高レベルです。しかし古い技術を尊ぶあまり、アメリカのように合理的な割り切りができなくて、金物や合板を使うことに抵抗のある職人は多く存在します。

Q 木造在来軸組構法の床は、ツーバイフォー構法の影響でどのように変わった？

A 根太を省略し、合板を釘打ちすることで床の面剛性をつくる方法が取り入れられました。

在来軸組構法では壁と同様に、床も合板で直角を保つ方法が多くされるようになりました。合板の硬さを梁にも胴差にも効かすためには、どちらの上端もそろっていなければなりません。伝統的な仕口を使うとフラットに納めるのは難しいので、ツーバイフォーに使うような梁受け金物やプレカット（工場で事前に切断）の仕口などで接合して上面をフラットにします。根太がないので根太レス構法（梁が根太の役目も担う）などとも呼ばれます。このような床の構法は、明らかにツーバイフォー、すなわちシカゴ発生のバルーン・フレームの影響を受けたもので、在来構法とツーバイフォー構法のハイブリッドともいえます。

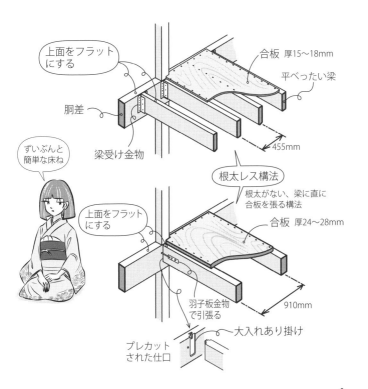

上面をフラットにする

合板　厚15〜18mm

平べったい梁

胴差

455mm

梁受け金物

ずいぶんと簡単な床ね

上面をフラットにする

根太レス構法

根太がない、梁に直に合板を張る構法

合板　厚24〜28mm

羽子板金物で引張る

910mm

大入れあり掛け

プレカットされた仕口

Q 木造軸組ドリフトピン構法とは?

A 金物にドリフトピンを横から打ち込んで接合する、木造軸組工法です。

💭 工場で事前に切断された柱梁に、金物も付けられてきます。現場では金物に柱、梁などを差し込んで、横からドリフトピンを打ち込みます。外側からはピンの頭しか見えません。床は約90cm間隔で梁を正方形の格子状に架け、24mm、28mm厚程度の合板を釘で打ち付けて剛性をつくります。

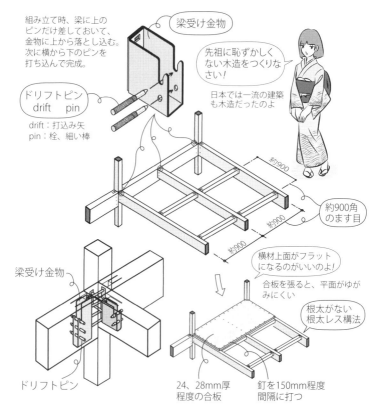

組み立て時、梁に上のピンだけ差しておいて、金物に上から落とし込む。次に横から下のピンを打ち込んで完成。

梁受け金物

先祖に恥ずかしくない木造をつくりなさい!

日本では一流の建築も木造だったのよ

ドリフトピン
drift　pin

drift:打込み矢
pin:栓、細い棒

約900

約900角のます目

約900

約900

横材上面がフラットになるのがいいのよ!

梁受け金物

合板を張ると、平面がゆがみにくい

根太がない根太レス構法

ドリフトピン

24、28mm厚程度の合板

釘を150mm程度間隔に打つ

● 日本の木造架構は見せるものだったので、仕口、継手が発達しました。しかし、現在では工場のプレカットで仕口、継手も簡単につくれてしまう上に、手で刻んだ仕口、継手よりも耐力が高いという実験結果が出ています。さらにドリフトピン構法も普及しはじめています。仕口、継手を手で刻む技術は、残念ながら滅びゆくものと筆者は考えています。

Q 合掌（又首、さす）の小屋組にスラストはかかる？

A かかります。

棒を山形に合掌（又首）に組む方法は、日本でもヨーロッパでも、原始的な住居や下層階級の住居でよく行われました。人類における最も簡易なシェルターといえます。日本では竪穴を掘って壁としたものが多いので、<u>竪穴住居</u>と呼ばれています。<u>又首にはアーチと同様に、外に広がろうとするスラストがかかります</u>が、土に差したり、周囲に土や石を置いたりすることで解決できます。

最も簡単な小屋　　　土に埋める　　　土や石で留める

5

木造小屋組

Q 日本の合掌造の民家では、合掌（叉首）のスラストはどうやって抑えている？

A 叉首の足元を尖らせ、梁に差し込むことでスラストを抑えています。

合掌造の民家は合掌（叉首）構造で3角形の屋根としていますが、足元が開かないように、叉首の先を梁に差し込んでいます。斜めの合掌材（垂木、登り梁）と梁との仕口には、叉首を開こうとする力、スラストがかかりますが、梁が引張り材として効くのでつり合うことができます。急勾配ならば、スラストも減らすことができます。半円アーチよりも尖頭アーチの方がスラストが小さいのと同じ理屈です。合掌材と梁による3角形の構造は、軸力だけで組み立てるトラスの一種ともいえます。

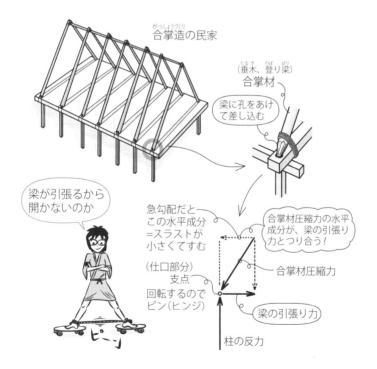

合掌造の民家

（垂木、登り梁）
合掌材

梁に孔をあけて差し込む

梁が引張るから開かないのか

急勾配だとこの水平成分＝スラストが小さくてすむ

合掌材圧縮力の水平成分が、梁の引張り力とつり合う！

合掌材圧縮力

（仕口部分）
支点
回転するのでピン（ヒンジ）

梁の引張り力

柱の反力

ピーン

- 有名な岐阜県の白川郷などに見る合掌造の民家は、雪を自然に落とすためや、屋根裏を屋根葺材の茅（かや）の貯蔵や養蚕（ようさん）のスペースとするために、急勾配の屋根としています。

Q 日本の合掌造民家では、合掌材を曲げようとする力にはどう対処している
る?

A 合掌の途中の高さに水平の梁を入れて、圧縮材としています。

合掌造の民家では、構造力学演習の3角形トラスと違って、3角形の頂点
のピン（回転端）にだけ重みがかかるわけではありません。重い屋根を
支えるために、合掌材の途中にも重みがかかります。そのため一般の梁と
同様に曲げようとする力、曲げモーメントがかかります。そこで合掌造の
民家では途中に水平の梁を入れて圧縮材とし、合掌材が曲がらないように
抵抗させています。その梁が3階、4階の床を支えることもあります。合
掌の頂点から吊り材を垂らし、そこから斜め上に方杖を渡すトラスは、古
代ローマ以降ヨーロッパで使われています。ここでは方杖が曲げに抵抗し
ています。

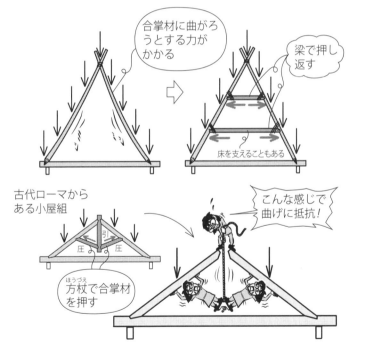

5

木造小屋組

Q ヨーロッパの古代の小屋組にトラスが使われていた？

▼

A ヨーロッパの古代建築の小屋組には、木造トラスがよく使われていました。

トラスはギリシャでもローマでも木造が一般的でしたが、パンテオンのポルティコ（柱廊玄関）における小屋組からは、17世紀初めの修理時に、ブロンズ（青銅）製のトラスが見つかっています。仕口、継手には鋲（びょう）が使われていました。

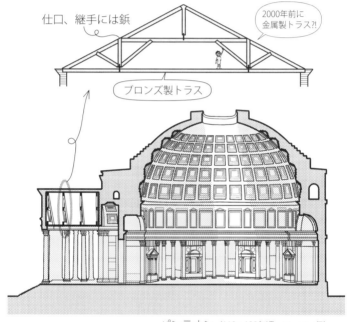

仕口、継手には鋲

2000年前に
金属製トラス?!

ブロンズ製トラス

パンテオン（118〜128年頃、ローマ、伊）

● パンテオンのトラスの図は、坪井善昭他著『「広さ」「長さ」「高さ」の構造デザイン』（2007年）p.44から引用したものです。

＊参考文献　85）

Q キングポストトラスとは？

▼

A 3角形の中央に引張り材の束、その足元から合掌材に向けて斜めに圧縮材の方杖を出したトラスです。

下図のような3角形のトラスがキングポストトラスです。R225下図のトラスで、中央の吊るための束が梁まで延びた形です。ロマネスクの前段階の初期キリスト教建築では、木造で屋根と天井が架けられました。ベツレヘムにある降誕教会は、木造のキングポストトラスで屋根架構がつくられています。教会ではロウソクが使われ火災の危険があるので、ロマネスクの天井は石造、レンガ造が多くなります。

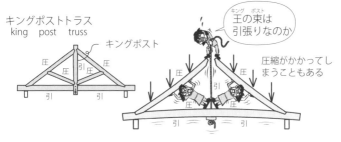

キングポストトラス
king post truss

キングポスト

王の束は
引張りなのか

圧縮がかかってしまうこともある

降誕教会（330年、527〜565年に再建、ベツレヘム、パレスチナ）

初期キリスト教の教会は木造トラスが露出されてたのか

5

木造小屋組

【 King ～ ↘ → Post 】

Q 建築家 A. パラディオの著作『建築四書』に、トラスは描かれている?

A 実現されたトラス橋やローマのバシリカ風広間の図に、木造のトラスが描かれています。

『建築四書』には複数の木造トラス橋の図面が載せられており、下図のチズモン川の木造橋は、実際架けられたものです。下図のエジプト式広間は、ローマのバシリカ風の広間とされています。バシリカとはローマで裁判や集会などに使われた長方形平面の建物ですが、2層吹抜けの部屋上部にキングポストトラスを露出し、周囲をオーダーで囲んでいます。

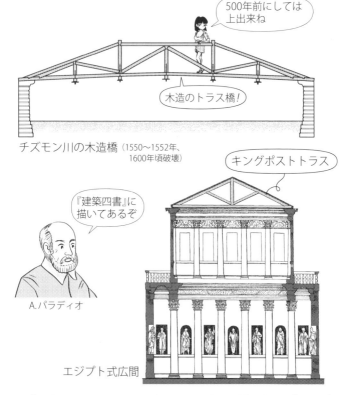

500年前にしては上出来ね

木造のトラス橋!

チズモン川の木造橋（1550〜1552年、1600年頃破壊）

キングポストトラス

『建築四書』に描いてあるぞ

A.パラディオ

エジプト式広間

● パラディオは後期ルネサンスの建築家で、数多くの実作とともに『建築四書』を著し、イギリスなどの各国に影響を及ぼしました。ヴェネツィアには多くの教会が、ヴィチェンツァには多くのヴィラや劇場、バシリカなどが現存しています。

Q 和小屋、洋小屋とは?

▼

A 梁の上に圧縮材の束を立てて屋根を支えるのが和小屋、3角形の軸組を組み合わせてトラスにして屋根を支えるのが洋小屋です。

下図のように本を半開きにして山形をつくるのに、つっかい棒を立てるのが和小屋、糸で引張るのが洋小屋の原理です。和小屋、洋小屋は、あくまでも大雑把で簡易的な呼び名です。洋小屋では梁には引張り力がかかりますが、日本でも合掌造はこの架構に含まれます。またヨーロッパでも束に圧縮のかかる例も多くあります。明治以降、日本でもキングポストトラスのような洋小屋が盛んにつくられました。また1970年代に本格的に導入されたツーバイフォー構法（木造枠組壁構法、最近では壁にはツーバイシックス材が使われる傾向）の小屋組は、洋小屋の3角形トラスで、梁には引張り力がかかります。

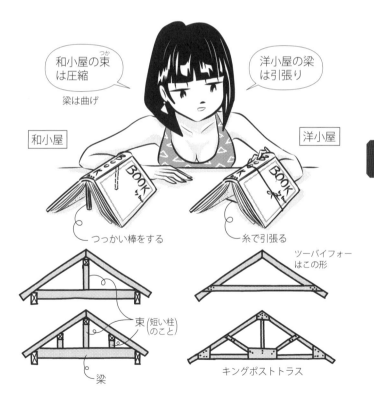

和小屋の束(つか)は圧縮

梁は曲げ

洋小屋の梁は引張り

和小屋　　　　　　　　　　　　　　　　洋小屋

つっかい棒をする

糸で引張る

ツーバイフォーはこの形

束（短い柱のこと）

梁

キングポストトラス

Q クラウンポスト型小屋組とは？

A 梁に立てた束（ポスト）の上から四方に方杖を出して支える小屋組です。

梁の中央に立てた棟まで延びる束が<u>キングポスト</u>、途中で終わってそこから四方に方杖を出す束が<u>クラウンポスト</u>です。クラウンポスト形小屋組は、下図のような中世イギリスにおけるマナハウスによく見られます。梁の上に束を置くだけだと、束に圧縮力がかかる、日本でいう<u>和小屋</u>になることがあります。束にかかるのが圧縮か引張りかは、3角形の組み方や仕口のつくり方で変わります。クラウンポストは明らかに圧縮がかかっています。

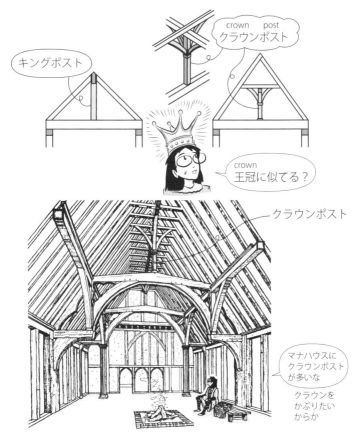

マナハウス、ティプトフツのホール（1348〜67年頃、エセックス州、英）

＊参考文献　86）87）

Q クイーンポストとは?

▼

A 梁の中央付近に左右対称に相対するように置かれた、2本の束（ポスト）です。

梁の中央に1本置くのがキングポスト、クラウンポストですが、2本置くのがクイーンポストで、和訳は対束（ついづか）、夫婦束（めおとづか）です。
梁に束を立てる方式だと、梁の長さに限界があります。そこで左右の壁から小梁、方杖などを張り出す、迫り出す方式として木造アーチやハンマービームなどがつくられます。

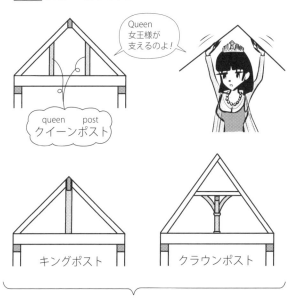

Queen
女王様が
支えるのよ!

queen post
クイーンポスト

キングポスト   クラウンポスト

梁の長さに限界あり

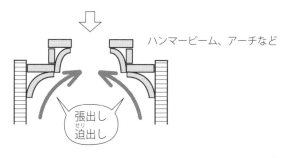

ハンマービーム、アーチなど

張出し
迫出し（せり）

Q はさみ形方杖とは？

▼

A はさみのようなX字形に方杖を組んで又首（合掌）を支える架構です。

合掌が曲がらないように斜め下から支える方杖が、左右両方ではさみの形、X字形になるのがはさみ形方杖（scissors brace）です。 中世イギリスで、小規模な教会や農家などの屋根架構に使われました。はさみ形方杖を右下の架構図のように2段に組む、木造アーチの上にはさみ形方杖を付けるなどのバリエーションがあります。

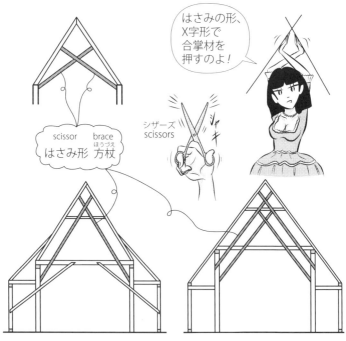

はさみの形、
X字形で
合掌材を
押すのよ！

scissor brace
はさみ形 方杖
ほうづえ

シザーズ
scissors

中世イギリスの農家

＊参考文献　87)

Q 合掌材を上が凸になるように湾曲させると、力のかかり方はどうなる？

A 曲げモーメント、スラストともに小さくなります。

組積造のアーチと同じで、断面に働く力はほぼ圧縮だけとなります。すなわち材を曲げようとする曲げモーメントが小さくなります。下図で、体をまっすぐにするよりも湾曲させる方が、折り曲げようとする力が小さく感じられます。また合掌材の支点（地面）近辺が垂直に近い方が、尖頭（せんとう）アーチと同じで広がろうとする力、スラストが小さくなります。中世のイングランド中西部、北西部では、湾曲した合掌材を組んだ<u>クラック</u>（**crack**）工法と呼ばれる民家がつくられています。

crack
クラック工法（中世、イングランド）

木の尖頭アーチ
をつくるのか

クラック

床は柱で支える

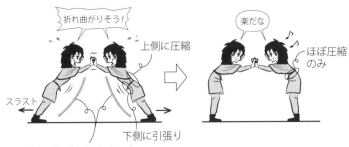

折れ曲がりそう！

上側に圧縮

スラスト

下側に引張り

折り曲げようとする力

楽だな

ほぼ圧縮
のみ

5
木造小屋組

● 湾曲した合掌材を又首に組む構造は、地面の埋め込みが浅くて支点が回転するようにすると、19世紀以降にS造やRC造でつくられた<u>3ヒンジアーチ</u>に近くなります。

Q 又首（さす、合掌）を支えるためのアーチを木造でつくることはある？

A 中世イギリス、ゴシックのマナハウスなどで使われました。

前項のクラック工法は庶民の民家ですが、クラックを上に持ち上げたような形の木造アーチは、支配層の建物で使われています。組積造のマナハウス（荘園領主の邸宅）や小規模の教会では、下図のような木造アーチがよく使われ、構造と同時に装飾にもなる化粧小屋組でした。

木造のアーチ

木造の屋根

組積造（そせきぞう）の壁

中世イギリスゴシックのマナハウス

領主の生活のほかに、政治や裁判なども行われた

ペンシャーストプレース（1341〜48年、ケント州、英）

木造の化粧小屋組か

マナハウスのホールではよく使われたのよ

＊参考文献　2）

Q 中世イギリスで、最も高級とされた木造化粧小屋組は？

A ハンマービームです。

方杖で支えた小さな梁を持ち出して、全体としてアーチ状にして叉首（合掌）を支えるのが<u>ハンマービーム</u>です。部材には彫刻や色彩が施されました。ウェストミンスターホールは、ハンマービームで屋根を支えた代表例です。

ハンマービーム
による化粧小屋組

hammer post 表柱
ハンマーポスト

hammer beam 小梁
ハンマービーム

似てる？

hammer

hammer brace 方杖
ハンマーブレイス

arch brace
アーチブレイス

最高級の
小屋組よ！

ウェストミンスターホール
(H.イーヴル、H.ハーランド、
　1394〜1401年、ロンドン、英)

• 中世のウェストミンスター宮殿は1834年の火災で、ホールを除いてほとんどが消失しました。

5

木造小屋組

＊参考文献　2) 4)

Q 尾垂木とは？

A 軒下に尾のように斜めに出す材で、軒先を支える役目を担います。

💠 雨の多い日本の場合、軒を大きく張り出すのが西洋との大きな違いです。瓦の場合は屋根が重くなり、軒を大きく出すと垂木だけでは折れ曲がってしまいます。軒先に柱を立てて、つっかい棒とするのは恰好が悪い。そこで、垂木より太い棒（尾垂木）を軒先から建物内に長く入れ、テコの原理で軒を支えます。柱上を支点としてモーメントのつり合いを考えると、内部に尾垂木を長く差し込んだ方が有利なことがわかります。

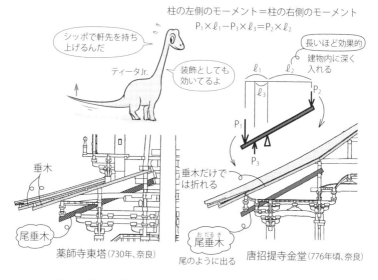

柱の左側のモーメント＝柱の右側のモーメント
$$P_1 \times \ell_1 - P_3 \times \ell_3 = P_2 \times \ell_2$$

シッポで軒先を持ち上げるんだ

ティータJr.

装飾としても効いてるよ

長いほど効果的
建物内に深く入れる

垂木だけでは折れる

垂木

尾垂木

薬師寺東塔（730年、奈良）

尾垂木

尾のように出る

唐招提寺金堂（776年頃、奈良）

- 法隆寺、薬師寺東塔、唐招提寺は、いずれも尾垂木で軒先を支えています。その尾垂木は下から組物＝斗（ます）＋肘木（ひじき）で支えられています。古代に中国から伝わった構造システムです。当時の本瓦（ほんがわら）葺は約 $200\,\mathrm{kgf/m^2}$（$= 0.2\mathrm{tf/m^2} = 2\mathrm{kN/m^2}$）と重く、軒を支えるのに工夫が必要でした。
- 唐招提寺金堂は屋根を最初の構造では支えきれず、江戸時代の修理で小屋裏を大きくして（屋根を高くして）桔木（はねぎ：R240参照）を入れています。古代では現在見る屋根よりも低く、水平に延び、広がったデザインでした。さらに明治の修理では小屋裏にキングポストトラスを入れ、平成の修理ではその下に桁行のトラスまで入れています。古代の和様の建物ですが、現在では洋小屋で支えていることになります。竹中工務店のHPに詳しく述べられていますので、そちらを参照してください。「アーチは眠らない」はアーチやドームのスラストに悩まされた西洋の言葉ですが、日本では「軒先は眠らない」とでもいえそうです。

＊参考文献　23）88）89）

Q 組物における斗、肘木とは?

A 斗は、桁、梁などの横材をつかんで受けるための正方形の部材。肘木は斗を受けるために、支点から横方向に張り出す水平材です。

3つの斗を肘木が支えるパターンが多く、1手出す**出組**（でぐみ）、2手出す**二手先**（にてさき）、3手出す**三手先**（みてさき）といろんなバリエーションがあります。薬師寺東塔は三手先で、最上級の組物とされています。手前に張り出す場合は、壁の内側にも同様に肘木を出して、天秤の形にして支えています。

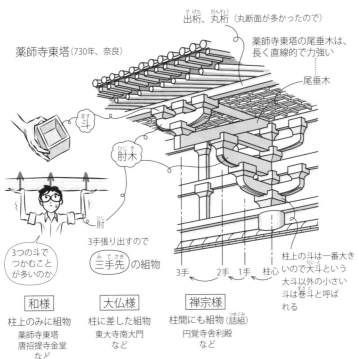

出桁（でげた）、丸桁（がんぎょう）（丸断面が多かったので）

薬師寺東塔(730年、奈良)

薬師寺東塔の尾垂木は、長く直線的で力強い

尾垂木

斗（ます）

肘木（ひじき）

肘（ひじ）

3つの斗でつかむことが多いのか

3手張り出すので

三手先（みてさき）の組物

3手　2手　1手　柱心

柱上の斗は一番大きいので大斗という大斗以外の小さい斗は巻斗（まきと）と呼ばれる

和様	大仏様	禅宗様
柱上のみに組物	柱に差した組物	柱間にも組物（詰組（つめぐみ））
薬師寺東塔 唐招提寺金堂 など	東大寺南大門 など	円覚寺舎利殿 など

- 和様では柱上のみに組物を置き、大仏様では柱に差した組物とし、禅宗様では柱間にも組物を置きます。
- 日本では組物は住宅に使われず、宗教施設に使用が限られました。中国、朝鮮半島では、住宅にも組物は使われています。
- 組物のことは**斗栱**（ときょう）ともいいますが、斗も栱も同じ意味です。

5

木造小屋組

Q 飛えん垂木とは？

▼

A 本来の垂木（地垂木）の先に、その垂木より上段に、上向きに出す垂木のこと。

地垂木の先に木負（きおい）という水平材を敷き、くしの歯状に欠き込んで飛えん垂木をはめ込み、そこを支点として飛えん垂木を上にはね上げます。飛えん垂木の尻は地垂木に釘留めし、飛えん垂木の内側の下面は斜めに切られ、奥では薄くなっています。結果的に垂木は2段となって優雅になり、角度は地垂木よりも水平に近くなって軽快な印象となります。

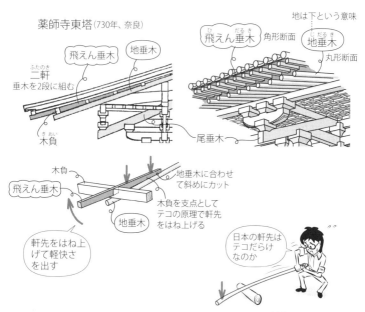

薬師寺東塔（730年、奈良）

二軒（ふたのき）
垂木を2段に組む

飛えん垂木
地垂木
木負（きおい）
尾垂木

地は下という意味

飛えん垂木（ひえんだるき）角形断面
地垂木（じだるき）丸形断面

木負
飛えん垂木
地垂木
地垂木に合わせて斜めにカット
木負を支点としてテコの原理で軒先をはね上げる
軒先をはね上げて軽快さを出す

日本の軒先はテコだらけなのか

尾垂木、飛えん垂木、桔木 → 全部テコ

- 飛えん垂木、地垂木（本来の垂木）、尾垂木、桔木（**R240**参照）は、みなテコの原理を応用したものです。日本の屋根は西洋と違って軒を深くしなければならないため、大きなキャンティレバーが必要となります。木造でのキャンティレバーは、テコでつくるしかありません。
- 法隆寺の垂木は1段で、角形断面です。一方、薬師寺東塔の垂木は、<u>丸形断面の地垂木の上に角形断面の飛えん垂木を重ねた2段</u>です。

＊参考文献　88）

Q 薬師寺東塔と他の塔の大きな違いは？

A 裳階（もこし：外壁の外に出す庇状の部分）を付けて、大・小・大・小の屋根のリズムをつけている点、壁と縁（えん、縁側）を主体となる柱心から張り出し、縁を屋根から浮かして、キャンティレバーによるダイナミックで軽快、優美な形態としている点です。

法隆寺、醍醐寺、興福寺などの塔の縁は、屋根の上に載る形です。<u>薬師寺東塔は裳階の壁を張り出し、縁を屋根から浮かせて、キャンティレバーの効果を出しています。組物の尾垂木も長く直線的で、大きく張り出して軒先を力強く支えています。</u>裳階付きの屋根構成は、中国にも確かな前例がないようです。

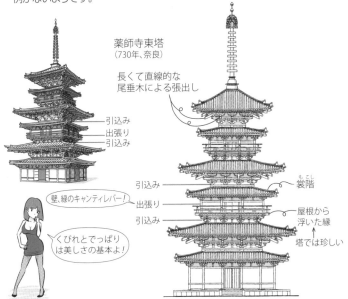

薬師寺東塔
（730年、奈良）

長くて直線的な
尾垂木による張出し

引込み
出張り
引込み

壁、縁のキャンティレバー！

くびれとでっぱり
は美しさの基本よ！

引込み ——— 裳階（もこし）

出張り

引込み ——— 屋根から
浮いた縁

塔では珍しい

5

木造小屋組

• 薬師寺の東塔と比べると、ほかの塔は胴体部分が太くて、屋根が重く鈍重に見えてしまいます。筆者は以前、日本建築史の専門家に、東塔のような縁を浮かせる塔はないのでは、と質問したことがありますが、その方はよくあると言われていました。壁と縁を大きく張り出して、縁を屋根から浮かせる構成は鼓楼や門ではありますが、塔に限っては、筆者はいまだに見たことがありません。三重の塔で縁を少し出したものもありますが、壁まで張り出した例は皆無です。落水荘などで多用された近代建築のデザイン手法、キャンティレバーですが、はるか昔にその効果が実現されていました。木造の塔では世界で最も美しいと、筆者は勝手に思っています。

Q 桔木とは？

A 屋根裏（野小屋）に入れてテコの原理で軒先を支える材です。

尾垂木に似ていますが、桔木は屋根裏に入れることで丸太材でつくれ、きれいに並べる必要もありません。古代では垂木が直接屋根を支えていましたが、軒に見える化粧の垂木（地垂木）の上に屋根裏（野小屋）を設け、その上に屋根を支える垂木（野垂木）を架ける野小屋の方法が、平安末期から使われるようになります。そしてその屋根裏（野小屋）に太い材をテコとして効かす桔木が置かれるようになります。禅宗様の円覚寺舎利殿は桔木で屋根を支え、軒下の組物は装飾としての意味が強くなっています。構造から離れた組物は、繊細な細い材で組まれるようになりました。

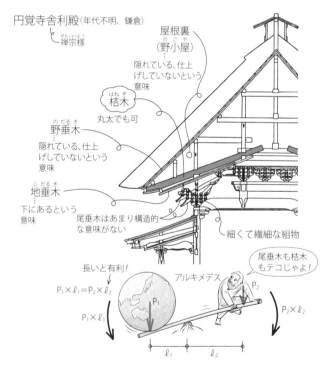

円覚寺舎利殿（年代不明、鎌倉）
└ 禅宗様（ぜんしゅうよう）

屋根裏（のごや）
（野小屋）
隠れている、仕上げしていないという意味

桔木（はねぎ）
丸太でも可

野垂木（のだるき）
隠れている、仕上げしていないという意味

地垂木（じだるき）
下にあるという意味

尾垂木はあまり構造的な意味がない

細くて繊細な組物

尾垂木も桔木もテコじゃよ！

長いと有利！
$P_1 \times \ell_1 = P_2 \times \ell_2$

アルキメデス

$P_1 \times \ell_1$

P_2

$P_2 \times \ell_2$

ℓ_1　ℓ_2

● 急勾配の屋根を野小屋なしにそのまま垂木で支えると、軒下が急勾配となって重苦しくなります。軒下は水平に近いほど、軽快な印象となります。軒先の下がりを防ぐため、後世になって修理の際に桔木を入れることも多々ありました。

Q 法隆寺様式（飛鳥様式）、和洋、大仏様、禅宗様で垂木の並べ方は？

▼

A 法隆寺様式と和洋は平行垂木、大仏様は隅扇、禅宗様は扇垂木（おうぎだるき）です。

垂木は平行が基本ですが、寄棟屋根（よせむねやね）、入母屋屋根の場合、隅を支えるのが大変です。法隆寺では隅を支えきれずに、後に支柱が追加されています。大仏様では隅だけ扇状にして、荷重を支えやすくしています。また禅宗様では細い垂木を扇状に並べますが、実際の荷重のほとんどを屋根裏の桔木がもつ形です。垂木はどちらかというと、装飾に近い扱いとなっています。下の軒見上げ図を見比べてみてください。

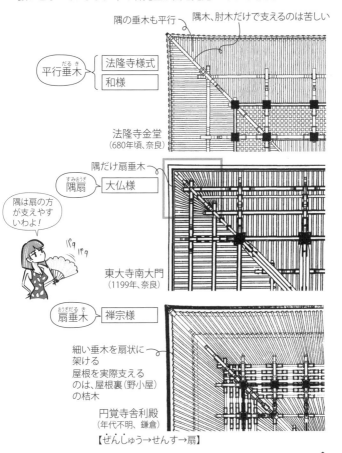

隅の垂木も平行　隅木、肘木だけで支えるのは苦しい

平行垂木（だるき）｜法隆寺様式｜和様

法隆寺金堂
（680年頃、奈良）

隅だけ扇垂木
隅扇（すみおうぎ）｜大仏様

隅は扇の方が支えやすいわよ！
パタ パタ

東大寺南大門
（1199年、奈良）

扇垂木（おうぎだるき）｜禅宗様

細い垂木を扇状に架ける
屋根を実際支えるのは、屋根裏（野小屋）の桔木

円覚寺舎利殿
（年代不明、鎌倉）

【ぜんしゅう→せんす→扇】

5
木造小屋組

Q 桔木の並べ方は？

▼

A 隅の屋根を支持するために、扇状に並べられます。

大仏様では垂木を隅で扇状に並べて隅を支えましたが、<u>桔木を使うと屋根</u>
<u>裏で扇状に並べて、難しい隅の部分を支えることができるようになります。</u>
<u>隠れているため、丸太のような粗い材を適当な間隔で入れています。</u>興
福寺東金堂は中世に再建されたもので、和様の平行垂木としていますが、
屋根裏には下図のように桔木を扇状に入れています。

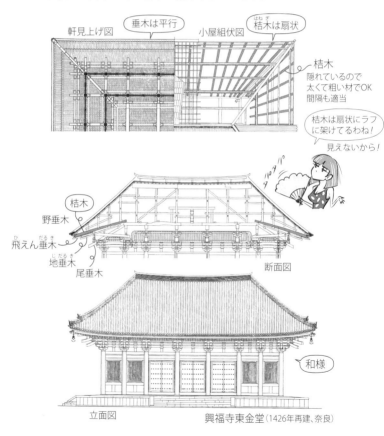

軒見上げ図　垂木は平行　小屋組伏図　桔木は扇状

桔木
隠れているので
太くて粗い材でOK
間隔も適当

桔木は扇状にラフ
に架けてるわね！
見えないから！

桔木
野垂木
飛えん垂木
地垂木
尾垂木
断面図

和様

立面図　　　　　興福寺東金堂（1426年再建、奈良）

● 興福寺東金堂は古代の唐招提寺に似た復古調の和様で、西洋風にいうと、ネオ
クラシシズム（新古典主義）のような匂いがします。

＊参考文献　23）

Q 古代ギリシャの3つのオーダーは？

A ドリス式、イオニア式、コリント式です。

💠 オーダーとは古代ギリシャ、ローマの円柱とその上の水平材に関する様式です。古代ギリシャではドリス式、イオニア式が主で、コリント式はまれにしか使われませんでした。ドリス式は男性的で簡潔、イオニア式は女性的で優雅、コリント式は華麗なオーダーです。

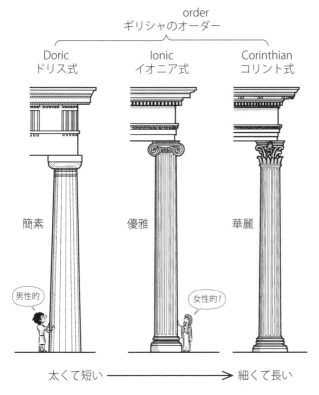

order
ギリシャのオーダー

Doric	Ionic	Corinthian
ドリス式	イオニア式	コリント式

簡素　　　　優雅　　　　華麗

男性的　　　　　　女性的！

太くて短い ──────→ 細くて長い

【 ドレス を着た イー女 には 懲りた 】
　ドリス式　　　　イオニア式　　　コリント式

● コリント式は古代ローマで好まれたオーダーで、有名な古代遺跡メゾン・カレ（B.C.19年頃、ニーム）、パンテオン（118〜128年頃、ローマ）はともにコリント式です。

6
オーダーと古典主義［ギリシャ］

Q ドリス式とイオニア式の発祥地は？

A ドリス式はギリシャ本土、イオニア式は小アジア（現トルコ）西岸のイオニア地方が発祥地です。

B.C.1100年頃にドリス人が南下してギリシャ本土に定着し、日干レンガと木で神殿を建てはじめ、次第に石造に変えていき、ドリス式が成立します。同じ頃に小アジア西岸に住みはじめたイオニア人は、東方オリエントやエジプトの影響を受けて、渦巻き形をもつイオニア式オーダーをつくります。軽快優美で装飾の多いイオニア式オーダーはギリシャ本土にも伝わり、ドリス式にも影響を与えます。

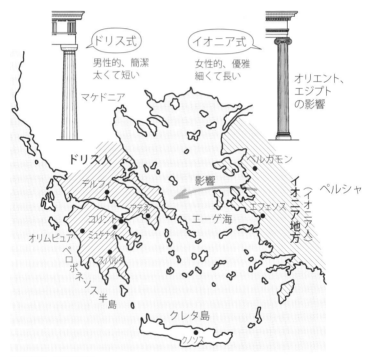

ドリス式
男性的、簡潔
太くて短い

イオニア式
女性的、優雅
細くて長い

オリエント、エジプトの影響

マケドニア

ドリス人

ペルガモン

影響

デルフィ

アテネ

コリント

エフェソス

オリムピュア

ミュケナイ

エーゲ海

ペロポネソス半島

スパルタ

ペルシャ

イオニア地方（イオニア人）

クレタ島

クノソス

B.C.1100〜B.C.100年

● コリント式は大雑把に言うと、イオニア式の柱頭を変えただけの、イオニア式に準じる様式です。コリント式の柱頭にはアカントスの葉が使われていますが、最古の例は椰子の葉状で、エジプトとの関連がいわれています。

Q ドリス式の柱の太さや間隔は、どのように進展した？

▼

A 太くて柱間が狭かったものが、後に細くて柱間が広くなります。

> 柱が細く柱間が広くなるのは、材料の合理化やイオニア式の影響といわれています。アテネ周辺（アッティカ地方）は小アジアの影響も受けやすい位置にあったので、B.C.5世紀にはドリス式とイオニア式を併用した神殿があらわれます。たとえば周柱はドリス式でナオス（神室）内部はイオニア式など。ドリス式の洗練が頂点となったのがパルテノンですが、内側の柱列におけるフリーズ（柱上帯状部のうちの中間の帯）は、イオニア式の連続した彫刻となっており、柱の細さなどもイオニア式の影響とされています。

【 姿勢を直す 神室の前 】
　　　　　　ナオス

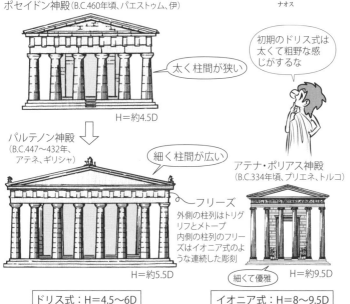

ポセイドン神殿（B.C.460年頃、パエストゥム、伊）

太く柱間が狭い

H＝約4.5D

初期のドリス式は太くて粗野な感じがするな

パルテノン神殿
（B.C.447〜432年、
アテネ、ギリシャ）

細く柱間が広い

フリーズ
外側の柱列はトリグリフとメトープ
内側の柱列のフリーズはイオニア式のような連続した彫刻

アテナ・ポリアス神殿
（B.C.334年頃、プリエネ、トルコ）

H＝約5.5D　　　　　　　　　　　　　　H＝約9.5D

細くて優雅

ドリス式：H＝4.5〜6D　　　　　　イオニア式：H＝8〜9.5D

H：柱の高さ、D：柱の根元の直径

- 基準寸法モジュールMO（module ラテン語でmodulus）は、柱の根元の直径（柱礎手前で広がる場合はその直前の直径）とする場合が多いですが、半径をMOと書いている図もあります。パラディオの『建築四書』の図では、ドリス式が半径、そのほかが直径となっていて煩雑です。そこで本書ではモジュールを直径D（Diameter）として統一しました。

6

オーダーと古典主義 ［ギリシャ］

Q 柱の上の水平材エンタブレチュアを3つに分けると？

▼

A コーニス、フリーズ、アーキトレーヴです。

オーダーの用語は現代建築にもつながるものなので、下図の用語は覚えておきましょう。

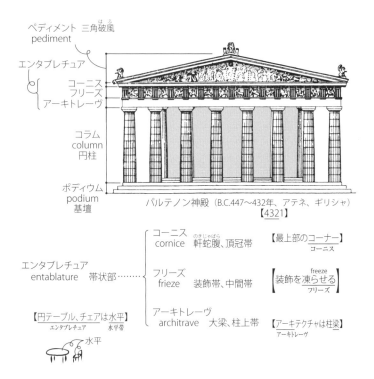

ペディメント　三角破風
pediment

エンタブレチュア

コーニス
フリーズ
アーキトレーヴ

コラム
column
円柱

ポディウム
podium
基壇

パルテノン神殿（B.C.447～432年、アテネ、ギリシャ）
【4321】

エンタブレチュア
entablature　帯状部……

コーニス
cornice　軒蛇腹、頂冠帯　【最上部のコーナー】コーニス

フリーズ
frieze　装飾帯、中間帯　【装飾を凍らせる freeze】フリーズ

アーキトレーヴ
architrave　大梁、柱上帯　【アーキテクチャは柱梁】アーキトレーヴ

【円テーブル、チェアは水平】
エンタブレチュア　水平帯

水平

- 現代建築で壁最上層に入れる縁取りをコーニス（外壁では軒蛇腹、内壁では回縁と訳される）、装飾の帯をフリーズと呼ぶ。今では角柱でもコラムというようになり、角形鋼管はボックスコラムといいます。RCやSの構造図で柱はC_1、C_2などと書くことが多く、円柱だけでなく角柱も同様な記号を使います。

- 現代のホテルでロビー、カフェ、宴会場、会議室などがある低層階を、神殿の基壇からとってポディウム部門と呼びます。計画の教科書にも出てくる用語です。

＊参考文献　2)　【　】内スーパー記憶術

Q エンタブレチュアが3段となったわけは？

A 柱から柱に梁を渡し、その上に直交方向の梁を架け、さらに垂木（たるき）を支える水平材を上に載せたために3段となりました。

柱から柱へ梁を架け渡したのがアーキトレーヴ、その上に直交する梁を載せたものがフリーズになります。直交する梁の端部（小口）には3枚（トリ）の板の縦線（グリフ）が入り、後にトリグリフとなり、小口間には正方形の板が入れられ、後にメトープとなります。さらに梁の小口の上に水平材を渡して屋根材を受けたものがコーニスとなります。梁を直交させて積み重ねたために、エンタブレチュアは3段となったわけです。

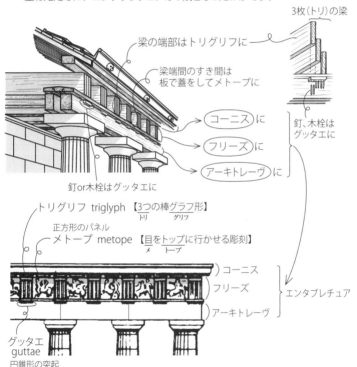

3枚（トリ）の梁

梁の端部はトリグリフに

梁端間のすき間は板で蓋をしてメトープに

釘、木栓はグッタエに

コーニス に

フリーズ に

アーキトレーヴ に

釘or木栓はグッタエに

トリグリフ triglyph 【3つの棒グラフ形】
　　　　　　　　　　　　トリ　　グリフ

正方形のパネル
メトープ metope 【目をトップに行かせる彫刻】
　　　　　　　　　　メ　　トープ

コーニス
フリーズ　　　　エンタブレチュア
アーキトレーヴ

グッタエ
guttae
円錐形の突起

- コーニスは壁最上部の見切り縁（ぶち）、回縁として、壁から少し出して納めます。F.L. ライトや A. ペレなどの近代の建物でも、壁上部でコーニス状の扱いがされています。
- 「トリ（tri）」はギリシャ数字で3を意味し、トリオ、トライアングルなどや化学の分野の用語で多く使われています。

6

オーダーと古典主義［ギリシャ］

Q イオニア式のコーニスにおける歯形装飾の意味は？

A 木造時代の垂木端部の跡といわれています。

垂木の端部（<u>小口</u>：こぐち）を露出すると、小さな長方形が規則的に並んだ模様となります。日本建築でも垂木端部を露出するか、板（鼻隠し：はなかくし）で垂木の鼻先を隠すかでデザインの印象がだいぶ違ってきます。切妻屋根の垂木の端部は平側（ひらがわ）にしか出ませんが、イオニア式のギリシャ神殿では妻側（つまがわ）にも帯状の装飾として回しています。

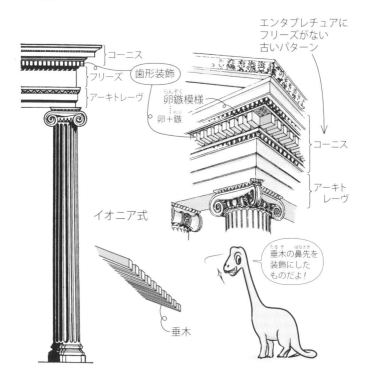

エンタブレチュアに
フリーズがない
古いパターン

コーニス

フリーズ　歯形装飾

アーキトレーヴ

卵鏃模様
らんぞく

卵＋鏃

コーニス

アーキトレーヴ

イオニア式

垂木の鼻先を
たるき　はなさき
装飾にした
ものだよ！

垂木

• イオニア式のエンタブレチュアでは、当初は<u>アーキトレーヴとフリーズの2段だけでした。後にフリーズが加わり、ドリス式のようなトリグリフとメトープではなく、連続した彫刻で埋められるようになります。アテネ周辺（アッティカ地方）では、歯形装飾は取られ、繊細な装飾に変えられます。</u>

＊参考文献　2）4）51）52）

Q 柱配置とフリーズの関係は？

▼

A ドリス式の柱心は梁端部を起源とするトリグリフに合わせますが、イオニア式、コリント式のフリーズは連続した彫刻のため、柱はフリーズから自由に均等に配置します。

🔲 ドリス式はフリーズのトリグリフ、メトープに柱位置が影響されます。<u>フリーズの端部はトリグリフで終わらせるため、柱をトリグリフ心に合わせると、柱が外にずれてしまいます。そこで外側の柱だけトリグリフ心からはずして内側にずらします。</u>一方イオニア式、コリント式のフリーズは連続した彫刻のため、柱配置はフリーズからは自由になり、均等に置かれます。

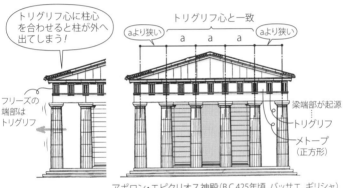

トリグリフ心に柱心を合わせると柱が外へ出てしまう！

フリーズの端部はトリグリフ

トリグリフ心と一致

aより狭い　a　a　a　aより狭い

梁端部が起源

トリグリフ

メトープ（正方形）

アポロン・エピクリオス神殿（B.C.425年頃、バッサエ、ギリシャ）

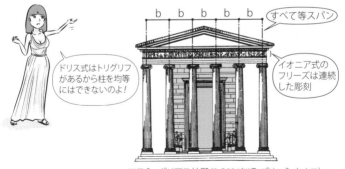

ドリス式はトリグリフがあるから柱を均等にはできないのよ！

b　b　b　b　b　すべて等スパン

イオニア式のフリーズは連続した彫刻

アテネ・ポリアス神殿（B.C.334年頃、プリエネ、トルコ）

6

オーダーと古典主義　［ギリシャ］

＊参考文献　2)

Q ドリス式とイオニア式で、柱や壁の平面配置はどう違う？

A ドリス式は周囲の柱と内側の柱や壁は心がずれていますが、イオニア式は一致しています。

ナオス（神室）内部の柱を除くと、イオニア式の柱は正方形グリッドにきれいに載っています。イオニア式のフリーズは連続した彫刻のため、柱位置はフリーズと無関係に決められます。一方ドリス式では、前項で述べたように、フリーズのトリグリフと柱の位置の関係から、両端のスパンは短くなります。また内側の柱列や壁心もずれています。

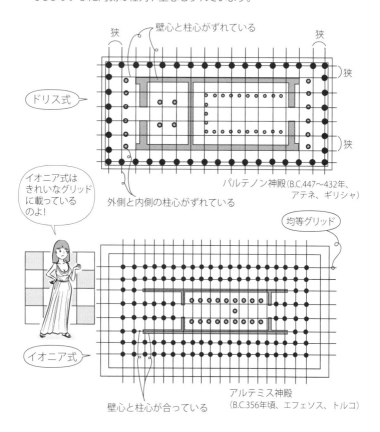

狭　壁心と柱心がずれている　狭

ドリス式

）狭

）狭

外側と内側の柱心がずれている

パルテノン神殿（B.C.447〜432年、アテネ、ギリシャ）

イオニア式は
きれいなグリッド
に載っている
のよ！

均等グリッド

イオニア式

壁心と柱心が合っている

アルテミス神殿
（B.C.356年頃、エフェソス、トルコ）

＊参考文献　2）

Q 柱頭最上部アバクスはなぜ四角い？

A 梁の掛かり代を少しでも多くとるために四角くしています。

円柱頭部は円形で、そのまま梁を載せると掛かり代が小さく、梁が落ちやすくなります。そこで円柱頭部を皿状、まんじゅう状に広げて<u>エキヌス</u>とし、その上に正方形平面の四角い<u>アバクス</u>を置き、梁の受けとしました。それがドリス式の柱頭として定着したわけですが、イオニア式、コリント式のアバクスも四角くなっています（コリント式のアバクスでは正方形の辺中央が凹んでいるものもあります）。日本古代の<u>大斗</u>（だいと）も、同じように四角い斗（ます）で桁、梁などを受けています。

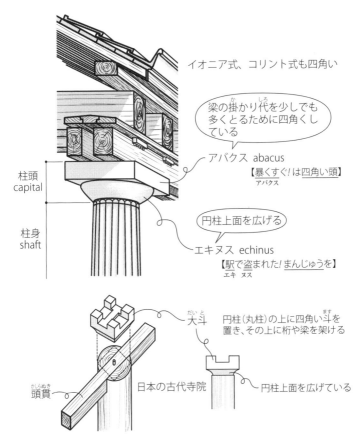

イオニア式、コリント式も四角い

梁の掛かり代を少しでも多くとるために四角くしている

柱頭 capital

アバクス abacus
【暴くすぐ! は四角い頭】
アバクス

円柱上面を広げる

柱身 shaft

エキヌス echinus
【駅で盗まれた! まんじゅうを】
エキ ヌス

6
オーダーと古典主義［ギリシャ］

大斗（だいと）

円柱（丸柱）の上に四角い斗を置き、その上に桁や梁を架ける

頭貫（かしらぬき）

日本の古代寺院

円柱上面を広げている

Q 古代ギリシャのドリス式、イオニア式の柱の根元はどうなっている?

A ドリス式には柱礎がなく、イオニア式には柱礎があります。

柱は上が細くされていますがそれは木の丸太が上が細かったから。円柱表面の溝は木の目からきているとされています。女性の衣装のひだを抽象化したものとする説もあります。溝はフルーティングといわれ、ドリス式では尖っていて、イオニア式、コリント式では円周表面に平らな部分があります。ドリス式に柱礎がないのは掘立柱が元となっているから。イオニア式に柱礎があるのは礎石が変化したものといわれています。

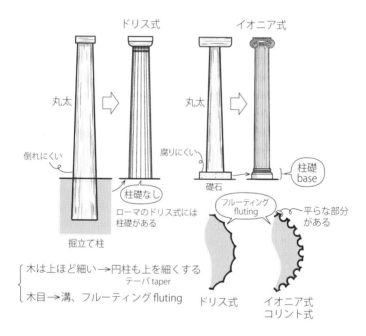

ドリス式

イオニア式

丸太

丸太

倒れにくい

腐りにくい

柱礎なし
ローマのドリス式には
柱礎がある

礎石

柱礎 base

掘立て柱

フルーティング fluting

平らな部分がある

木は上ほど細い→円柱も上を細くする
テーパ taper

木目→溝、フルーティング fluting

ドリス式

イオニア式
コリント式

- A. パラディオ「そこで、私は、建築も(他のすべての技芸と同様に)自然の模倣であるのだから、自然が容認したものからかけ離れていたり、遠ざかっていたりすることには耐えられないのだ、といいたい。このことから、われわれは、かの古代の建築家たちが、木材で建てられていた建物を石材でつくりはじめた時、円柱の上端を、下端よりも細くするように決めた理由を理解するのである。それは、樹木を模範としたからで、樹木はすべて、その幹や根に近いところよりも、先端部が細くなっている。」『建築四書』(原典1570、1986年)のp.109より(下線は筆者)

*参考文献 4) 51) 52)

Q イオニア式やコリント式の柱礎の構成は？

A 凸形のトルスと凹形のスコティアを重ね、プリンス（方形台座）の上に載せて、何段かの凹凸のある水平線をつくります。古代ローマではさらにペデスタル（台座）に載せることもあります。

 トルス、スコティアといった凹凸の繰形（くりかた）によって水平線を何段か付けるのが柱礎のよくあるパターンです。さらにプリンス（方形台座）や腰高のペデスタル（台座）も使われます。柱や壁に水平線を何段か付けると、たとえひとつの石から彫り出されていても石を積み重ねた印象となります。古代ローマでは、ドリス式にも柱礎が付きます。

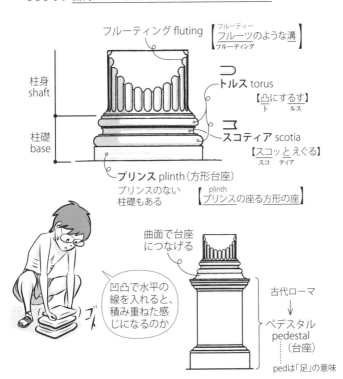

フルーティング fluting
【フルーティー　フルーツのような溝　フルーティング】

柱身 shaft

トルス torus
【凸にするす　ト　ルス】

スコティア scotia
【スコッとえぐる　スコ　ティア】

柱礎 base

プリンス plinth（方形台座）
プリンスのない柱礎もある
【plinth　プリンスの座る方形の座】

曲面で台座につなげる

凹凸で水平の線を入れると、積み重ねた感じになるのか

古代ローマ
↓
ペデスタル pedestal（台座）
pedは「足」の意味

• pedとは「足」の意味があり、ペダル（pedal）、ペディキュア（pedicure）、ペデストリアン（pedestrian、歩行者）、ペデストリアンデッキ（pedestrian deck、歩行者用デッキ）はそこから派生しています。ペデスタルpedestalは円柱の「足」となる台座です。

6

オーダーと古典主義 ［ギリシャ］

Q モールディング moulding とは？

A 突出した帯状の装飾、繰形で、断面の形によりさまざまな呼び名があります。

🔷 前項の柱礎に使われる凸形のトルス、凹型のスコティアのほかにS字カーブの<u>シーマ</u>、<u>反シーマ</u>、楕円形の<u>オヴォロ</u>、その逆の<u>カヴェット</u>、四角い凸形の<u>フィレット</u>、丸い凸形の<u>アストラガル</u>、イオニア式のアーキトレーヴなどに見る段々に線を入れる<u>ファッシア</u>などがあります。このモールディングに葉飾りや<u>組紐（くみひも）飾り、雷紋（らいもん）飾り</u>や色彩がつけられ、多くのバリエーションが派生します。古代でできたモールディングは、中世、近世、近代、現代でもさまざまに使われています。

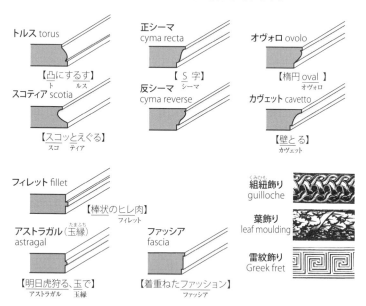

トルス torus
【凸にするす】
ト　ルス

スコティア scotia
【スコッとえぐる】
スコ　ティア

フィレット fillet
【棒状のヒレ肉】
フィレット

アストラガル（玉縁）astragal
【明日虎狩る、玉で】
アストラガル　玉縁

正シーマ cyma recta
【 S 字】
シーマ

反シーマ cyma reverse

ファッシア fascia
【着重ねたファッション】
ファッシア

オヴォロ ovolo
【楕円 oval 】
オヴォロ

カヴェット cavetto
【壁とる】
カヴェット

組紐飾り guilloche

葉飾り leaf moulding

雷紋飾り Greek fret

● <u>近代建築は、細部からモールディングを消し去る</u>ことから出発しました。モールディングがなくなり、白い箱、コンクリートの箱、ガラスの箱といった抽象的な立体として建築が表出されます。モールディングには材料の違いを治める、雨仕舞を良くするなどの機能のほかに、無味乾燥な壁面を飾る役割がありました。それをなくしたために、<u>雨漏りがしやすい納まりや単調な壁面などの弊害</u>を生み出しました。A.ペレは近代建築の中に、近代的なモールディングを導入しようとしたために、ル・コルビュジエらの抽象性を獲得するのに失敗します。現代では表面の凹凸を徹底的になくして平滑にした、<u>スーパーフラット</u>と呼ばれるようなデザインもあらわれています。モールディングの対極に位置します。

＊参考文献　4)　【 】内スーパー記憶術

Q コーニスのデザイン以外の意味は？

A 雨水を切れやすくして、下の壁面に水が伝わるのを防ぎます。

コーニスはエンタブレチュア最上部で軒のように張り出し、その軒裏には外勾配がつけられています。さらに水が切れやすいように、尖ったディテールが施されています。パルテノンの軒の付け根では、「鳥のくちばし」という名の尖った部分があり、風で軒を伝ってきた雨水を下に落とす工夫までされています。現在の軒裏でも最低限の水切りのディテールがありますが、古代ギリシャでは洗練された形となっていました。

パルテノン神殿（B.C.447〜432年、アテネ、ギリシャ）

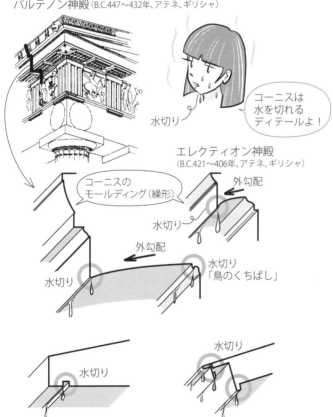

コーニスは
水を切れる
ディテールよ！

水切り

エレクティオン神殿
（B.C.421〜406年、アテネ、ギリシャ）

コーニスの
モールディング（繰形）

外勾配

水切り

外勾配

水切り
「鳥のくちばし」

水切り

水切り

水切り

現代：RC造の庇、パラペットのあご　　現代：金属板の軒先

6

オーダーと古典主義 [ギリシャ]

Q イオニア式の柱頭の起源は？

A エジプトなどの渦巻き模様と、梁端部を補強する舟肘木（ふなひじき）の
役目などが起源と考えられています。

左右2つの渦巻きをもつ装飾模様はエジプト、キプロス、小アジアなどで
多く発見されています。また曲げモーメントの大きい梁端部は折れ曲がり
やすく、木造では補強するための舟肘木が各地で使われていました。近現
代のRC造やS造におけるハンチも同様な構造的意味があります。そのよう
な装飾と構造の両者が相まって、イオニア式の柱頭がつくられたとされて
います。特に初期のイオニア式は柱頭の渦巻きが左右に大きく張り出し
ており、正面から見て装飾が目立つだけでなく、構造的にも左右方向の梁
を助けていました。

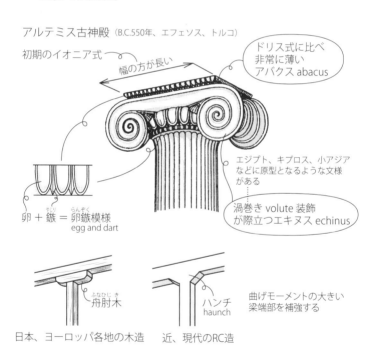

アルテミス古神殿（B.C.550年、エフェソス、トルコ）

初期のイオニア式

幅の方が長い

ドリス式に比べ
非常に薄い
アバクス abacus

卵 ＋ 鏃 ＝ 卵鏃模様
egg and dart

エジプト、キプロス、小アジア
などに原型となるような文様
がある

渦巻き volute 装飾
が際立つエキヌス echinus

舟肘木

ハンチ
haunch

曲げモーメントの大きい
梁端部を補強する

日本、ヨーロッパ各地の木造　　近、現代のRC造

- 舟肘木は日本でも神社、寺院、住居などでよく使われていました。
- 渦巻きの間やアバクスに、卵形と鏃（やじり）形が交互に連続する卵鏃（らん
  ぞく）模様が彫られています。

＊参考文献　2)

Q イオニア式の渦巻きはどのように描いた?

A 巻き貝に糸を巻き、それを開きながら描きました。

巻き貝、植物の芽や花の密集の仕方、渦巻き銀河などはみな対数螺旋です。台形の相似形が同じ割合で大きくなって重なると対数螺旋となるので、自然界に多く存在します。対数螺旋の伸開線（巻いた糸を伸ばした軌跡）、縮閉線（糸を巻いた軌跡）も対数螺旋となります。対数螺旋をもつ巻き貝に糸を巻き、それを引張りながら開くと対数螺旋が描けます。

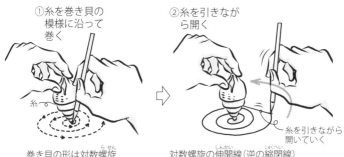

① 糸を巻き貝の
　模様に沿って
　巻く

糸

巻き貝の形は対数(らせん)螺旋

② 糸を引きなが
　ら開く

糸を引きながら
開いていく

対数螺旋の伸開線（逆の縮閉線）
も対数螺旋となる

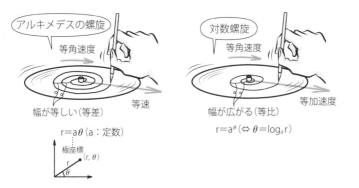

アルキメデスの螺旋

等角速度

幅が等しい（等差）　　等速

$r = a\theta$（a：定数）

極座標
(r, θ)
r
θ

対数螺旋

等角速度

幅が広がる（等比）　　等加速度

$r = a^\theta \ (\Leftrightarrow \theta = \log_a r)$

- 等角速度で回る円盤の半径方向に等速でペンを動かすと、アルキメデスの螺旋が描けます。幅が等しい螺旋なので、スパイラル状に上るミナレット（イスラム教の塔）などに使われています。等加速度でペンを動かすと、対数螺旋となります。半径が指数的に増加する螺旋で、イオニア式の渦巻き模様は対数螺旋です。

6

オーダーと古典主義 ［ギリシャ］

*参考文献　2)

Q コンパスを使って螺旋をつくれる?

▼

A 正方形に巻いた糸を開くように、1/4円をつなげて螺旋を近似できます。

螺旋は常に半径が変わるので、コンパスを使う時点でアウトですが、近似させることはできます。<u>正方形に巻いた糸を開くと、間隔が一定のアルキメデスの螺旋に近い形ができます。</u>さらに<u>1周ごとに一定割合で正方形を大きくすると、対数螺旋の近似形が描けます。</u>

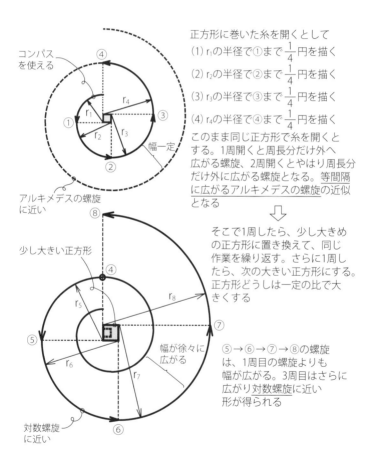

正方形に巻いた糸を開くとして

(1) r_1の半径で①まで$\frac{1}{4}$円を描く

(2) r_2の半径で②まで$\frac{1}{4}$円を描く

(3) r_3の半径で③まで$\frac{1}{4}$円を描く

(4) r_4の半径で④まで$\frac{1}{4}$円を描く

このまま同じ正方形で糸を開くとする。1周開くと周長分だけ外へ広がる螺旋、2周開くとやはり周長分だけ外に広がる螺旋となる。<u>等間隔に広がるアルキメデスの螺旋の近似となる</u>

コンパスを使える

幅一定

アルキメデスの螺旋に近い

そこで1周したら、少し大きめの正方形に置き換えて、同じ作業を繰り返す。さらに1周したら、次の大きい正方形にする。正方形どうしは一定の比で大きくする

少し大きい正方形

幅が徐々に広がる

⑤→⑥→⑦→⑧の螺旋は、1周目の螺旋よりも幅が広がる。3周目はさらに広がり対数螺旋に近い形が得られる

対数螺旋に近い

＊参考文献 2)

Q イオニア式の柱頭の渦巻きは、出隅ではどういう形？

A どちらの立面にも渦巻きが見えるように配置され、隅の渦巻きは45°方向
に張り出されます。

イオニア式柱頭の渦巻きは、左右に張り出すだけで、側面から見ると渦巻
きは見えないのが普通です。しかし角の出隅部分では両方から見えるよう
に *x, y* 方向に両方に渦巻きが配置され、出隅の渦巻きは45°方向に張り出
されます。

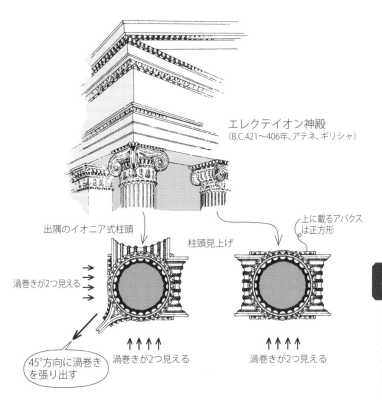

エレクテイオン神殿
（B.C.421～406年、アテネ、ギリシャ）

出隅のイオニア式柱頭

柱頭見上げ

上に載るアバクス
は正方形

渦巻きが2つ見える →

45°方向に渦巻き
を張り出す

渦巻きが2つ見える

渦巻きが2つ見える

- すべての柱頭に渦巻きを4つ付け、コリント式のように、すべて45°方向に張り
出す方式も数は少ないですがありました。

＊参考文献　2)

6

オーダーと古典主義［ギリシャ］

Q イオニア式で女性の像を柱にすることはある？

A アテネのアクロポリスに建つエレクテイオン神殿などに使われています。

ドリス式は簡素、厳格、荘重で男性的、イオニア式は柔らかくて軽快、優美で女性的といわれてきました。女性的ならばいっそ女性を柱にしようということで女神を柱にしたのが、カリアテイデス（女像柱）です。

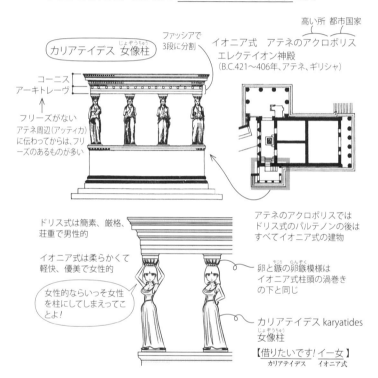

高い所 都市国家

カリアテイデス 女像柱（じょぞうちゅう）

ファッシアで3段に分割

コーニス
アーキトレーヴ

フリーズがない
アテネ周辺（アッティカ）に伝わってからは、フリーズのあるものが多い

イオニア式　アテネのアクロポリス
エレクテイオン神殿
（B.C.421〜406年、アテネ、ギリシャ）

ドリス式は簡素、厳格、荘重で男性的

イオニア式は柔らかくて軽快、優美で女性的

女性的ならいっそ女性を柱にしてしまえってことよ！

アテネのアクロポリスではドリス式のパルテノンの後はすべてイオニア式の建物

卵と鏃の卵鏃模様（らんぞく）はイオニア式柱頭の渦巻きの下と同じ

カリアテイデス karyatides
女像柱（じょぞうちゅう）

【借りたいです! イー女】
カリアテイデス　イオニア式

- アテネのアクロポリスでは、パルテノン以後、みなイオニア式でつくられました。イオニア式のエレクテイオン神殿南側の柱廊には、カリアテイデスが使われています。女性像はプロポーション上あまり細長くできないので、腰壁状の台の上に立たせています。エンタブレチュアにはフリーズがありません。小アジアからアテネ周辺（アッティカ）に伝わったイオニア式は、連続したフリーズが付けられるのが一般的で、エレクテイオンのほかの立面にはフリーズが付けられています。

Q コリント式の柱頭はどのような形？

A アカントスの葉飾りを何段か重ねた上に、巻蔓を四方と中央に張り出した形です。

◆ イオニア式の大きな渦巻きとは異なり、コリント式では細くて小さな「ゼンマイ」のような巻蔓です。張り出す方向も、イオニア式は左右のみですが、コリント式は45°方向と中央方向です。コリント式柱頭の起源は、ギリシャに自生するアカントスの雑草の上にかごを置いた形から（ウィトルウィウスの説）とか、エジプトの模様からなどの説があります。

「ゼンマイ」のような巻蔓が四隅45°方向と中央に延びる

中央に飾り

正方形のアバクスの中央に凹み

巻蔓
イオニア式の渦巻きよりもずっと小さい
ヘリックス helix
（螺旋形模様）ともいう

アカントスの葉
1〜3段

葉の上部を外側に折り曲げる

コリント式柱頭

アカン！ トス

巻蔓は45°方向に張り出す

柱頭見上げ

アカントスの葉…ギリシャに自生する雑草

- アカントス（acanthos）はギリシャ語で、英語ではアカンサス（acanthus）です。古代では葬儀にアカントスの葉が使われており、再生の力があると思われていました。
- 古代ローマでつくられるコンポジット式と区別するため、コリント式の蔓の形はよく覚えておいてください。巻蔓が中央にも出る点にも注目です。

6

オーダーと古典主義〔ギリシャ〕

Q コリント式は古代ギリシャでは、ドリス式、イオニア式と同じくらい使われた？

▼

A いいえ。神殿内部の一部分とか円形建物（トロス）などで使われ、神殿全体でコリント式が使われた例は少ないです。

ギリシャ本土でドリス式、小アジアのイオニア地方でイオニア式があらわれ、イオニア式がギリシャ本土に伝わって両者が複合されます。一方コリント式はだいぶ後になってあらわれ、使用も部分的でした。バッサイのアポロ神殿におけるナオス（神室）の1本の柱が最初とされています。コリント式が多く使われるようになるのは古代ローマです。

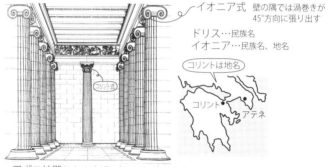

イオニア式　壁の隅では渦巻きが45°方向に張り出す

ドリス…民族名
イオニア…民族名、地名

コリントは地名

コリント● ●アテネ

コリント式

アポロ神殿（B.C.420年頃、バッサイ、ギリシャ）

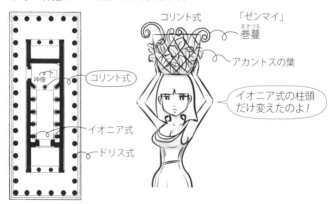

神像

コリント式

イオニア式

ドリス式

コリント式

「ゼンマイ」
巻蔓（まきづる）

アカントスの葉

イオニア式の柱頭だけ変えたのよ！

- イオニア式は東方オリエントの影響で華美を喜ぶ感覚主義で、主知主義のドリス式に影響を与えました。コリント式はイオニア式の柱頭をさらに華美にしたものです。コリント式の名前は、地名（ポリス名）のコリントに由来します。

＊参考文献　2）92）

Q ギリシャ神殿は彩色されていた？

A 柱頭から上に、赤、青、黄といった極彩色が塗られていました。

柱頭、エンタブレチュア、軒裏などは、鮮やかな赤、青、黄色などの原色が塗られていました。また、粗面の凝灰岩や石灰岩でつくられた神殿では<u>大理石の粉末をセメントに混ぜたスタッコが塗られていました</u>。いずれも<u>素材の正直な使用という近代的美学には反するものですが、古代の美学にはそれは当然の仕上げとして受け止められていたと思われます。</u>

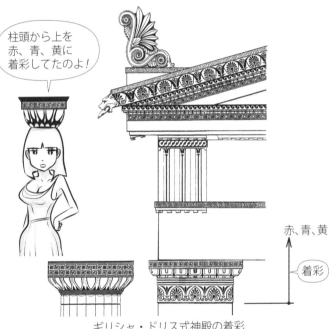

柱頭から上を
赤、青、黄に
着彩してたのよ！

赤、青、黄

着彩

ギリシャ・ドリス式神殿の着彩

● パルテノン神殿のCGによる再現を見ると、個人的な感想ですが正直、落胆させられます。なぜきれいな大理石の上にわざわざ塗装するのか、それも赤、青、黄の原色です。現存するギリシャ遺跡ではほとんど色彩は消えていますが、エジプトの神殿では柱頭にまだ色彩が残っているものがあり、鮮やかに復元されると石の良さが減退すると感じました。薬師寺の再建された西塔、金堂は、朱色（ほとんどオレンジ色）が塗られています。歴史的考証による正確さ、当時の人の価値観、虫害や腐食から守る役割などが説明されています。筆者の感じる違和感は、近現代の美観、素材への感覚、風雪に耐えたという時間感覚のなせるわざなのか、薬師寺の東塔と西塔を見比べるたびに考えさせられます。

6

オーダーと古典主義 [ギリシャ]

Q シュムメトリアとは？

A 部分と全体の調和、均整、つり合いのことです。

ラテン語でsymmetria、英語でsymmetryは狭義では左右対称ですが、元は数的比例に基づいた部分と全体の調和、均整を指します。sym（syn）はともに、同時に、似たという意味の接頭語で、シンフォニーはともに音を出すことからきています。後ろのmetryは測定を意味し、symmetryはともに測りうること、公約数があること、ある基準の倍数であることを指します。円柱の直径（または半径）を基準寸法（モデュール）として、その倍数で高さや各部寸法を決めるオーダーの体系も、シュムメトリアに含まれます。古代ギリシャ神殿は、直径の倍数によるオーダーの体系、黄金比、ルートの比など、部分から全体に至るまで数の比例に基づいた調和、均整、つり合いが行き届いたシュムメトリアの具現されたものです（図中の規準線は柳亮によるもの）。

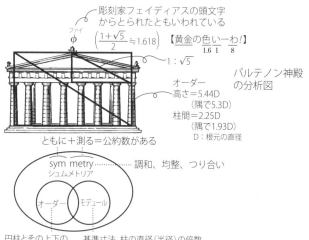

彫刻家フェイディアスの頭文字からとられたともいわれている

ϕ（ファイ）　$\left(\dfrac{1+\sqrt{5}}{2}≒1.618\right)$　【黄金の色いーわ！】$\underset{1.6}{}$ $\underset{8}{}$

$1:\sqrt{5}$

パルテノン神殿の分析図

オーダー
高さ＝5.44D
（隅で5.3D）
柱間＝2.25D
（隅で1.93D）
D：根元の直径

ともに＋測る＝公約数がある

sym metry……… 調和、均整、つり合い
シュムメトリア

オーダー　　モデュール

円柱とその上下の　　基準寸法、柱の直径（半径）の倍数
寸法、デザイン体系　日本の木割

● シュムメトリアという言葉は、古代ローマの建築家ウィトルウィウスが『建築書』で書いたもので、後にルネサンスの建築家たちによって重用されました。さらに近代以降、考古学や美学の研究が進み、ギリシャ神殿の精密な比例法が解明されます。あるモデュールで碁盤目に割るような安易な方法ではなく、さまざまな工夫を凝らした比例が使われています。ピタゴラスの定理（三平方の定理）を見つけ、「万物は数なり」と宣言したピタゴラス（B.C.582～496年）が生きたのは、パルテノン神殿建設のかなり前です。数学的比例の知識はかなり進んでいました。ギリシャ神殿などに見るシュムメトリアには、「万物は数なり」の思想が込められているように思えます。

＊参考文献　2）93）　【　】内スーパー記憶術

Q 黄金比（golden ratio）とは？

A a：b＝b：(a＋b) となるようなa：bの比のことです。

> a：b＝b：(a＋b) が黄金比の定義で、それを解くとb＝(1＋√5)/2・aとなります。a：bの形を1：φにして解くと、φ＝(1＋√5)/2となります。(1＋√5)/2≒1.618で、整数比では5：8が近い比です。0、1の次の項は0＋1＝1、その次の項は1＋2＝3、その次の項は2＋3＝5と、<u>前2項の和を次項とするフィボナッチ数列</u>では、黄金比に近い比があらわれることが知られています。特に3：5と5：8の整数比は黄金比に近く、建築ではよく使われてきました。<u>1：1.618</u>と<u>5：8</u>は覚えておきましょう。

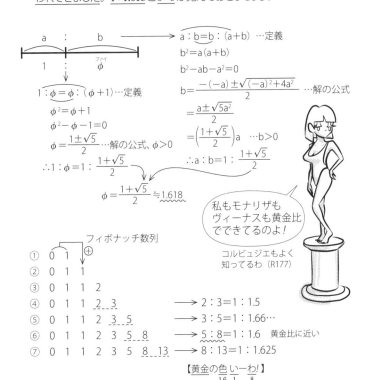

a ： b $\longrightarrow$ a：b＝b：(a＋b) …定義
1 ： φ(ファイ)
$b^2＝a(a＋b)$
$b^2－ab－a^2＝0$

1：φ＝φ：(φ＋1) …定義 $\quad b＝\dfrac{-(-a)\pm\sqrt{(-a)^2＋4a^2}}{2}$ …解の公式

$\phi^2＝\phi＋1$ $\qquad = \dfrac{a\pm\sqrt{5a^2}}{2}$

$\phi^2－\phi－1＝0$ $\qquad = \left(\dfrac{1＋\sqrt5}{2}\right)a$ …b＞0

$\phi＝\dfrac{1\pm\sqrt5}{2}$ …解の公式、φ＞0

∴1：φ＝1：$\dfrac{1＋\sqrt5}{2}$ $\qquad$ ∴a：b＝1：$\dfrac{1＋\sqrt5}{2}$

$\phi＝\dfrac{1＋\sqrt5}{2}≒1.618$

私もモナリザもヴィーナスも黄金比でできてるのよ！

コルビュジエもよく知ってるわ（R177）

フィボナッチ数列

① 0 1 ⊕
② 0 1 1
③ 0 1 1 2
④ 0 1 1 2 3 $\longrightarrow$ 2：3＝1：1.5
⑤ 0 1 1 2 3 5 $\longrightarrow$ 3：5＝1：1.66…
⑥ 0 1 1 2 3 5 8 $\longrightarrow$ 5：8＝1：1.6 黄金比に近い
⑦ 0 1 1 2 3 5 8 13 $\longrightarrow$ 8：13＝1：1.625

【黄金の色 いーわ！】
1.6 1 8

6
オーダーと古典主義 ［ギリシャ］

Q コンパスと3角定規で黄金比の長方形（黄金矩形）を描くには？

A 下図のように正方形の辺の中点から円弧を引いて$(1+\sqrt{5})/2$の点を求めます。

黄金比の中の$\sqrt{5}$は無理数であり、有理数でない、分母分子ともに整数の分数で表せない数です。ピタゴラス（B.C.582～496年）はすべての数は有理数としており、無理数が登場するのはプラトン（B.C.427～347年）からです。実際の設計で無理数を含む黄金比が使われたか否かは、議論のあるところです。ただし下図のようにコンパスと定規で黄金矩形をつくることができ、また、黄金比のコンパスも発見されています。歴史上のある時点で、黄金比は意識的に取り入れられるようになったと思われます。

無理数を知らなくても
黄金矩形はつくれるのよ！

①正方形ABCDの辺BC
の中点Mを求める

②中点Mを中心として
半径MDの弧を引く

$$MD=\sqrt{\left(\frac{1}{2}\right)^2+1^2}=\frac{\sqrt{5}}{2}$$

③円弧と辺BCの延長の交点Eを求める。

BEは$\dfrac{1+\sqrt{5}}{2}$の長さになり、ABEFは
黄金矩形となる

$$\frac{1}{2}+\frac{\sqrt{5}}{2}=\frac{1+\sqrt{5}}{2}=\phi$$

1：φの相似
の3角形

木製

φ=1.618

A.D.10世紀以前に使用されたと
推定される黄金比のコンパス
（ナポリ考古学博物館蔵）

①でABを測った後、同じ角度で
上下反転させてBCを測ると、
AB：BC＝φ：1となる

①でCDを測った後、同じ角度で
CEを測るとCE：CD＝1：φとなる

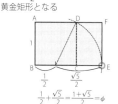

● 絵画、彫刻、建築などで黄金比の規準線を引いた分析図に多くでくわします。その数多くの分析図の規準線を見ると、本当だろうかと感じることが多々あります。単に美しさを追求したら、黄金比に近づいたということもあるのではないでしょうか。3：5とか5：8という整数比を黄金比としてしまっている可能性もありそうです。ネーミングの良さも、黄金比を過剰に評価させていると感じます。

＊参考文献　93）

Q コンパスと3角定規で1：$\sqrt{2}$の矩形（$\sqrt{2}$矩形）を描くには？

▼

A 下図のように正方形の対角線を半径とする円弧を正方形の頂点から引いて、$\sqrt{2}$矩形をつくります。

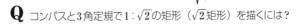

パルテノン神殿には$\sqrt{5}$矩形が使われているとされる分析図もありますが、$\sqrt{5}$は下図のやり方で$\sqrt{2}\to\sqrt{3}$に引き続き$\sqrt{4}\to\sqrt{5}$として求めることができます。

①正方形ABCDの対角線BDを半径とし、Bを中心として円弧を引く。その円弧とBCの延長との交点をEとする

②BE=$\sqrt{2}$となり、ABEFは$\sqrt{2}$矩形となる

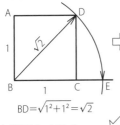

$BD=\sqrt{1^2+1^2}=\sqrt{2}$

③BFを半径としてGを求める

④BG=$\sqrt{3}$となり、ABGHは$\sqrt{3}$矩形となる

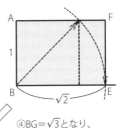

$BF=\sqrt{1^2+(\sqrt{2})^2}=\sqrt{3}$

［別の方法］

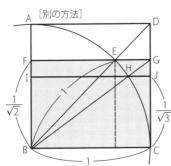

①正方形ABCDのBから半径BAの円弧を引き、対角線BDとの交点Eを求める

②Eから水平線FGを引く。

$FB=\dfrac{1}{\sqrt{2}}$となる

$FB:BC=\dfrac{1}{\sqrt{2}}:1=1:\sqrt{2}$

∴ FBCGは$\sqrt{2}$矩形となる

③BGと円弧の交点Hを求め、IHを延ばしてJとすると$\sqrt{3}$矩形IBCJが求まる

Q パルテノン神殿では、視覚補正のためにどのような工夫がされている？

A 水平線中央部を少し上げる、柱を少し内側に倒す、柱の中央部を少しふくらませるなどです。

長い水平線は中央が下がって見えるので、中央部を**7cm**ほど上げています。このような工夫は日本でも天井を少し上げるなどでやられています。柱列の平行な垂直線は上に行くほど外に開いて見えるので、柱を内側に少し倒しています。また柱を直線でつくると中央が凹んで見えるので、中央を少しふくらませる<u>エンタシス</u>としています。これらは<u>リファインメント</u>（refinement：視覚的補正）と呼ばれる操作です。

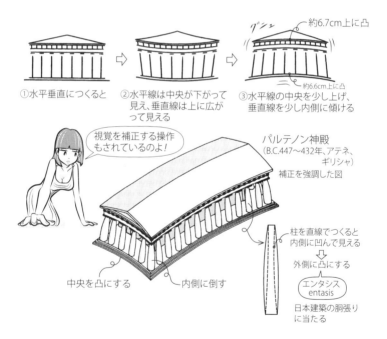

①水平垂直につくると

②水平線は中央が下がって見え、垂直線は上に広がって見える

グンュ
約6.7cm上に凸
約6.6cm上に凸

③水平線の中央を少し上げ、垂直線を少し内側に傾ける

視覚を補正する操作もされているのよ！

パルテノン神殿
（B.C.447〜432年、アテネ、ギリシャ）
補正を強調した図

中央を凸にする　　内側に倒す

柱を直線でつくると内側に凹んで見える

外側に凸にする

エンタシス
entasis

日本建築の胴張りに当たる

- ギリシャ神殿のエンタシスは日本の法隆寺の柱の胴張り（どうはり）に影響したといわれることがありますが、証明された史実ではなく、両者に関係はありません。
- 視覚的補正はルネサンス以降につくられた神話で、水平の補正は水勾配のためとか不同沈下しただけなど諸説あります。アクロポリスの複数の建物の配置は、視覚的効果を考えた絶妙なインスタレーション（作品配置）と分析されていますが、起伏の多い丘の上で平坦な部分を選んで建てただけという説もあります。

＊参考文献　2）92）

Q 5つのオーダーとは？

A 古代ギリシャでできたドリス式、イオニア式、コリント式の3オーダーに、古代ローマで加わったトスカナ式、コンポジット式の2オーダーを加えたものが5つのオーダーです。

トスカナ式はイタリアの地方名（旧称エトルリア）からきていますが、形はドリス式を簡略化したものです。またコンポジット式はイオニア式とコリント式が複合（composite）したものです。すなわち古代ローマで加わった2オーダーは、ローマ固有のアイデンティティーのあるものではありませんでした。

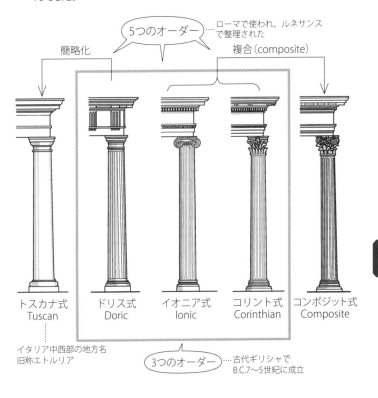

5つのオーダー ‥‥‥ ローマで使われ、ルネサンスで整理された

簡略化　　　　　　　　　　　　　　　複合（composite）

| トスカナ式 | ドリス式 | イオニア式 | コリント式 | コンポジット式 |
| Tuscan | Doric | Ionic | Corinthian | Composite |

イタリア中西部の地方名
旧称エトルリア

3つのオーダー ‥‥‥ 古代ギリシャで B.C.7〜5世紀に成立

6

オーダーと古典主義　［ローマ］

Q 5つのオーダーをまとめたのは誰？

A L.B. アルベルティ、S. セルリオ、G.B. ヴィニョーラ、A. パラディオ、V. スカモッティの、ルネサンス後期（マニエリスム）の5人の建築家です。

5つのオーダーはルネサンス後期（マニエリスム）の時代、16世紀半ばに整理され、古典主義の規範とされました。アルベルティが円柱の直径と各部の比例を記し、セルリオが5つのマニエラ（手法）としてまとめ、ヴィニョーラが5つのオーダーとし、パラディオ、スカモッティらも書物にして広めました。以後500年間、さまざまな建築家が6つ目のオーダーを創造しようと挑戦しましたが、いずれも個人的工夫に終わり、一般化するには至っていません。

最初に円柱の様式を
まとめたのは私だ！

L.B. アルベルティ

① L.B. アルベルティ　円柱の直径でその他の比を決める

② S. セルリオ　　　『5つのマニエラ』（1537年）
　　　　　　　　　　└ 手法

③ G.B. ヴィニョーラ『建築の5つのオーダー』（1562年）
　　　　　　　　　　　　└ 初めて用語として登場

④ A. パラディオ　　『建築四書』（1570年）

⑤ V. スカモッティ　『普遍建築の理念』（1615年）

A. パラディオ

建築四書にさまざまな
タイプの建築への応用例
もしっかり書いたぞ

ヴィツェンツァに実作も
いっぱいある
ヴェネツィアの教会
も忘れずに！

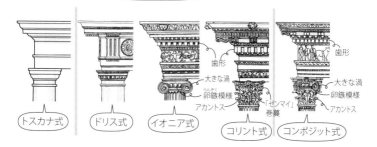

トスカナ式　　ドリス式　　イオニア式　　コリント式　　コンポジット式

歯形　大きな渦　卵鏃模様　アカントス　「センマイ」巻蔓

Q 5つのオーダーの高さHは根元の直径Dの何倍がよいとされていた？

▼

A G.B.ヴィニョーラやA.パラディオの本では下図のように、7D、8D、9D、10D、10D程度です。

🔳 トスカナ式、ドリス式、イオニア式、コリント式、コンポジット式の順に細長く設定されています。壁付きの場合、台座があるなしで倍数が変わることがあります。

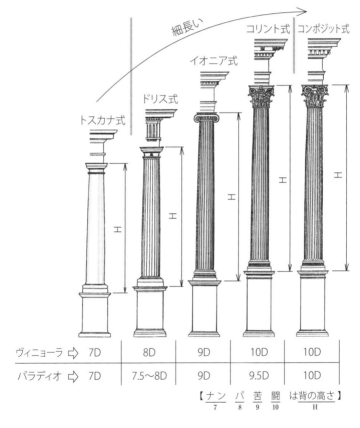

ヴィニョーラ ⇨ 7D	8D	9D	10D	10D
パラディオ ⇨ 7D	7.5〜8D	9D	9.5D	10D

【 ナン パ 苦 闘 は背の高さ 】
　　 7　 8 　9　10　　　　H

- サヴォア邸のピロティの柱は、高さ295cm／直径28cm（筆者実測）＝10.5Dとなって、コリント式に近いプロポーションです。
- 上図はヴィニョーラ著『建築の5つのオーダー』（1562年）からの引用。

Q 5つのオーダーはどのようなタイプの建物に使われた？

A トスカナ式、ドリス式は軍事施設などの堅強さを表明したい建物に、イオニア式は図書館、美術館などの学問的、美術的建物に、コリント式、コンポジット式は劇場、浴場などの華麗さを要求される建物に使われる傾向にあります。

オーダーの種別と建物タイプの対応は厳格に決まっているわけではありませんが、近代に至るまでこのように使われる傾向にありました。

軍事施設や堅強さを表明したい建物		美術館、図書館などの学問的、美術的建物	劇場、浴場などの華麗さを要求される建物 古代ローマに多い	
トスカナ式	ドリス式	イオニア式	コリント式	コンポジット式

↓ コリント式オーダー

【イー女は美術館に展示！】
イオニア式

カラカラ帝の浴場
（A.D.212〜216年、ローマ）

● 美術館、博物館がイオニア式というのは見た目でわかりやすく、新古典主義に分類されているアルテス・ムゼウム（K.F.シンケル、1823〜30年、ベルリン、独）や大英博物館（S.R.スマーク、1823〜47年、ロンドン、英）もイオニア式オーダーのポルティコ（柱廊玄関）がデザインの主軸とされています。

＊参考文献　43）51）

Q 古代ギリシャのドリス式はローマに入ってどのように変わった？

A 全体が細長くなり、柱頭には線が多く、柱礎が付き、台座が付くものもありました。またフリーズ端部がトリグリフではなく幅の狭いメトープとし、柱心がトリグリフに合わせられるようになりました。

柱頭を細かく見ると、四角いアバクスは薄くなり、裏側に模様が付けられるようになります。アストラガルと呼ばれる丸い縁のモールディング（繰形）との間には、模様が付けられることがありました。総じてギリシャの簡潔なドリス式よりも装飾が多くなっています。

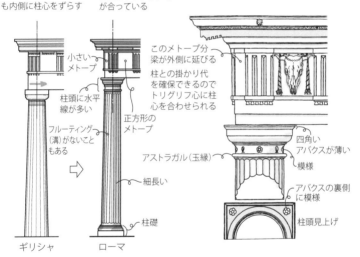

梁との掛かり代をつくるために、トリグリフよりも内側に柱心をずらす

柱心とトリグリフ心が合っている

小さいメトープ

柱頭に水平線が多い

フルーティング（溝）がないこともある

正方形のメトープ

細長い

柱礎

ギリシャ　　　ローマ

このメトープ分梁が外側に延びる

柱との掛かり代を確保できるのでトリグリフ心に柱心を合わせられる

アストラガル（玉縁）

四角いアバクスが薄い

模様

アバクスの裏側に模様

柱頭見上げ

6

• 上図右の詳細図は、『建築四書』（1570年）からとったものです。ルネサンス後期（マニエリスム）の頃は、ギリシャはオスマン帝国でヨーロッパ人が簡単に入れず、古代ローマの建築を古典主義のテキストとしていました。

Q ローマのドリス式とトスカナ式の違いは？

A トスカナ式はドリス式よりも線や装飾が少なく、シンプルです。

トスカナ式は、ローマ以前のイタリア中部トスカナ地方のエトルリアで成立したとされますが、形はドリス式とほとんど一緒です。ドリス式のフリーズはトリグリフとメトープが交互に入れ替わりますが、トスカナ式は連続的なフリーズです。ドリス式は柱頭のエキヌスに装飾が付くことがありますが、トスカナ式には装飾は付きません。ドリス式はフルーティング（溝）が付くことが多く、トスカナ式はありません。トスカナ式の柱礎はシンプルで、凸の繰形であるトルスはひとつですが、ドリス式ではトルスが2つあることがあります。総じてトスカナ式は線や装飾の少ない、ミニマルデザインのオーダーです。

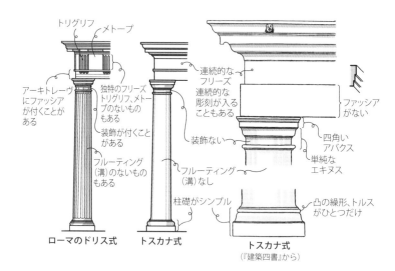

トリグリフ　メトープ

アーキトレーヴにファッシアが付くことがある

独特のフリーズトリグリフ、メトープのないものもある

装飾が付くことがある

フルーティング（溝）のないものもある

連続的なフリーズ

連続的な彫刻が入ることもある

装飾ない

フルーティング（溝）なし

柱礎がシンプル

ファッシアがない

四角いアバクス

単純なエキヌス

凸の繰形、トルスがひとつだけ

ローマのドリス式　　トスカナ式　　　　トスカナ式
（『建築四書』から）

- ドリス式、トスカナ式は、現地に行って凝視してもどちらなのか悩むほど、違いは微妙です。ドリス式でもトリグリフがない場合がありますし、フルーティングがないものもあります。吉田鋼市著『オーダーの謎と魅惑』（1994年）のp.31に「ドリス式とトスカナ式。これは結論を先に言ってしまえば、結局よくはわからない。（中略）ドリス式の最大の特徴はフリーズにトリグリフを持つことだが、これすらないドリス式も情けないことにある。また、ドリス式はおおむね1階に使われるが、2階に使われた例もある。」（下線筆者）という文章を見つけ、一流の建築史家がわからないのだから、筆者がわからなくて当然と安心したことがあります。

＊参考文献　51）52）95）

Q コンポジット式はどんな柱頭？

A コリント式のアカントスの葉の上に、イオニア式の大きな渦巻き（volute）を対角方向に4つ付け、その下に卵鏃模様を付けた柱頭です。

コリント式の巻蔓は細くて、正面から見て4つ見えますが、イオニア式やコンポジット式では左右に2つしか見えません。また渦巻き下には、イオニア式でよく使う卵鏃模様が使われています。コンポジット式でも巻蔓のような表現にされることがあって、コリント式かコンポジット式かで迷うことがありますが、渦の数や卵鏃模様などで判断します。

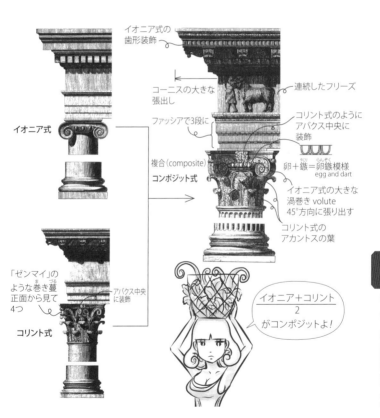

イオニア式の歯形装飾

コーニスの大きな張出し

連続したフリーズ

ファッシアで3段に

イオニア式

複合（composite）
コンポジット式

コリント式のようにアバクス中央に装飾

卵＋鏃＝卵鏃模様
egg and dart

イオニア式の大きな渦巻き volute
45°方向に張り出す

コリント式のアカントスの葉

「ゼンマイ」のような巻き蔓
正面から見て4つ

アバクス中央に装飾

コリント式

$$\frac{イオニア＋コリント}{2}$$
がコンポジットよ！

• コンポジット式は日本ではほとんど使われていないので、日本でこのような形は迷わずにコリント式と判断します。

6
オーダーと古典主義［ローマ］

Q コーニスはギリシャからローマになってどのように変化した？

A 高さと出がともに大きくなり、装飾も多くなりました。

出が大きくなって、壁面最上部に大きな陰影ができました。軒下に装飾やS字形の持送りが付けられ、装飾の多い華麗なコーニスになりました。

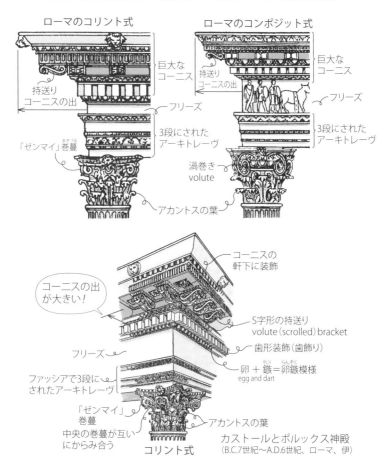

ローマのコリント式

ローマのコンポジット式

巨大な
コーニス

持送り
コーニスの出

フリーズ

3段にされた
アーキトレーヴ

「ゼンマイ」巻蔓

巨大な
コーニス

持送り
コーニスの出

フリーズ

3段にされた
アーキトレーヴ

渦巻き
volute

アカントスの葉

コーニスの
軒下に装飾

コーニスの出
が大きい！

S字形の持送り
volute (scrolled) bracket

歯形装飾(歯飾り)

卵 ＋ 鏃＝卵鏃模様
egg and dart

フリーズ

ファッシアで3段に
されたアーキトレーヴ

「ゼンマイ」
巻蔓
中央の巻蔓が互い
にからみ合う

アカントスの葉

カストールとポルックス神殿
(B.C.7世紀〜A.D.6世紀、ローマ、伊)

コリント式

• ローマのコリント式は1世紀初頭にあらわれ、ローマでは5オーダーの中で一番使われました。コンポジット式はティトゥスの凱旋門（82年頃、ローマ、伊）で初めて使われました。

＊参考文献 2）102）

Q 柱礎の形にはどんな形がある?

A ギリシャ・ドリス式のように柱礎のないもの、トルスがひとつのトスカナ式柱礎、トルスが2つのアッティカ式柱礎、トルス2つの間にフィレットを挟むコリント式柱礎などがあります。

まんじゅう状の石がひとつが<u>トスカナ式柱礎</u>、2つ積むとアッティカ式柱礎、2つの間に薄い石を挟むとコリント式柱礎です。3つの柱礎の中で、アッティカ式柱礎が最も多く使われました。トスカナ式柱礎ではシンプルすぎてしまい、コリント式柱礎では複雑なので、2段積んだアッティカ式柱礎が一番普及したと思われます。ドリス式オーダーはギリシャでは柱礎がありませんが、ローマではアッティカ式柱礎が使われました。

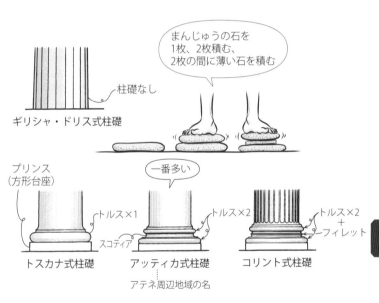

まんじゅうの石を
1枚、2枚積む、
2枚の間に薄い石を積む

柱礎なし

ギリシャ・ドリス式柱礎

プリンス
(方形台座)

一番多い

トルス×1

トルス×2

トルス×2
＋
フィレット

スコティア

トスカナ式柱礎　　　　アッティカ式柱礎　　　コリント式柱礎

アテネ周辺地域の名

6

オーダーと古典主義［ローマ］

- イオニア式オーダーはアッティカ式柱礎を使うことが多いので、いっそイオニア式柱礎としてくれた方がわかりやすいと筆者は思います。オーダー名と柱礎名は必ずしも1対1に対応せず、煩わしいところがあります。
- 凸形のモールディング(繰形)である<u>トルス</u>には組紐飾り(**R254**参照)などのレリーフ(浮彫)が施されて、華麗さを増すこともあります。

Q 古代ローマにおけるオーダーの使われ方で、ギリシャにはない特徴的なところは?

▼

A アーチとオーダーを融合させたことです。

🔲 ローマではレンガを壁の両側に積んで型枠とし、その内側にコンクリートを打って構造として、外側には大理石などを張った大型の建物が多くつくられました。構造はアーチ、ヴォールト、ドームが主となり、柱梁は従とされ、オーダーは外壁に付いた装飾的な扱いとされました。最も特徴的なオーダーの使われ方は、アーチとの融合です。アーチ+オーダーが最も典型的な形で出ているのが凱旋門です。

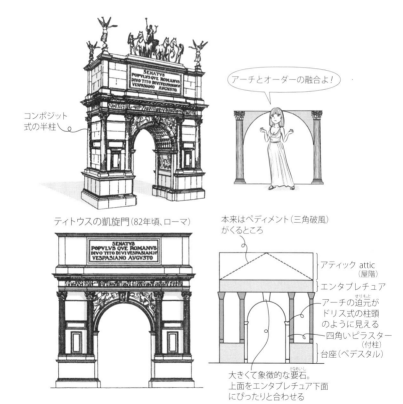

コンポジット式の半柱

アーチとオーダーの融合よ!

ティトゥスの凱旋門(82年頃、ローマ)

本来はペディメント(三角破風)がくるところ

アティック attic
(屋階)

エンタブレチュア

アーチの迫元がドリス式の柱頭のように見える

四角いピラスター
(付柱)

台座(ペデスタル)

大きくて象徴的な要石。上面をエンタブレチュア下面にぴったりと合わせる

● ティトゥスの凱旋門では、コンポジット式のオーダーが初めて使われました。

*参考文献 2)

Q 古代ローマのアーケード（アーチ列）は、オーダーをどのように使った？

A 太いピアの中央に、アーチの迫台を突き抜けるようにオーダーを付けます。

四角いピア（支柱）の迫台（せりだい）からアーチを出し、ピアの中央にオーダーを付けます。迫台はピアの周囲に回し、ピアの柱頭のような扱いとします。オーダーは、ピアの迫台を突き抜けて通します。要石（かなめいし）のある場合は、その上部をエンタブレチュア下面にぴたりと合わせます。ローマのコロッセオでは、要石は付けられていません。

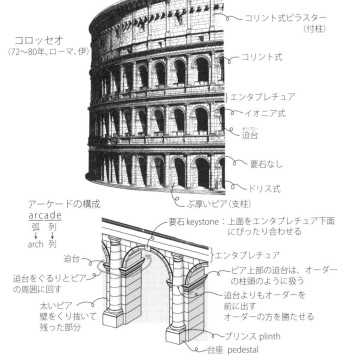

コロッセオ
（72〜80年、ローマ、伊）

コリント式ピラスター（付柱）

コリント式

エンタブレチュア

イオニア式

迫台（せりだい）

要石なし

ドリス式

ぶ厚いピア（支柱）

アーケードの構成
arcade
弧　列
↓　↓
arch　列

要石 keystone：上面をエンタブレチュア下面にぴったり合わせる

エンタブレチュア

迫台

迫台をぐるりとピアの周囲に回す

太いピア
壁をくり抜いて残った部分

ピア上部の迫台は、オーダーの柱頭のように扱う

迫台よりもオーダーを前に出す
オーダーの方を勝たせる

プリンス plinth

台座 pedestal

- arcadeのarcは弧、adeは列で、アーケードはアーチ列、アーチを連ねた柱廊のことです。
- アーケードには建築基準法用語の公共用歩廊、商店街の道路に架ける屋根の意味もあります。ヨーロッパでも商店街の上にガラスの屋根を架けた空間を、アーケードとかガレリア（galleria、伊語）と呼びます。

6

オーダーと古典主義 ［ローマ］

Q オーダーの並べ方、柱割（inter columniation）にはどんな方法がある？

A 柱間が短い順に密柱式、集柱式、正柱式、隔柱式、疎柱式の5種があります。

円柱の根元（広がる場合はその直前）の直径をDとすると、柱間すき間を1.5D、2D、2と1/4D、3D、4Dとしています。心ー心のスパンではなくすき間の内法（うちのり）で決めているのが、今とは違う方法です。エンタブレチュアは石でつくることが多く、梁としてのスパンは限定され、疎柱式でもRC造やS造の建物と比べて柱間のすき間は小さめです。

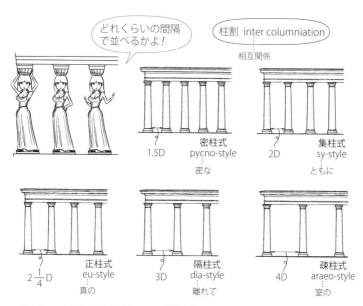

どれくらいの間隔で並べるかよ！

柱割 inter columniation
相互関係

密柱式 pycno-style
1.5D
密な

集柱式 sy-style
2D
ともに

正柱式 eu-style
2 1/4 D
真の

隔柱式 dia-style
3D
離れて

疎柱式 araeo-style
4D
室の

D：Diameter 円柱の根元の直径

基準寸法：ラテン語でmodulus、英語でmodule
直径とする場合と半径とする場合がある

- 基準寸法（モデュラス、モデュール）を直径とする場合と、半径とする場合があります。A.パラディオの『建築四書』の中でも、ドリス式を半径、それ以外を直径とするような使われ方をしており煩雑なので、本書ではMOとせずに直径をDとして統一しました。

＊参考文献　4)

Q オーダーの層構成 (super columniation) とは?

A 1階をドリス式、2階をイオニア式、3階をコリント式と順に下から上にオーダーを積み重ねることです。

◆ 横の並びが柱割 (inter columniation)、縦の並びが層構成 (super columniation) です。ローマのコロッセオは異なるオーダーを縦に積んでおり、下から古い順にドリス式、イオニア式、コリント式の順となっています。

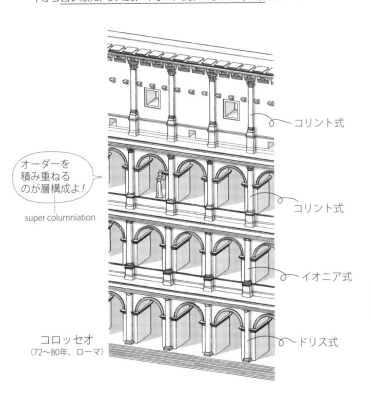

オーダーを
積み重ねる
のが層構成よ!

super columniation

コリント式

コリント式

イオニア式

ドリス式

コロッセオ
(72～80年、ローマ)

- 1階のオーダーはトスカナ式、4階のオーダーはコンポジット式とした建築史の本もあり、トスカナ式、コンポジット式がいかにギリシャの2オーダーと、形の上でも判然としないかがわかります。

6

オーダーと古典主義 [ローマ]

Q エディキュラとは?

A 2本の円柱の上にペディメントを頂いた形態単位で、窓、扉などの開口部や彫像を飾る場所に使われます。

エディキュラは小神殿、小祠（しょうし：小さなほこら）、小さな家という意味があり、切妻の神殿建築のファサードの基本形、古典主義建築の基本単位、建築の原型をも示しています。古代ローマのパンテオン（万有神殿）では、神像を飾るエディキュラが8カ所つくられています。ルネサンス以降、窓や扉を枠取るのによく使われます。

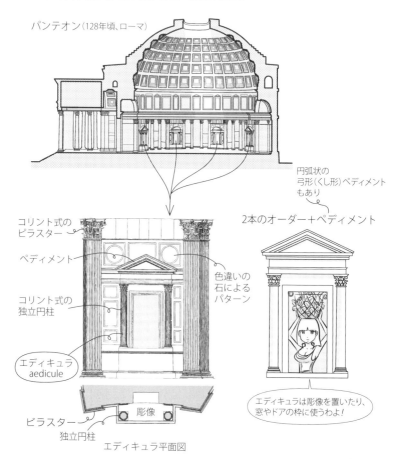

パンテオン（128年頃、ローマ）

円弧状の弓形（くし形）ペディメントもあり

2本のオーダー＋ペディメント

コリント式のピラスター

ペディメント

色違いの石によるパターン

コリント式の独立円柱

エディキュラ aedicule

ピラスター

独立円柱

彫像

エディキュラ平面図

エディキュラは彫像を置いたり、窓やドアの枠に使うわよ!

＊参考文献 97）

Q オーダーと壁の関係はどのような種類がある?

A 四角い柱はピア（角柱）、ピラスター（付柱）、袖壁の妻側先端のアンタ、円柱には独立柱、半柱、3/4柱、壁前柱があります。

💭 ローマになって構造はコンクリートの壁が主体となり、ギリシャで柱梁構造を支えたオーダーは、後に壁の装飾と化すことが多くなります。

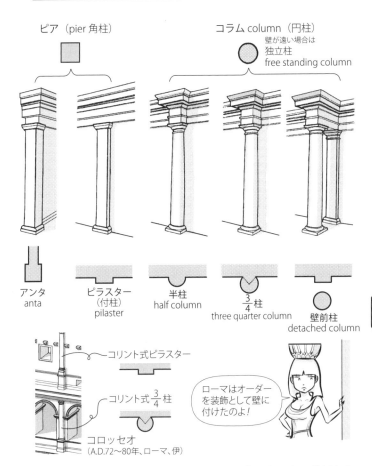

ピア（pier 角柱）

コラム column（円柱）

壁が遠い場合は
独立柱
free standing column

アンタ
anta

ピラスター
（付柱）
pilaster

半柱
half column

3/4柱
three quarter column

壁前柱
detached column

コリント式ピラスター

コリント式 3/4柱

コロッセオ
（A.D.72〜80年、ローマ、伊）

ローマはオーダーを装飾として壁に付けたのよ!

6

オーダーと古典主義 ［ローマ］

• ローマのコロッセオでは、1階から3階は3/4柱、4階はピラスター（付柱）とされています。

＊参考文献 4)

Q 初期キリスト教建築の教会において、オーダーの使われ方はどのように変化した？

A エンタブレチュアを支えていたオーダーが、アーチを直接支えるようになります。

A.D.313年にキリスト教が公認されて教会が地上にあらわれます。そのようなローマ末期から中世初期の教会建築を、初期キリスト教建築と呼びます。身廊+側廊のバシリカ式の場合、身廊上部の壁を支えるのに梁としてのエンタブレチュアでは曲げモーメントがかかって、構造的に苦しくなります。また長い石材も必要となるので、アーチを円柱の上に架けるようになります。こうして身廊のアーケードがつくられ、後にゴシックの大アーケードへとつながります。

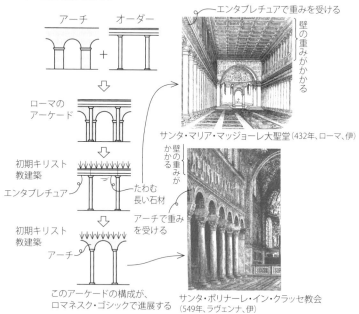

アーチ　　　オーダー

ローマの
アーケード

初期キリスト
教建築

エンタブレチュア

初期キリスト
教建築

アーチ

このアーケードの構成が、
ロマネスク・ゴシックで進展する

エンタブレチュアで重みを受ける

壁の重みがかかる

サンタ・マリア・マッジョーレ大聖堂（432年、ローマ、伊）

壁の重みがかかる

たわむ長い石材

アーチで重みを受ける

サンタ・ポリナーレ・イン・クラッセ教会
（549年、ラヴェンナ、伊）

- ローマではアーチの構造の外側にオーダーとエンタブレチュアが張り付く形でしたが、初期キリスト教建築では、アーケード上部の壁の重さを支えるために、オーダーはアーチを直接支えるようになります。
- 中世では、古代遺跡からオーダーを流用して教会堂に用いることもありました。
- バシリカ（basilica）とは、古代ローマの裁判や商取引のための細長い平面の建物。その形式がキリスト教会に使われ、身廊と側廊をもつ構成となります。教会堂の前には、柱廊で囲まれたアトリウム（中庭）が付けられました。

Q ロマネスクのアーケードでは、アーチを支える柱はどんな形?

A 太くて短いプロポーションのピアとなりました。

初期キリスト教の教会では、天井は軽い木造でつくられているため、オーダーのような細い柱で支えることができました。ロマネスクの教会では、組積造のヴォールトの外へ広がろうとする力(スラスト)を、厚い壁の重みで受け止める方法をとります。その重みを下で支える柱は、オーダーとは対照的なプロポーションの太くて短いピアとなります。厚い壁をアーチ形にくり抜いた残り、柱というよりは壁ともいえます。そのピアに凸の繰形でシャフトなどをつくり、線状の要素が束ねられたように見せる工夫がされるようになります。そのシャフトをヴォールトのリブと連続させると、あたかも力が流れているように見えます。

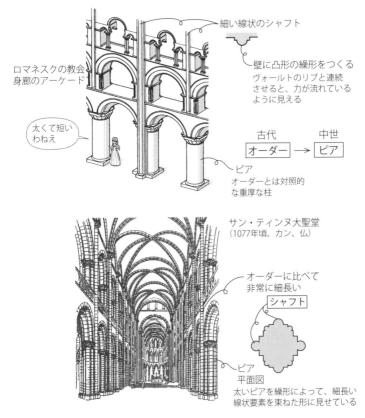

細い線状のシャフト

壁に凸形の繰形をつくる
ヴォールトのリブと連続
させると、力が流れている
ように見える

ロマネスクの教会
身廊のアーケード

太くて短い
わねえ

古代		中世
オーダー	→	ピア

ピア
オーダーとは対照的
な重厚な柱

サン・ティンヌ大聖堂
(1077年頃、カン、仏)

オーダーに比べて
非常に細長い

シャフト

ピア
平面図
太いピアを繰形によって、細長い
線状要素を束ねた形に見せている

6

オーダーと古典主義　[中世]

Q ル・トロネの修道院におけるアーケードの魅力は？

A 厚い石の壁と装飾の少ない質素なデザインにあると思われます。

この地域で産する薄い赤茶色の石の表面には、はつったのみの跡が残されています。荒々しい生地をもつ重厚な石と簡素なデザインが相まって、厳しい修行を行うシトー会修道院の張りつめた空気が感じられます。まさに「石の空間」と形容できます。アーチ中央の円柱を見ると、古代のオーダーとはプロポーションのまったく違う世界です。キリスト教の神秘思想では、数と比例を重んじる考えがあり、この修道院の随所に数的比例が取り入れられています。ロマネスクの修道院は、一種の合理主義に到達していたと思われます。

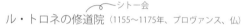
——シトー会
ル・トロネの修道院（1155〜1175年、プロヴァンス、仏）

約48cm

約140cm　約48cm

約41cm φ

回廊のアーケード　壁の厚み：約140cm
アーチの内側に入れ子にされた
アーチの厚み：約48cm

- 上記の寸法は筆者が現地で測ったものですが、アーケードの壁厚は約140cm。またアーチの中にアーチが入れ子になっていますが、小さいアーチの方は壁厚が約48cmです。
- コルビュジエがラ・トゥーレット修道院（1957〜60年）を設計する際に、施主の神父からル・トロネを見るように言われ、ここを訪れています。

Q ロマネスクの柱頭はどんな形？

A 立方体の下部をまんじゅう状、ブロック状に削った柱頭が多いです。

ロマネスクの柱やアーチはずんぐりとした量感のあるもので、地域ごとにさまざまな装飾が付けられます。古典主義のような規範はなく、地域ごとにジグザグ、菱形、動植物などの装飾が付けられています。古典主義のインターナショナルに対して、ロマネスクはローカルです。入口のアーチは、多様な装飾の付けられたアーチの重なる重層アーチです。

ロマネスクの重層アーチ
イフリーの聖堂(中世、オックスフォードシア、英)

重層アーチ

さまざまな
装飾を入れる

立方体の下をまんじゅう状や
ブロック状に削った柱頭

ロマネスクの柱

古典主義 ←──→ ロマネスク……地域、時代ごとに装飾が異なるのが魅力！

インターナショナル　　ローカル

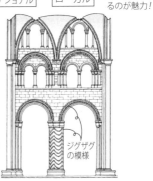

ジグザグや菱形の模様や
動植物の装飾が多いわよ！

ダラム大聖堂の
身廊アーケード
(1093～1133年、
ダラム、英)

ジグザグ
の模様

6

オーダーと古典主義 [中世]

- ダラム大聖堂（1093～1133年、ダラム、英）に訪れた際、ジグザグ模様が入れられた柱やアーチの力強さに筆者は圧倒され、大変感銘を受けました。スコットランドに近いところで、ル・トロネ同様に行くのが少々大変ですが、ぜひ実物を見てきてください。ほかにドイツのマリア・ラーハ聖堂もおすすめのロマネスクです。

Q ゴシックのシャフト（柱身）の形は？

A 非常に細長い形をしています。

🔲 ロマネスクでできた太いピアは、ゴシックでも踏襲されます。当初は円形の太いピアだったものが、盛期ゴシックのアミアン大聖堂ではシャフトの繰形がピアの足元まで延び、天井のリブから床まで線条の繰形が連続することになります。窓の細い線による枠（トレーサリー）と相まって、縦線の線条要素によるかご状の空間が実現されています。

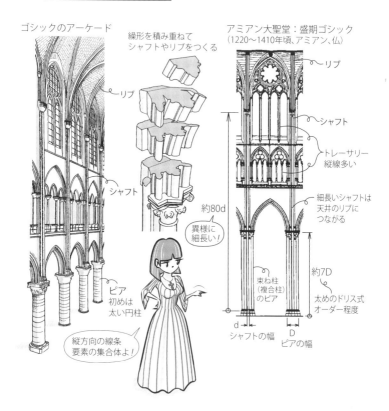

ゴシックのアーケード

繰形を積み重ねてシャフトやリブをつくる

リブ

シャフト

ピア
初めは
太い円柱

縦方向の線条
要素の集合体よ！

アミアン大聖堂：盛期ゴシック
（1220～1410年頃、アミアン、仏）

リブ

シャフト

トレーサリー
縦線多い

細長いシャフトは
天井のリブに
つながる

約80d
異様に
細長い！

約7D

太めのドリス式
オーダー程度

束ね柱
（複合柱）
のピア

d → シャフトの幅

D ピアの幅

• アミアン大聖堂の展開図にスケールを当てて測ると、ピアの高さは、太さをDとして約**7D**と、太めのドリス式オーダー程度。しかしピアの中の、繰形としてのシャフトの高さは、シャフトの太さをdとすると約**80d**と極端に細長く、もはや柱とはいえないプロポーションです。

＊参考文献　2）4）99）

Q ルネサンス以後に、オーダーのシャフトに施された工夫は？

▼

A バンドを付ける、粗石面柱（そせきめんちゅう）とするなどです。

柱頭にさまざまな装飾を加えるほかに、シャフト（柱身）にバンドを付ける、シャフトを粗石積み風にした粗石面柱などの工夫がされました。壁面の粗石積みは、低層階を基壇風にするのに盛んに使われました。そのほかにシャフトに装飾を加えるもの（柱身が平面状となるピラスターに多い）、シャフトをねじらせるねじれ柱（twisted column）なども見られます。

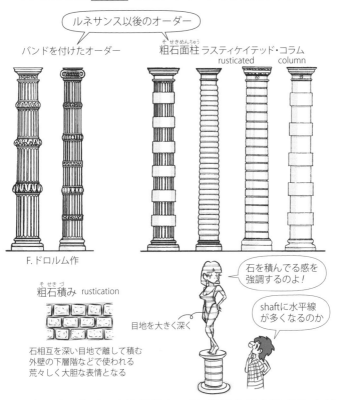

ルネサンス以後のオーダー

バンドを付けたオーダー

粗石面柱 ラスティケイテッド・コラム
そせきめんちゅう
rusticated column

F. ドロルム作

粗石積み rustication
そせきづ

目地を大きく深く

石相互を深い目地で離して積む
外壁の下層階などで使われる
荒々しく大胆な表情となる

石を積んでる感を強調するのよ！

shaftに水平線が多くなるのか

- バンドも粗石積みも、垂直に延びたシャフトに横線を多く入れるもので、あまり美しいとは思えません。オーダーはトップとボトムに装飾を入れ、長い中間はすらっと伸ばすというデザインが古代で完成しており、それに手を加えるとろくなことはないという印象です。中世を介して1000年後に復活したオーダーですが、それ自体の形よりも、その使い方に新しさが見出されます。

6
オーダーと古典主義　［ルネサンス］

＊参考文献　4）48）

Q ルネサンス以降の扉口（とびらぐち）にはどのようなものがある？

▼

A 下図のように、ペディメント＋2本のオーダー、あるいはそれを簡略化、変形したものが多く見られます。

古典主義建築の扉口は広義のエディキュラといえ、窓にも使われています。神殿建築のファサードを単純化したもので、古典主義建築の基本単位となりました。広い壁面に独立したエディキュラを配置して扉、窓をつくり、腰羽目などの水平材は分断されます。一方日本建築の構成は、長押（なげし）、鴨居などの水平材が室内を回り、内法高（うちのりだか、鴨居の高さ）を統一して部屋全体を水平線でまとめる方法をとります。

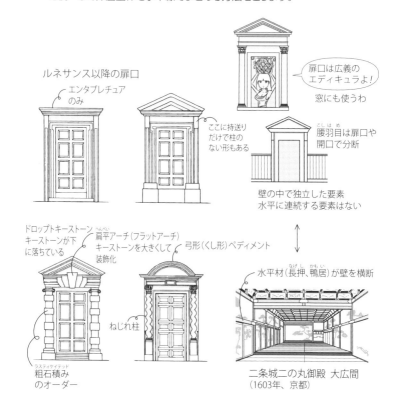

ルネサンス以降の扉口

エンタブレチュア
のみ

ここに持送り
だけで柱の
ない形もある

扉口は広義の
エディキュラよ！

窓にも使うわ

腰羽目は扉口や
開口で分断

壁の中で独立した要素
水平に連続する要素はない

ドロップトキーストーン
キーストーンが下
に落ちている

扁平アーチ（フラットアーチ）
キーストーンを大きくして
装飾化

弓形（くし形）ペディメント

水平材（長押、鴨居）が壁を横断

ねじれ柱

粗石積み
のオーダー

二条城二の丸御殿 大広間
（1603年、京都）

＊参考文献 4）

Q パラッツォ・ルチェライ（L.B.アルベルティ）のオーダーの特徴は？

A 壁面とほぼ面一（つらいち）で目地によってオーダー、アーチを表現している点、下からドリス式、イオニア式、コリント式と3層に重ねた層構成としている点です。

⬛ ピラスター（付柱）は壁面よりも出すのが普通ですが、<u>アルベルティは同面（どうづら）として、粗石積み（ルスティカ）の目地だけでオーダーを表現</u>しています。アーチも同様の扱いとし、コロッセオのようにアーチとオーダーを複合させています。またルネサンスでは初めて<u>オーダーの層構成</u>を試みています。

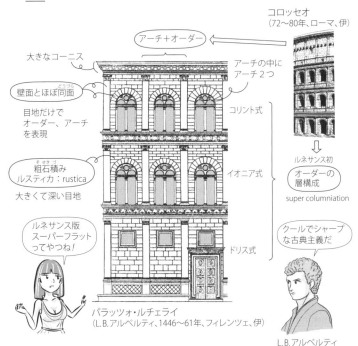

コロッセオ
（72〜80年、ローマ、伊）

アーチ＋オーダー

大きなコーニス

壁面とほぼ同面

アーチの中にアーチ2つ

目地だけでオーダー、アーチを表現

コリント式

粗石積み
ルスティカ：rustica

イオニア式

大きくて深い目地

ルネサンス版スーパーフラットってやつね！

ドリス式

ルネサンス初

オーダーの層構成
super columniation

クールでシャープな古典主義だ

パラッツォ・ルチェライ
（L.B.アルベルティ、1446〜1461年、フィレンツェ、伊）

L.B.アルベルティ

● パラッツォ（palazzo）とはイタリア語で宮殿ですが、都市内の大邸宅、政庁、裁判所なども指します。イタリア・ルネサンスでは、パラッツォが主役となります。
● アルベルティはマントヴァのサン・タンドレア教会（1472〜1512年、R009参照）においても、壁と同面に近いピラスターとその縁の小さなタイルでオーダーを表現し、凱旋門のモチーフを、凹凸の少ないシャープなデザインに昇華させています。

6

オーダーと古典主義　【ルネサンス】

＊参考文献　42）

Q 古典主義を教会ファサードに取り入れるのに、L. B. アルベルティはどのような工夫をした？

▼

A ①凸形のへこんだ部分に渦巻き形の壁をつけ、背後の屋根を隠すと同時に上下層を一体化した。
②エンタブレチュアを突き抜ける窓を付け、ブロークンペディメントとした。
③凱旋門モチーフを採用した。

アルベルティの3つの教会

①

渦巻き形壁（スクロール）で背後の屋根を隠し、上下2層をつなげる

約100年後にイル・ジェズ聖堂で使われ、「イル・ジェズ型ファサード」として世界に広まる（R301参照）

サンタ・マリア・ノヴェッラ教会
（L.B. アルベルティ、1458〜70年、フィレンツェ、伊）

②

下があいたブロークンペディメント

} エンタブレチュア

エンタブレチュアを分断する窓

サン・セバスティーノ教会
（L.B. アルベルティ、1459年、マントヴァ、伊）

③

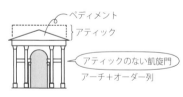

ペディメント

} アティック

アティックのない凱旋門

アーチ＋オーダー列

サン・タンドレア教会
（L.B. アルベルティ、1472〜1512年、マントヴァ、伊）

- ゴシックで完成した教会建築をいかに古典主義モチーフによってつくるかで、ルネサンスの建築家たちが創意工夫しました。なかでもアルベルティは先駆者でした。
- F. ブルネレスキは薄い壁、細い柱、繊細なアーチで軽快で優美な古典主義をつくった一方、アルベルティはヴォールトとそれを支える厚い壁やオーダーの層構成などで、古代を想起させるような古典主義を提示しました。

＊参考文献　2)

Q ルネサンス初期のフィレンツェにおけるパラッツォでは、ファサードにオーダーは使われた？

A 下図のように、粗石積みにアーチをあけるファサードが多く、円柱やピラスターとしてのオーダーはあまり使われませんでした。

パラッツォにオーダーを使うのはL.B.アルベルティがはじめたものですが、外側にはオーダーは使われないのが普通でした。ロマネスク、ゴシックから継承された、アーチの中に2つのアーチをもつ窓が多用されています。中庭に面したロッジア（アーケード）には、独立円柱としてのオーダーが使われました。

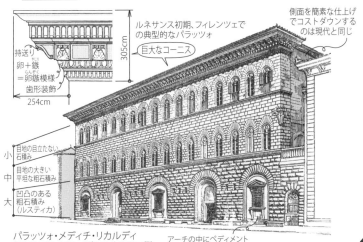

ルネサンス初期、フィレンツェでの典型的なパラッツォ

巨大なコーニス

側面を簡素な仕上げでコストダウンするのは現代と同じ

持送り
卵＋鏃＝卵鏃模様
歯形装飾

305cm
254cm

小　目地の目立たない石積み
中　目地の大きい平坦な粗石積み
大　凹凸のある粗石積み（ルスティカ）

パラッツォ・メディチ・リカルディ
（ミケロッツォ、1444〜60年、フィレンツェ、伊）

アーチの中にペディメントと縁取り（オーダーのないエディキュラ）

2階の窓

同心円ではなくアーチ上部が上に伸びる楕円

オーダー
中庭

外側を閉鎖的にし、中庭を開放的なロッジアとする

ロマネスク、ゴシックでよく使われたアーチの中に2つのアーチを入れ、中央に円形のモチーフ

ゴシックでは尖頭アーチ

この支柱はオーダー

loggia：中庭などの柱列　　arcade：アーチの列

● コーニスが非常に大きく、目立つものです。ファサードは3層に水平の縁取りで分け、その高さは大中小と上に行くほど小さくし、下から凹凸のある粗石積み、目地の大きい粗石積み、目地の目立たない石積みと、上に行くほどテクスチャーを平坦にしています。

Q エディキュラをシンプルな壁面に並べたパラッツォは？

A パラッツォ・ファルネーゼが壁面にエディキュラを並べた代表例です。

ルネサンス初期、ブルネレスキの捨子保育院では窓の周囲に縁を付けて、上部に簡素なペディメントを付けました。ルネサンス盛期になると、パラッツォにエディキュラが窓まわりの装飾としてよく使われるようになります。パラッツォ・ファルネーゼでは、シンプルな壁面にエディキュラが等間隔に並べられています。エディキュラは古代ローマから使われていますが、外壁面に窓枠として並べるようになったのは、ルネサンスからです。

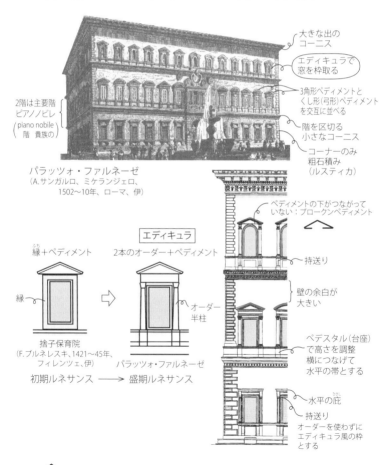

大きな出の
コーニス

エディキュラで
窓を枠取る

3角形ペディメントと
くし形（弓形）ペディメント
を交互に並べる

2階は主要階
ピアノノビレ
(piano nobile)
(階 貴族の)

階を区切る
小さなコーニス

コーナーのみ
粗石積み
（ルスティカ）

パラッツォ・ファルネーゼ
（A.サンガルロ、ミケランジェロ、
1502～10年、ローマ、伊）

ペディメントの下がつながって
いない：ブロークンペディメント

縁＋ペディメント

エディキュラ

2本のオーダー＋ペディメント

持送り

縁

オーダー
半柱

壁の余白が
大きい

捨子保育院
（F.ブルネレスキ、1421～45年、
フィレンツェ、伊）

パラッツォ・ファルネーゼ

ペデスタル（台座）
で高さを調整
横につなげて
水平の帯とする

初期ルネサンス ── 盛期ルネサンス

水平の庇

持送り
オーダーを使わずに
エディキュラ風の枠
とする

＊参考文献 100) 101)

Q パラッツォ中庭の隅柱における問題点は？

A 初期ルネサンスのパラッツォでは隅の柱が1本で構造的に弱い、上階の角に面した窓が近すぎるなどの問題点がありました。

盛期ルネサンスのパラッツォ・ファルネーゼでは隅に大きめのピアを置き、**2**本のオーダーをピアに付けて構造強度を高め、上階の窓を離しました。そのため柱、壁の心線が複雑になり、グリッドが部分的に崩れてダブルグリッドとなっています。

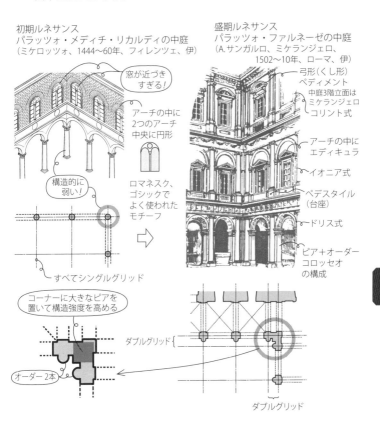

初期ルネサンス
パラッツォ・メディチ・リカルディの中庭
（ミケロッツォ、1444〜60年、フィレンツェ、伊）

窓が近づきすぎる！

アーチの中に2つのアーチ
中央に円形

構造的に弱い！

ロマネスク、ゴシックでよく使われたモチーフ

すべてシングルグリッド

コーナーに大きなピアを置いて構造強度を高める

オーダー2本

盛期ルネサンス
パラッツォ・ファルネーゼの中庭
（A.サンガロ、ミケランジェロ、1502〜10年、ローマ、伊）

弓形（くし形）ペディメント
中庭3階立面はミケランジェロ
コリント式

アーチの中にエディキュラ

イオニア式

ペデスタイル（台座）

ドリス式

ピア＋オーダー
コロッセオの構成

ダブルグリッド

ダブルグリッド

6 オーダーと古典主義 ［ルネサンス］

Q ペアコラムとは？

▼

A オーダー2つを並べる双柱（そうちゅう）のことです。

◆ D.ブラマンテによるラファエロの家では、<u>粗石積みの基壇状の1階の上に、ドリス式半円柱のペアコラムを並べた</u>2層構成です。ペアコラムはルネサンスにはじまり、現代建築にまで応用されています。

ラファエロの家
（D.ブラマンテ、1510〜12年頃、1936年破壊、ローマ、伊）

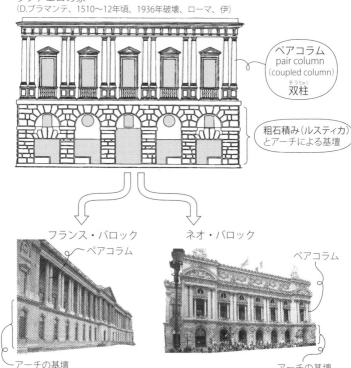

ペアコラム
pair column
(coupled column)
双柱（そうちゅう）

粗石積み（ルスティカ）
とアーチによる基壇

フランス・バロック　　　　　　ネオ・バロック

ペアコラム

ペアコラム

アーチの基壇

アーチの基壇

ルーヴル宮東側ファサード　　　パリ・オペラ座
（C.ペロー、1667〜74年、パリ、仏）　（C.ガルニエ、1875年、パリ、仏）

● 17世紀のルーヴル宮東側ファサードはフランス・バロック（新古典主義的印象が強い）、19世紀のパリ・オペラ座はネオ・バロックに分類されています。どちらもペアコラムを使い、両翼を少し突出させている、1階は粗石積み（ルスティカ）でアーチをあけて基壇状の扱いとしているなど類似点が多く、シャルル・ガルニエがルーヴル東側ファサードを参照したものと思われます。

＊参考文献　103）

Q ミケランジェロはロレンツォ図書館で、古典的モチーフをどのように扱った？

A ペアコラムを壁の凹みに入れる、何も支えない持送り（ブラケット）をペアコラムの下に付けるなど、古典のモチーフを変形した、ひねった方法で扱いました。

ロレンツォ図書館はインテリアだけの仕事でしたが、建築史に残る作品になりました。スペースに対して大きすぎる階段、壁の凹みに押し込まれた、独自な柱頭をもつペアコラム、何も支えない持送り、外壁側なのに盲窓（めくらまど）、抽象化されたオーダーのエディキュラなど、不思議な形のオンパレードとなっています。ミケランジェロは彫刻家でもあるので、建築モチーフを彫刻として扱っている感があります。ルネサンス後期の、古典の手法（マニエラ）を変形させた様式は、マニエリスム（直訳すると手法主義）と呼ばれています。

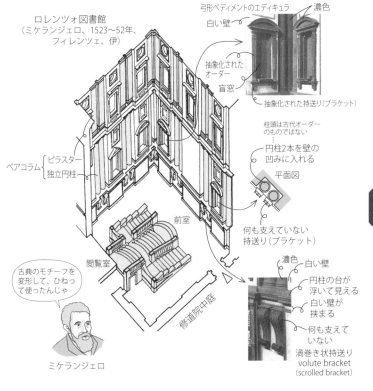

ロレンツォ図書館
（ミケランジェロ、1523〜52年、
フィレンツェ、伊）

弓形ペディメントのエディキュラ　　濃色
白い壁

抽象化された
オーダー

盲窓

抽象化された持送り（ブラケット）

柱頭は古代オーダー
のものではない
…
円柱2本を壁の
凹みに入れる

平面図

ペアコラム｛ピラスター
　　　　　　独立円柱

前室

何も支えていない
持送り（ブラケット）

閲覧室

濃色　白い壁
円柱の台が
浮いて見える
白い壁が
挟まる
何も支えて
いない
渦巻き状持送り
volute bracket
(scrolled bracket)

古典のモチーフを
変形して、ひねっ
て使ったんじゃ

修道院中庭

ミケランジェロ

6
オーダーと古典主義〔マニエリスム〕

Q 大オーダーとは？

A 2階分以上の階の高さのオーダーのことです。

各階の高さ分のオーダーが、ルネサンスまでのオーダーでした。ミケランジェロがカンピドリオの丘（ローマ）につくった3つの建物には、<u>大オーダー（ジャイアント・オーダー）が初めて使われました</u>。大オーダーは、日本でいう<u>通し柱</u>のようなものです。カンピドリオ広場の向かって左右両サイドの建物では、大オーダーのほかに、1階には小さなオーダー、2階にはエディキュラが使われています。<u>大オーダーもミケランジェロが、古典のモチーフを工夫して創造した新たな手法（マニエラ）で、この時期の様式をマニエリスム（直訳すると手法主義）と呼ぶゆえん</u>です。

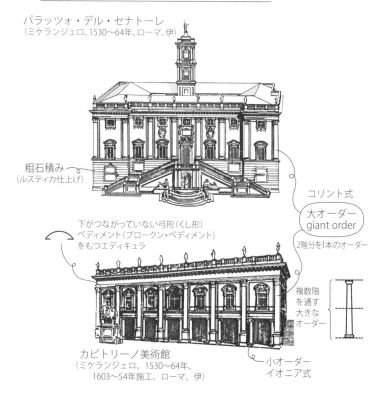

パラッツォ・デル・セナトーレ
（ミケランジェロ、1530〜64年、ローマ、伊）

粗石積み
（ルスティカ仕上げ）

下がつながっていない弓形（くし形）
ペディメント（ブロークン・ペディメント）
をもつエディキュラ

コリント式
大オーダー
giant order
2階分を1本のオーダー

複数階
を通す
大きな
オーダー

カピトリーノ美術館
（ミケランジェロ、1530〜64年、
1603〜54年施工、ローマ、伊）

小オーダー
イオニア式

● ここまで目立つ形ではありませんが、古代ローマではカラッカラの浴場（216年、ローマ）などで大小のオーダーがともに使われています。

＊参考文献　2）

Q パラディアン・モチーフとは？

A アーチとオーダーの組み合わせに、アーチを支える小さな円柱とその両脇に小さな開口を加えたモチーフのことです。

💠 ヴィチェンツァのバシリカは、中世の建物のスパンが広かったため、それに合わせると、アーチとピアだけのアーケードでは、ピアが大きくなりすぎて閉鎖的になってしまいます。A.パラディオはアーチを小さなオーダーで支え、その両脇に小さな開口部をあけることで、開放的なアーケードとしました。アーチの壁の厚みは約106cm（現地で筆者測量）もある堂々としたアーケードです。

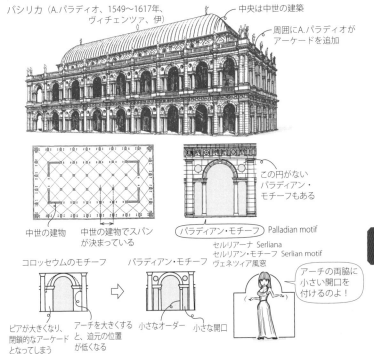

バシリカ（A.パラディオ、1549～1617年、ヴィチェンツァ、伊）

中央は中世の建築

周囲にA.パラディオがアーケードを追加

中世の建物

中世の建物でスパンが決まっている

この円がないパラディアン・モチーフもある

パラディアン・モチーフ　Palladian motif

セルリアーナ　Serliana
セルリアン・モチーフ　Serlian motif
ヴェネツィア風窓

コロッセウムのモチーフ　　パラディアン・モチーフ

アーチの両脇に小さい開口を付けるのよ！

ピアが大きくなり、閉鎖的なアーケードとなってしまう

アーチを大きくすると、迫元の位置が低くなる

小さなオーダー　小さな開口

- パラディアン・モチーフはパラディアン窓、セルリアーナ、セルリアン・モチーフ、ヴェネツィア風窓ともいわれます。S.セルリオが『建築書』（1537年）で初めて書いたものなのでセルリアーナと呼ばれ、その元はD.ブラマンテからの引用といわれています（『世界建築事典』（1984年、p.224）より）。その後パラディオが使い、パラディアン・モチーフとして各国に広まっていきます。

6 オーダーと古典主義 ［マニエリスム］

Q アティック（attic）とは？

A 屋階、屋根裏部屋のことです。

🔷 エンタブレチュアの上にアティックを載せてヴォリュームをつくる方法があります。古代ローマの凱旋門では、アーチとエンタブレチュアの上にアティックを置いて全体のバランスをとり、銘文を書くスペースも確保しています。A.パラディオのヴィラ・ロトンダでは、神殿正面のポルティコ（玄関柱廊）を四面に付けていますが、そのエンタブレチュアの上にアティックを載せて、ヴォリュームのバランスをとっています。

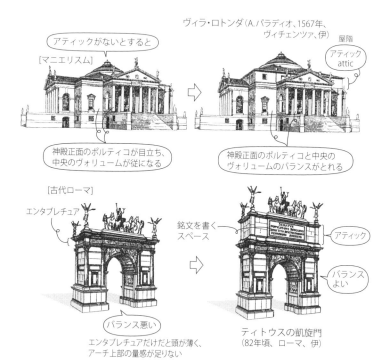

ヴィラ・ロトンダ（A.パラディオ、1567年、ヴィチェンツァ、伊）

アティックがないとすると

［マニエリスム］

神殿正面のポルティコが目立ち、中央のヴォリュームが従になる

屋階

アティック attic

神殿正面のポルティコと中央のヴォリュームのバランスがとれる

［古代ローマ］

エンタブレチュア

バランス悪い

エンタブレチュアだけだと頭が薄く、アーチ上部の量感が足りない

銘文を書くスペース

アティック

バランスよい

ティトウスの凱旋門（82年頃、ローマ、伊）

● パラディオのヴィラなどを見ながらヴィチェンツァの街を歩くと、建物自体の質が安っぽいのにすぐ気がつきます。表面のモルタル、スタッコ（化粧しっくい）がはがれてレンガが露出し、内壁には絵で偽のオーダーが描かれています。エンタブレチュアが木製で塗装されたものまであり、古代、中世と見てきた者の目には痛々しく感じます。

＊参考文献　2）

Q 凸型の教会正面を、ルネサンスの建築家はどのように扱った？

A 神殿正面を重ねる、渦巻き形の壁を付けるなどの工夫をしました。

ゴシックで大成された教会に、オーダーなどの古典主義的要素をどのように適用するかが、ルネサンスの建築家たちの大きなテーマでした。教会は身廊は高く、側廊は低く、バットレスも必要となるので、ファサードは凸型になる傾向にあります。中世では塔を建てて背後を隠しましたが、ルネサンスでは神殿の正面を重ねて凸形に対応する、凸形のへこんだ部分に渦巻き形の壁を付けて背後を隠し、上下層をつなげるなどの工夫がされました。渦巻き形の壁はイル・ジェズ教会が有名ですが、L. B. アルベルティの教会が先行しています。

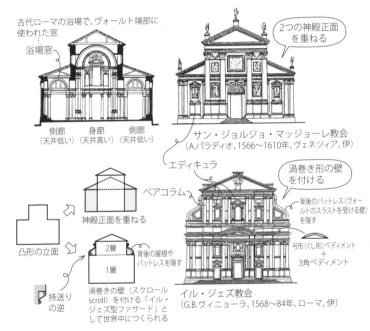

古代ローマの浴場で、ヴォールト端部に使われた窓
　浴場窓

側廊 身廊 側廊
（天井低い）（天井高い）（天井低い）

2つの神殿正面を重ねる

サン・ジョルジョ・マッジョーレ教会
（A.パラディオ、1566～1610年、ヴェネツィア、伊）

エディキュラ

神殿正面を重ねる

ペアコラム

凸形の立面

2層
1層

背後の屋根やバットレスを隠す

持送りの逆

渦巻きの壁（スクロール scroll）を付ける「イル・ジェズ型ファサード」として世界中につくられる

渦巻き形の壁を付ける

背後のバットレス（ヴォールトのスラストを受ける壁）を隠す

弓形（くし形）ペディメント
＋
3角ペディメント

イル・ジェズ教会
（G.B.ヴィニョーラ、1568～84年、ローマ、伊）

- ヴェネツィアの教会の魅力は、ファサードが海に面していて、遠景が水に浮いているような姿になることです。
- ファサード（façade 仏語）とは建物の顔 face となる正面の立面（elevation）のこと。西欧の古典主義の教会を見ると、ファサードは石造で意匠を凝らしているのに、側面に回るとレンガのままといったものが多くあります。
- 上記の同時代の2教会は、マニエリスム（後期ルネサンス）に分類されています。

6

オーダーと古典主義〔マニエリスム〕

Q オーダーの重層化（stratification）とは?

A オーダーの層を前後にずらして重ねる方法です。

🔷 オーダーの層（レイヤー）を何層も前後に重ねて立体感を出し、中央に行くほど前に出して中央を強調するのが重層化の手法です。

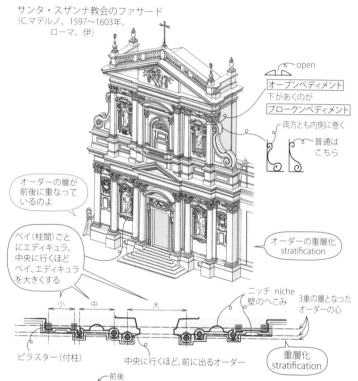

サンタ・スザンナ教会のファサード
（C.マデルノ、1597〜1603年、ローマ、伊）

open
オープンペディメント
下があくのが
ブロークンペディメント
両方とも内側に巻く
普通はこちら

オーダーの層が前後に重なっているのよ

ベイ（柱間）ごとにエディキュラ。中央に行くほどベイ、エディキュラを大きくする

オーダーの重層化
stratification

ニッチ niche
壁のへこみ

3重の層となったオーダーの心

小　中　大

ピラスター（付柱）

中央に行くほど、前に出るオーダー

重層化
stratification

前後
・stratification：重層化。柱列の層を前後に重ねる←バロックから
・super columniation：層構成。1階、2階、3階と積み上げる←古代ローマから
　　　　　　　　上下

● サンタ・スザンナ教会は、前項のイル・ジェズ教会とほぼ同じファサードです。マニエリスム（後期ルネサンス）のイル・ジェズ教会のオーダーはほぼ同じ柱心で並んでいますが、バロックのサンタ・スザンナ教会は柱心を前後に3層ずらして重層化し、中央部を前に出しています。

＊参考文献　4) 105)

Q オーダー列を曲線状に曲げることはある？

A バロックでよく行われました。

サン・カルロ・アッレ・クアットロ・フォンターネ教会では、オーダーの列は
エンタブレチュアとともに湾曲、屈折、うねりが加えられ、動的で凹凸を
強調した表現とされています。

エンタブレチュア の湾曲

折れ曲がり

サン カルロ・アッレ・クアットロ・フォンターネ教会
（F.ボロミーニ、1688年、ローマ、伊）

折れ曲がり

湾曲

くねらせて
動きを出し
てるのよ！

2階

小さいオーダー

エンタブレチュアのうねり

光が入る

メダイヨン：大型のメダル
medaillon（仏語）

中央が凹

中央が凸

エンタブレチュア
がうねる

幾何学模様の
白い格間（こうま）

うねりに従って、
柱頭の巻蔓が出
る角度も回転さ
せている

十字路の各角に
4つの泉がある
クアットロ・フォンターネ

中央のドーム

- 光の当たる幾何学模様の格間をもつ楕円形ドームは実に美しく、古代のパンテ
オン、マニエリスム（後期ルネサンス）のサン・ピエトロ大聖堂とともにローマ
で必見のドームです。

Q サン・ピエトロ大聖堂の様式は?

A 初期キリスト教→ルネサンス→マニエリスム(後期ルネサンス)→バロック

💠 カトリックの総本山であるサン・ピエトロ大聖堂の変遷は、建築史そのものともいえます。

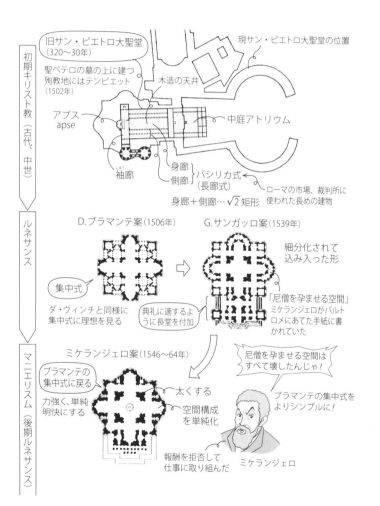

初期キリスト教(古代、中世)

旧サン・ピエトロ大聖堂(320〜30年)

現サン・ピエトロ大聖堂の位置

聖ペテロの墓の上に建つ殉教地にはテンピエット(1502年)

木造の天井

アプス apse

中庭アトリウム

袖廊(しゅう)

身廊 側廊

バシリカ式(長廊式)

ローマの市場、裁判所に使われた長めの建物

身廊+側廊…√2 矩形

ルネサンス

D. ブラマンテ案(1506年)

G. サンガッロ案(1539年)

集中式

細分化されて込み入った形

ダ・ヴィンチと同様に集中式に理想を見る

典礼に適するように長堂を付加

「尼僧を孕ませる空間」ミケランジェロがバルトロメにあてた手紙に書かれていた

マニエリスム(後期ルネサンス)

ミケランジェロ案(1546〜64年)

ブラマンテの集中式に戻る

力強く、単純明快にする

太くする

空間構成を単純化

尼僧を孕ませる空間はすべて壊したんじゃ!

ブラマンテの集中式をよりシンプルに!

報酬を拒否して仕事に取り組んだ

ミケランジェロ

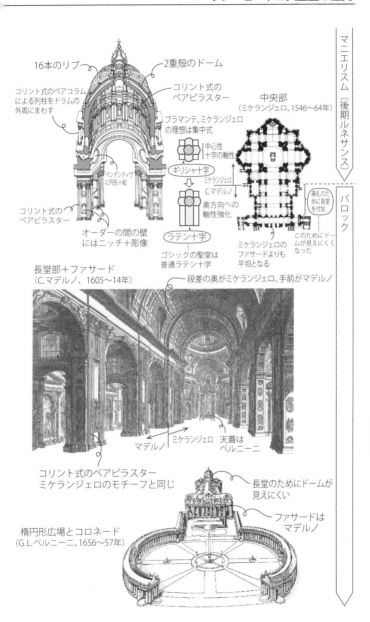

16本のリブ

2重殻のドーム

コリント式のペアコラムによる列柱をドラムの外周にまわす

コリント式のペアピラスター

中央部
（ミケランジェロ、1546～64年）

ブラマンテ、ミケランジェロの理想集中式

中心性
十字の軸性

ギリシャ十字

ミケランジェロ
↓
C.マデルノ

奥方向への軸性強化

ラテン十字

ゴシックの聖堂は普通ラテン十字

ペンデンティヴに円形＋絵

コリント式のペアピラスター

オーダーの間の壁にはニッチ＋彫像

ミケランジェロのファサードよりも平坦となる

典礼のために長堂を付加

このためにドームが見えにくくなった

長堂部＋ファサード
（C.マデルノ、1605～14年）

段差の奥がミケランジェロ、手前がマデルノ

マデルノ　ミケランジェロ　天蓋はベルニーニ

コリント式のペアピラスター
ミケランジェロのモチーフと同じ

長堂のためにドームが見えにくい

ファサードはマデルノ

楕円形広場とコロネード
（G.L.ベルニーニ、1656～57年）

Q コンパスを使って楕円をつくるには？

▼

A 下図のように、4つの中心から円弧を引いてつなぎます。

楕円は円を一定方向に縮小するとできる複雑な図形で、CADでは簡単に描けますが、手で描くには円弧をつないで擬似楕円とします。円弧を使うと設計や施工でも便利なので、コロッセオ、サン・ピエトロ大聖堂の広場や現代の競技場にも使われる図法です。この4心の楕円の上半分は、3心アーチとなります。楕円はバロックで最も重要なモチーフです。

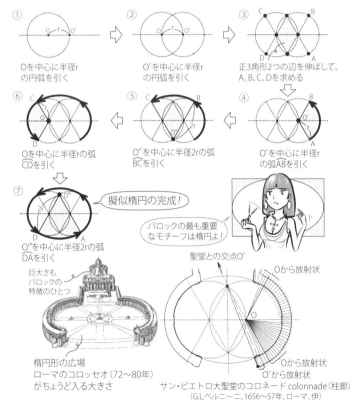

① Oを中心に半径rの円弧を引く

② O'を中心に半径rの円弧を引く

③ 正3角形2つの辺を伸ばして、A、B、C、Dを求める

④ O'を中心に半径rの弧ABを引く

⑤ O''を中心に半径2rの弧BCを引く

⑥ Oを中心に半径rの弧CDを引く

⑦ O'''を中心に半径2rの弧DAを引く

擬似楕円の完成！

バロックの最も重要なモチーフは楕円よ！

巨大さもバロックの特徴のひとつ

楕円形の広場
ローマのコロッセオ（72〜80年）がちょうど入る大きさ

聖堂との交点O'

Oから放射状

Oから放射状

O'から放射状

サン・ピエトロ大聖堂のコロネード colonnade（柱廊）
（G.L.ベルニーニ、1656〜57年、ローマ、伊）

● サン・ピエトロ大聖堂の建設資金を集めるために、ヨーロッパ中で免罪符を乱発。その紙を買いさえすれば罪から免れられるというおかしなものでしたが、ルターらが批判、宗教改革の発端となります。そんな宗教改革に対抗するため、カトリックの権威を取り戻すために教会を巨大化、劇場化させる動きが生まれます。

＊参考文献　2) 4)

Q 複数の楕円を重合した空間構成はある?

A 南ドイツのバロックの聖堂で使われています。

フィアツェーンハイリゲン巡礼教会は、平面上で複数の楕円を重合させたダイナミックな構成です。しかし、各楕円ドームのむくりは小さく平板で、ドーム表面に濃色のフレスコ画が描かれているためにドームに包まれた感覚に乏しく、平面で期待するほどの空間の効果はあがっていません。

インテリアはロココに
分類されることがある

フィアツェーンハイリゲン巡礼教会……独バロック
(J.B.ノイマン、1743〜72年、バインツ近郊、独)

楕円形を重合させた
動的な空間構成

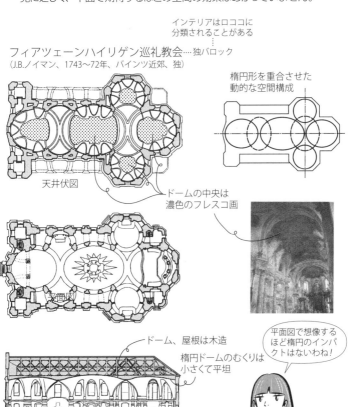

天井伏図

ドームの中央は
濃色のフレスコ画

ドーム、屋根は木造

楕円ドームのむくりは
小さくて平坦

平面図で想像する
ほど楕円のインパ
クトはないわね!

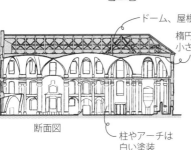

断面図

柱やアーチは
白い塗装

6

オーダーと古典主義〔バロック〕

*参考文献　105)

Q イタリアから受け継いだフランスの古典主義は、イタリアにないどのような特徴がある？

▼

A 背の高い屋根、煙突が古典主義に組み込まれました。

アルプス以北の雨が多くて寒いパリでは、急勾配の背の高い屋根（マンサード屋根）と、暖炉のための煙突が目立つようになります。ルーヴル宮のデザインでは、オーダー、エディキュラ、ペディメントに、大きな屋根と煙突が組み合わされています。イタリア・ルネサンスのパラッツォのような大きなコーニスは使われません。

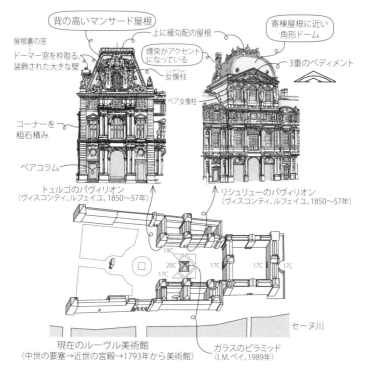

背の高いマンサード屋根

上に緩勾配の屋根

煙突がアクセントになっている

寄棟屋根に近い角形ドーム

3重のペディメント

屋根裏の窓

ドーマー窓を枠取る、装飾された大きな壁

女像柱（じょぞうちゅう）

ペア女像柱

コーナーを粗石積み

ペアコラム

トュルゴのパヴィリオン
（ヴィスコンティ、ルフェイユ、1850〜57年）

リシュリューのパヴィリオン
（ヴィスコンティ、ルフェイユ、1850〜57年）

19C
20C
17C
17C
17C
17C

セーヌ川

現在のルーヴル美術館
（中世の要塞→近世の宮殿→1793年から美術館）

ガラスのピラミッド
（I.M.ペイ、1989年）

- マンサード（mansard）屋根：急勾配の途中で折れ曲がって上部は緩勾配とする屋根。フランソワ・マンサールからとられた名称ですが、実際は彼の生前からこの屋根は使われていました。
- パヴィリオン（pavilion）：建物から突出している部分、分離された部分。長い建物の単調さを回避するためのアクセント、中心軸の強調、外部空間の囲い込みなどに使われます。

Q ルーヴル宮東面の G.L. ベルニーニ案と実施された C. ペロー案の違いは？

A ベルニーニ案は曲面や凹凸の多い案であるのに対し、ペロー案は平板で シンプルな構成です。

どちらもバロックに分類されていますが、対照的なデザインです。ペアコ ラムを均等に並べたペロー案は、どちらかというと新古典主義のようなク ールな印象を受けます。フランスのルネサンスやバロックに見る大屋根、 煙突やアティックはなく、きわめてシンプルで抑制の効いたデザインです。 フランス・バロックは、イタリアほど曲面を好みませんでした。

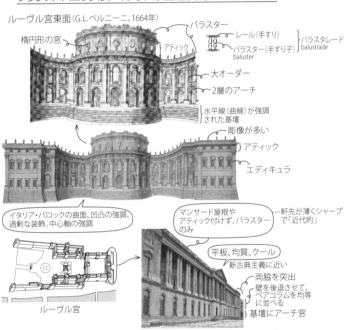

ルーヴル宮東面（G.L.ベルニーニ、1664年）

バラスター

楕円形の窓

アティック

レール（手すり）
バラスター（手すり子）baluster
} バラスタレード balustrade

大オーダー

2層のアーチ

水平線（曲線）が強調 された基壇

彫像が多い

アティック

エディキュラ

イタリア・バロックの曲面、凹凸の強調、 過剰な装飾、中心軸の強調

ルーヴル宮

マンサード屋根や アティック付けず、バラスター のみ

…軒先が薄くシャープ で「近代的」

平板、均質、クール
新古典主義に近い

両脇を突出
壁を後退させて、 ペアコラムを均等 に並べる
基壇にアーチ窓

ルーヴル宮東面（C.ペロー、1667〜78年）

• 実施された案はペロー作となっていますが、現在でも設計者が誰なのか議論が あります。ペローはウィトルウィウスの『建築書』を仏訳した知識人ですが、実 は医者で建築家ではなく、図面は別の人が彼のスケッチから起こしていました。 ルーヴル東面については多くの建築家が計画案を出し、その中にイタリアの巨 匠ベルニーニもいました。実現案は二転三転し、最終的にペロー案に落ち着き ます。絵を見る限り、激しい曲面のベルニーニ案が通らなかったのは、落ち着 きを好むパリ市民にとって幸いだったと思われます。ルイ14世がヴェルサイユ 宮を造営したのも同時期、17世紀後半です。

6

オーダーと古典主義 〔バロック〕

Q 新古典主義のオーダーの使い方は？

▼

A 1列に等間隔に並べ、全体として均質、単純、冷徹な印象を醸し出します。

バロックではオーダー列を重層させたりグネグネとくねらせたり、大小のオーダーを組み合わせたりしました。新古典主義はその反動で、1列に等間隔で整然とオーダーを並べます。全体の印象は単純、均質、冷徹で、近代建築、特にミースの建築を連想させます。K.F.シンケルのアルテス・ムゼウムは、その典型例です。

アルテス・ムゼウム（K.F.シンケル、1823〜30年、ベルリン、独）

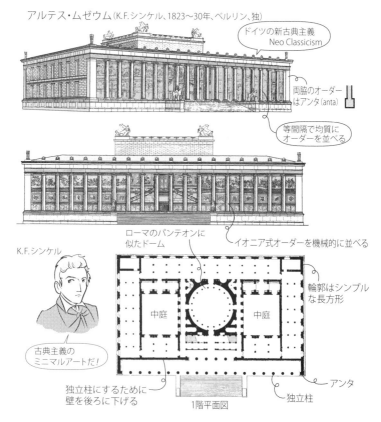

ドイツの新古典主義
Neo Classicism

両脇のオーダー
はアンタ（anta）

等間隔で均質に
オーダーを並べる

ローマのパンテオンに
似たドーム

イオニア式オーダーを機械的に並べる

K.F.シンケル

古典主義の
ミニマルアートだ！

中庭

中庭

輪郭はシンプル
な長方形

独立柱にするために
壁を後ろに下げる

1階平面図

アンタ

独立柱

● 18世紀後半にギリシャの考古学的研究が進み、また論理的整合性を目指す傾向が生じ、ギリシャ様式の復興や合理的幾何学的形態が志向されます。そして18世紀後半から19世紀初頭に新古典主義が起こります。

＊参考文献　107）

Q ルネサンスの時代区分はどのように変化した？

A ①古典主義≒ルネサンス、② 17世紀をバロックとして分ける、③ 16世紀のルネサンス後期をマニエリスムとして分ける、と様式の細分化が進みました。

19世紀以降、古典主義の様式研究が進み、最終的にルネサンス、マニエリスム、バロックと3つに落ち着きました。

ミケランジェロ

大雑把に言えば
私からマニエリスム、
私の後からバロック
じゃよ

ルネサンス様式の細分化

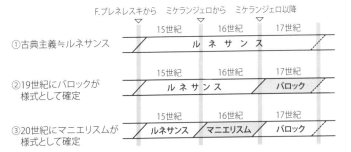

F.ブレネレスキから　ミケランジェロから　ミケランジェロ以降

	15世紀	16世紀	17世紀
①古典主義≒ルネサンス	ルネサンス		

	15世紀	16世紀	17世紀
②19世紀にバロックが様式として確定	ルネサンス		バロック

	15世紀	16世紀	17世紀
③20世紀にマニエリスムが様式として確定	ルネサンス	マニエリスム	バロック

【ルネサンスはイー子の古典主義】【いろんな手法のマニエリスム】【柔軟な曲線のバロック】
　　　　15世紀　　　　　　　　　　16世紀　　　　　　　　　17世紀

● ルネサンスはより細かく見ると、下のような年代区分とされています。
　1420〜　　初期ルネサンス　F.ブルネレスキから
　1480〜　　盛期ルネサンス　D.ブラマンテから
　1520〜1600　マニエリスム（後期ルネサンス）　ミケランジェロから
　1600〜1680（伊以外は18世紀中頃まで）バロック　C.マデルノから
　【　ブルマ好きは人間的　】　【　三毛　に　マナーを教える　】
　　　ブルネレスキ　人間主義＝ルネサンス　　ミケランジェロ　マニエリスム

6

オーダーと古典主義［新古典主義／まとめ］

　オーダーの用法をまとめておきます。古代ローマの段階で、多くの用法が開発されていたのがわかります。

古代ローマ -------- 1000年の中世 --------- ルネサンス

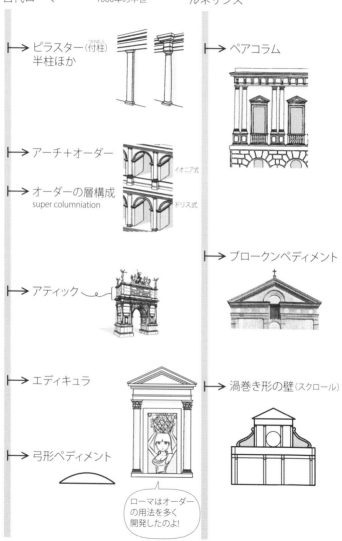

├→ ピラスター(付柱)
　　半柱ほか

├→ ペアコラム

├→ アーチ+オーダー

├→ オーダーの層構成
　　super columniation

イオニア式

ドリス式

├→ ブロークンペディメント

├→ アティック

├→ エディキュラ

├→ 渦巻き形の壁(スクロール)

├→ 弓形ペディメント

ローマはオーダー
の用法を多く
開発したのよ!

マニエリスム

バロック

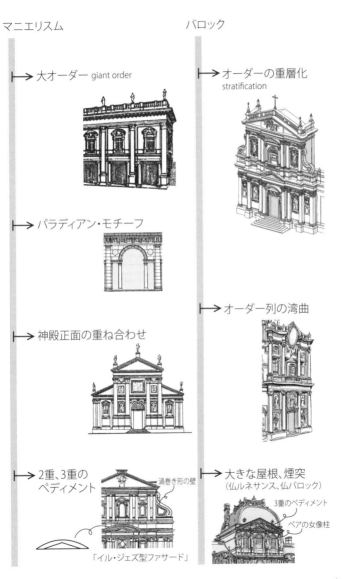

├─▶ 大オーダー giant order

├─▶ オーダーの重層化
　　stratification

├─▶ パラディアン・モチーフ

├─▶ 神殿正面の重ね合わせ

├─▶ オーダー列の湾曲

├─▶ 2重、3重の
　　ペディメント

渦巻き形の壁

「イル・ジェズ型ファサード」

├─▶ 大きな屋根、煙突
　　（仏ルネサンス、仏バロック）

3重のペディメント

ペアの女像柱

6

オーダーと古典主義［まとめ］

参考文献

1) Luigi Ficacci "Giovnni Battista Piranesi : The complete etchings" Taschen (Bibliotheca Universalis), 2016年

2) Sir Banister Fletcher "A history of architecture" Athlone Press, 1975

3) 日本建築学会編『西洋建築史図集』彰国社、1983年

4) 鈴木博之他著『図説年表 西洋建築の様式』彰国社、1998年

5) 鈴木博之著『建築の世紀末』晶文社、1977年

6) 三宅理一著『都市と建築コンペティション 1 首都の時代』講談社、1991年

7) Karla Britton "Auguste Perret" Phaidon Press, 2001

8) 鈴木博之著「20世紀建築の総括 われわれの時代の意味を考える」「季刊カラムNo.79」新日本製鉄株式会社、1981年

9) Panayotis Tournikiotis "Adolf Loos" Princeton Architectural Press, 1994

10) 原口秀昭著『20世紀の住宅 空間構成の比較分析』鹿島出版会、1994年

11) H. R. ヒッチコック、P. ジョンソン著『インターナショナル・スタイル』鹿島出版会、1978年、原著1932年

12) "Le Corbusier vol.2 1929-34" Artemis, 1991

13) 原口秀昭著『ルイス・カーンの空間構成 アクソメで読む20世紀の建築家たち』彰国社、1998年

14) 高山正実他著『プロセスアーキテクチャー 35 シカゴ派の建築』プロセスアーキテクチャー、1983年

15) Norman Foster and Partners "Norman Foster Works" Prest-el Verlag, 2004

16) 「SD」1985年1月号「ハイテック・スタイル」鹿島出版会

17) Philip C. Johnson, Mark Wigley "Deconstructivist architecture" The Museum of Modern Art, New York, 1988

18) 亀井高孝他著『世界史年表・地図』吉川弘文館、2007年

19) 太田博太郎他著『日本建築史基礎資料集成1 社殿1』中央公論美術出版、1998年

20) 日本建築学会編『日本建築史図集』彰国社、2011年

21) 後藤治著『日本建築史 建築学の基礎6』共立出版、2003年

22) 西岡常一、宮上茂隆著、穂積和夫イラスト『法隆寺 世界最古の木造建築』草思社、1980年

23) 太田博太郎他著『日本建築史基礎資料集成4 仏堂1』中央公論美術出版、1981年

24) 後藤治他著「普請研究第28号 大仏様建築 東大寺南大門の化粧棟木と軒桁」普請研究会、1989年

25) 太田博太郎著『新訂 図説日本住宅史』彰国社、1971年

26) 平井聖著『図説 日本住宅の歴史』学芸出版社、1980年

27) 平井聖著『城と書院 日本の美術13巻』平凡社、1965年

28) 神代雄一郎著『日本の美術 No.244 日本建築の空間』至文堂、1986年

29) 内藤昌著『江戸と江戸城』鹿島出版会、1966年

30) 斎藤英俊、穂積和夫著『桂離宮 日本建築の美しさの秘密』草思社、1993年

31) 岡本真理子、内藤昌著『日本の住まいとインテリア』『インテリア大事典』壁装材料協会、1988年

32) 玉井哲雄著『日本建築の歴史 寺

院・神社と住宅』河出書房新社、2008年

33) 便利堂 撮影・制作『桂離宮』伝統文化保存協会、2001年

34) 日本建築学会編『建築設計資料集成6（建築・生活）』丸善、1981年

35) 藤森照信著『日本の近代建築 上（幕末・明治篇）』岩波新書、1993年

36) 桐敷真次郎著『西洋建築史』共立出版、2001年

37) 『季刊カラムNo.70 齋藤公男著「架構技術の遺産と創造 アーチのある風景」』新日本製鉄株式会社、1978年

38) 川口衛他著『建築構造のしくみ 力の流れとかたち（建築の絵本）』彰国社、1990年

39) David James Brown "The random house book of how things were built", Random House, 1992

40) 森田慶一著『西洋建築入門』東海大学出版会、1971年

41) ビル・ライズベロ著、下村純一・村田宏 共訳『図説西洋建築物語』グラフ社、1982年

42) Carol Davidson Cragoe "Comprendre l'architecture", Larousse, 2010

43) ジム・ハーター著『建物カット集1（ヨーロッパ・アジア）』マール社、1997年

44) 西田雅嗣編・著『ヨーロッパ建築史』昭和堂、1998年

45) 『建築学体系5 西洋建築史』彰国社、1968年

46) 日東書院本社編集部編・岩坂彰他訳『ビジュアルディクショナリー英和大事典』日東書院本社、2012年

47) ピエロ・ヴェントゥーラ著（文・画）、福田晴虔訳『三省堂図解ライブラリー 住まいの歴史』三省堂、1994年

48) Robert Adam, illustrations by Derek Brentnall "Classical Architecture : A Complete Handbook", Viking, 1990

49) ケネス・フランプトン編著『GA Document special issue 2 Modern Architecture 1851-1919』A.D.A.EDITA Tokyo, 1981年※不明

50) 大橋竜太著『ロンドン大火 歴史都市の再建』原書房、2017年

51) ニコラス・ペヴスナー他著、鈴木博之監訳『世界建築事典』鹿島出版会、1984年

52) 桐敷真次郎編著『パラーディオ「建築四書」注解』中央公論美術出版、1986年

53) ジークフリート・ギーディオン著、太田実訳『空間 時間 建築1』丸善、1969年

54) Geoffrey D. Hay and Geoffrey P. Stell "Monuments of industry", Royal Commission on the Ancient and Historical Monuments of Scotland, 1986

55) ビル・ライズベロ著『絵で見る近代建築とデザインの歩み』鹿島出版会、1988年

56) Henry-Russell Hitchcock "History of art architecture, nineteenth and twentieth centuries" Penguin Books, 1977

57) Nikolaus Pevsner "A history of building types", Thames and Hudson, 1976

58) レオナルド・ベネヴォロ著、武藤章訳『近代建築の歴史 上』鹿島出版会、1978年

59) Charles Singer, E. J. Holmyard, A. R. Hall, Trevor I. Williams "A history of technology vol.5" Oxford University Press (Clar-

endon Press), 1954

60) 伊那ギャラリー企画委員会、杉江宗七、山口廣、谷川正己著「INA booklet vol.2　no.4　建築のテラコッタ　装飾の復権」INAX、1983年

61) Donald Hoffmann "Frank Lloyd Wright's Robie House" Dover Publications, 1984

62) フランク・ロイド・ライト回顧展実行委員会他著『フランク・ロイド・ライト回顧展カタログ』毎日新聞社、1991年

63) William Buchanan "Mackintosh's masterwork : The Glasgow School of Art" A & C Black Publishers

64) E. R. Ford "The details of modern architecture" MIT Press, 1990

65) 三宅理一他著『都市と建築コンペティション3　アヴァンギャルドの道標』講談社、1991年

66) 『ニューヨークのアール・デコ』鹿島出版会、1983年

67) 「NHK市民大学1986年10月-12月期」鈴木博之著「空間を造る現代建築への招待」日本放送出版協会

68) 吉田鋼市著『トニー・ガルニエ』鹿島出版会、1993年

69) 吉田鋼市著『オーギュスト・ペレ』鹿島出版会、1985年

70) 『建築と都市 a+u（エー・アンド・ユー）』1982年11月号

71) J. H. ベイカー著、中田節子訳『ル・コルビュジエの建築　その形態分析』鹿島出版会、1991年

72) ル・コルビュジエ著、吉阪隆正訳『建築をめざして』鹿島出版会、1967年

73) "Le Corbusier oeuvre coplète 1910-1929" Artemis Zurich, 1964年

74) 安藤直見、柴田晃宏、比護結子著『建築のしくみ　住吉の長屋／サヴォワ邸／ファンズワース邸／白の家』丸善、2008年

75) Philip C. Johnson "Mies van der Rohe" Martin Secker & Warburg, 1978

76) 『GAディテールNo1「ミース・ファン・デル・ローエ　ファンズワース邸」』A.D.A.EDITA Tokyo, 1976年

77) 『建築文化　特集：ミース・ファン・デル・ローエ　vol.1, 2』建築文化、1998年1、2月号

78) David Spaeth "Mies van der Rohe" The Architectural Press, 1985

79) Fundació Mies van der Rohe "Mies van der Rohe - Barcelona 1929" Tenov Books, 2018

80) Wolf Tegethoff "Mies van der Rohe - the villas and country house : Museum of Modern Art, 1985

81) スタニスラウス・フォン・モース著、住野天平訳『ル・コルビュジエの生涯』彰国社、1981年

82) 『GA No.14　「ミース・ファン・デル・ローエ　クラウン・ホール、ベルリン国立近代美術館」』A.D.A.EDITA Tokyo, 1972年

83) 金澤良春著「自由学園明日館講堂Ⅱ」「住宅建築」2018年12月号、建築思潮研究所編

84) 住宅金融支援機構著『フラット35対応　枠組壁工法住宅工事仕様書』住宅金融支援機構、2013年

85) 坪井善昭、小堀徹、大泉楯、原田公明、鳴海祐幸著『「広さ」「長さ」「高さ」の構造デザイン』建築技術、2007年

86) Margaret Wood "The English mediaeval house" Phonix House, 1965

87) R. J. Brown "English farmhouses" Robert Hale, 1982

88) 太田博太郎編集責任『日本建築史基礎資料集成11（塔婆1）』中央公論美術出版、1984年

89) 竹中工務店ホームページ
https://www.takenaka.co.jp/

90) 伊藤延男著『古建築のみかた　かたちと魅力』第一法規出版、1967年

91) ステファニア・ペリング、ドミニク・ペリング著、桐敷真次郎訳『復原　透し図　世界の遺跡』三省堂、1994年

92) スピロ・コストフ著、鈴木博之監訳『建築全史　背景と意味』住まいの図書館出版局、1990年

93) 柳亮著『黄金分割　ピラミッドからル・コルビュジェまで』美術出版社、1965年

94) 高橋研究室編『かたちのデータファイル　デザインにおける発想の道具箱』彰国社、1984年

95) 吉田鋼市著『オーダーの謎と魅惑—西洋建築史サブノート』彰国社、1994年

96)「建築文化」　1997年1月号

97) 桐敷真次郎著『イタリア建築図面集成　第1巻（古代ローマ1）』本の友社、1994年

98) Giulio Carlo Argan, Bruno Contardi "Michelangelo : architect" Thames and Hadson, 1993年

99) 小林文次他著『新訂　建築学大系5　西洋建築史』彰国社、1956年

100) ジム・ハーター編『建物カット集Ⅱ（ヨーロッパ・アメリカ）』マール社、1997年

101) 桐敷真次郎著『イタリア建築図面集成　第2巻（ローマ1）』本の友社、1994年

102) 長尾重武、星和彦編著『ビジュアル版西洋建築史　デザインとスタイル』丸善、1996年

103) 鈴木博之責任編集『世界の建築　第6巻　ルネサンス・マニエリスム』学習研究社、1983年

104) 長尾重武著『ミケランジェロのローマ』丸善、1988年

105) Christian Norberg-Schulz "Baroque architecture" Electa Editrice, 1979

106) T. A. Marder "Bernini and the art of architecture" Library of Congressin-Publication Data, 1988

107) C. S. J. Wilson "Karl Friedrich Schinkel's Collected Architectural Designs" Academy Editions, St. Martin's Press, 1982

原口秀昭（はらぐち　ひであき）

1959年東京都生まれ。1982年東京大学建築学科卒業、86年同大学修士課程修了、89年同大学院博士課程単位取得満期退学。大学院では鈴木博之研究室にてラッチェンス、ミース、カーンらの研究を行う。現在、東京家政学院大学生活デザイン学科教授。

著書に『20世紀の住宅−空間構成の比較分析』（鹿島出版会）、『ルイス・カーンの空間構成　アクソメで読む20世紀の建築家たち』『1級建築士受験スーパー記憶術』『2級建築士受験スーパー記憶術』『構造力学スーパー解法術』『建築士受験　建築法規スーパー解読術』『マンガでわかる構造力学』『マンガでわかる環境工学』『ゼロからはじめる建築の［数学・物理］教室』『ゼロからはじめる［RC造建築］入門』『ゼロからはじめる［木造建築］入門』『ゼロからはじめる建築の［設備］教室』『ゼロからはじめる［S造建築］入門』『ゼロからはじめる建築の［法規］入門』『ゼロからはじめる建築の［インテリア］入門』『ゼロからはじめる建築の［施工］入門』『ゼロからはじめる建築の［構造］入門』『ゼロからはじめる［構造力学］演習』『ゼロからはじめる［RC＋S構造］演習』『ゼロからはじめる［環境工学］入門』『ゼロからはじめる［建築計画］入門』『ゼロからはじめる建築の［設備］演習』『ゼロからはじめる［RC造施工］入門』（以上、彰国社）など多数。

ゼロからはじめる建築の[歴史]入門

2020年9月10日　第1版発　行

著　者	原　　口　　秀　　昭
発行者	下　　出　　雅　　徳
発行所	株式会社　彰　国　社

著作権者との協定により検印省略

NSPA
自然科学書協会会員
工学書協会会員

Printed in Japan

ⓒ原口秀昭　2020年

162-0067 東京都新宿区富久町8-21
電　話　　03-3359-3231（大代表）
振替口座　　　00160-2-173401

印刷：三美印刷　製本：中尾製本

ISBN978-4-395-32156-8 C3052　https://www.shokokusha.co.jp